国家治理研究书系

突发事件协同治理

价值、制度、技术与行为的视角

赖先进／著

中国人民大学出版社
·北京·

序 言

现代社会是一个高风险社会。与常态管理和治理能力相比，非常态下应对突发事件风险和挑战的能力是全球治理、国家治理、地区治理不可替代的重要组成部分。可以说，突发事件应急管理能力反映着甚至决定着国家整体治理能力和水平。从实践上来看，2003 年“非典”之后，我国围绕“一案三制”，启动了现代应急管理体系建设进程。进入新时代，在推进国家治理体系和治理能力现代化进程中，推进应急管理体系和能力的现代化势在必行。2018 年以来，伴随着国家机构深化改革，各级政府组建应急管理部门，综合化、专业化应急管理体制初步形成。突如其来的新冠疫情，是对我国国家治理体系和治理能力的一次大考。新冠疫情防控展现了我国应对超常规突发事件的显著制度优势，也暴露出我国应急管理体系还存在短板和不足，优化应急管理体系、提升应急管理能力仍是进行时。

作为超大治理规模国家，我国国家治理体系和应急管理体系是一个巨系统。应急管理体系和能力现代化离不开政府体制内条块之间、部门之间、区域之间的协同作用，也离不开政府机制、市场机制和社会机制的协同作用。只有发挥各方的协同效应，才能有效对冲、应对突发事件产生的风险。新冠疫情前期风险预警和研判失效的重要教训表明，各方（央地之间、地方政府之间、政府与社会之间）能否实现协同，决定着突发事件的整体治理效能。不少突发事件风险防控与应急过程都反映我国应急管理存在着“非协同”现象。这种“非协同”现象在事前过滤风险，造成研判失误；在事中条块相互掣肘形成应对效率损失，对应急管理形成危害。如何解决“非协同”现象，实现突发事件各方有机协同合作，形成治理合力，是提高突发事件治理能力的重要主题和任务。

协同治理及其相关理论[①]，是近年来公共管理、政治学研究的前沿理论主题。该理论不仅得到国内外公共管理学者的高度关注，也得到国内外公共管理者、公共政策制定和执行者的认可。该理论认为，对于复杂的公共事务问题，多方参与的协同治理才是治理之道。突发事件，尤其是重大突发事件，也不例外，需要多方协同共治，才能实现突发事件的有效治理。协同治理理论为解决“非协同”现象、健全应急管理体系、提高治理能力提供了理论指导。

在对协同治理理论进行中国化场景分析后，结合国内外发生的重大突发事件（重点结合新冠疫情）应对过程的经验和教训，本书对推进突发事件协同治理、提高突发事件治理能力进行了分析和思考，主要的观点和创新有：

第一，突发事件要从事后应急管理走向预防为主、防治结合的全过程治理。党的二十大报告指出，坚持安全第一、预防为主，建立大安全应急框架，完善公共安全体系，推动公共安全治理模式向事前预防转型。政府应急管理中的“应急”是一个大概念，不仅指事后的应急响应和处置，还包括事前的风险防范和治理，后者更具有基础性功能。要提高突发事件治理能力，坚持关口前移，重视事前的风险防治，避免“小病酿成大疫”。突发事件协同治理也要关口前移，从原来关注突发事件应急、应对中的协同，转向事前的风险防控协同治理。“遇事好协调、常态难协调”。事实上，突发事件协同治理的重点难点是事前防治的协同治理。

第二，突发事件全过程治理从他治（政府治理）、自治（社会自我治理）走向各方协同共治。这种协同共治是政府组织上下、左右、内外协同的系统性、综合性协同治理。从内涵和外延上看，按照谁与谁协同划分，协同治理无论是在国内还是在国际，都缺乏一个统一标准。有不少学者主张的协同治理主要指政府与社会内外协同治理；但在政府管理和政策实践中，协同治理的范畴更加广泛，政府组织内部也需要协同治理。总的来看，重大突发事件的风险防控与应对，是政府组织内部上下左右、政府与社会协同治理的综合。

第三，在国家治理现代化场景下构建协同治理的理论框架。协同治理理论与实践的关键是实现路径。如果缺乏实现路径，让协同治理停留在

① 国内外协同治理相关的理论概念有：合作治理、网络治理、整体性治理、协作性公共管理、协同政府等。

“看上去很美”的状态，就不能把理论转化为治理效能。虽然协同治理是国内政治学、公共管理研究的前沿领域，但目前大量研究尚处于理念倡导阶段，未能形成学术理论框架。本书尝试在国家治理现代化视域和场景下，构建价值-制度-技术-行为的维度和分析视角，有利于协同治理在突发事件领域从理论转化为行动和实践。

第四，国家治理场景下的协同治理制度化实现，动力机制不容忽视。治理协同性是治理主体主动性与治理主体协调性的统一体，其中，主动性是前提。实际上，不少协同治理行为难以形成，主要原因是主动性不足，并非协调机制缺失。为此，本书基于机制设计理论，引入激励与约束相容机制，在理论上对突发事件协同各方的激励机制进行了四个维度的系统分析：事前风险防治阶段的正向、负向相容性激励机制，事中应急阶段的正向、负向相容性激励机制（见图 0-1）。

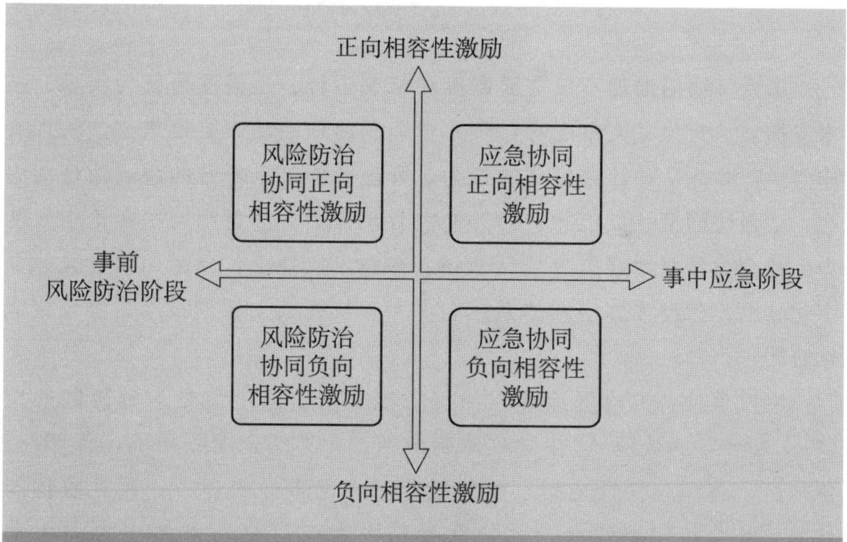

图 0-1 风险治理与相容性激励的类型

第五，突发事件协同治理各方的协调机制是外部指导与内在自发的统一。突发事件协同不能光靠“人情”，要在治理现代化进程中实现制度化协同。协调机制是各方协同的制度化渠道。现有的协调机制主要是自上而下的外部行政指导，具有较好的效果。要实现关口前移“防治结合”，应注重构建自发性的协调机制。自发性协调机制与外部行政指导性协调机制共同构成具有复合性的协调制度结构，形成平战结合的协调机制（见图 0-2）。

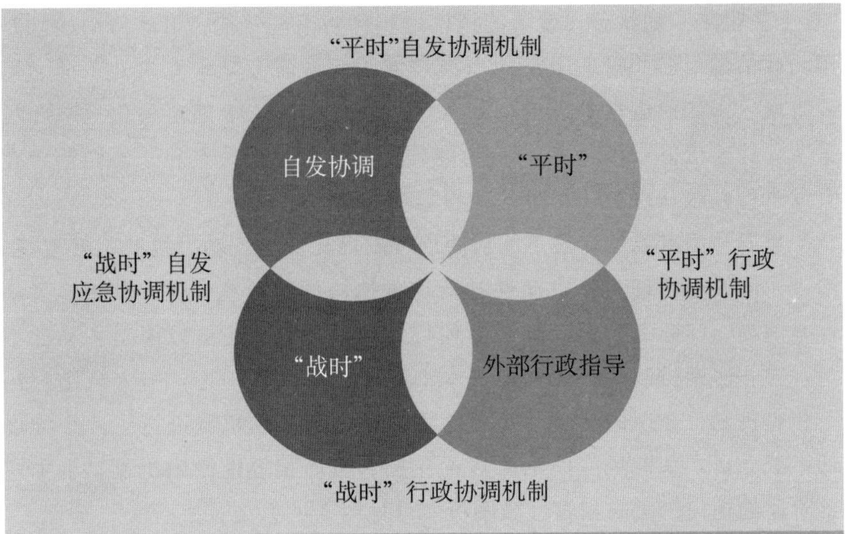

图 0－2 平战结合的协调机制类型

第六，协同治理不仅需要制度和机制设计，也要注重行为实现、技术支撑。从行为主义角度看，公共管理和治理活动需要聚焦公共管理者作为“行政人”和社会公众的行为。管理者要重点提升的协同治理能力有：增强协同型领导能力、公共冲突管理能力、信息沟通和舆论引导能力。社会力量要增强应急依从意识。在技术支撑上，要运用信息化、数字化技术，建设多方协同的系统与平台；依托人工智能技术，实现智能化协同。

突发事件各方协同治理在治理效能上从本质上说是一种协同效应（“1＋1＞2”的效应）。在党政体制内部，在党的全面领导下，各部门、各地区、各单位协同应对，凝聚成应对突发事件的合力；在党政体制外部，社会组织有效参与、公众参与，为应对突发事件注入强大动力。在价值、制度、技术和行为理论框架下，协同效应的生成与扩展路径是：各方内生性自驱协同（打造价值目标共同体）、各方自发性协同（相容性激励机制）、权威性协同（构建复合型应急协调机制）、社会化协同（推进政府社会协同应急）、自主性协同（数字赋能、培育协同治理行为）。

为实现价值判断和事实判断的有机结合，本书在研究方法上采用问卷调查和访谈法，提炼、印证和分析上述研究论点。研究团队制作了专门的分群体调查问卷和访谈提纲，对 1 100 多位受访者（含党政机关工作人员、企事业单位工作人员、社会组织与新闻媒体工作人员等类别）进行了问卷调查，选择有代表性的、具有突发事件应对经验的领导者和管理者进行了访谈，获取了许多来自突发事件处置与管理实践一线的体会和认知。

目　录

第一章
应急管理是国家治理重要组成部分的基本逻辑

按照国家公共事务的紧急性、确定性程度，国家治理、公共治理可以分为对常态事务的治理、对非常态事务的治理等两种类型。而对在常态事务治理之外的突发事件的应急管理能力，往往决定了国家治理能力、公共治理能力。推进应急管理体系和能力现代化对于实现国家治理体系和治理能力现代化具有至关重要的作用和意义。现代化的国家治理体系和治理能力，离不开现代化的应急管理体系和能力的支撑。**从管理学的新木桶原理①来看，现代化的应急管理能力可以说是现代化国家治理能力的“底板”。只有加固好“底板”，才能不断地实现补短板、创新板。作为超大治理规模的国家，我国国家治理具有规模经济效应的优势，也不可避免地面临风险矛盾集中放大的劣势。只有不断推进应急管理现代化，发挥优势、克服劣势，才能为推进国家治理现代化提供坚实的基础。**面对我国到2035年基本实现国家治理体系和治理能力现代化、到新中国成立100年时全面实现国家治理体系和治理能力现代化的战略目标，面对各类突发事件的严峻挑战和人民群众日益增长的美好生活需要，推进应急管理现代化势在必行。

2019年10月，党的十九届四中全会通过了《关于坚持和完善中国特色社会主义制度、推进国家治理体系和治理能力现代化若干重大问题的决定》（简称《决定》），对全面实现国家治理体系和治理能力现代化目标进行了战略性、系统性部署。《决定》明确指出，要优化国家应急管理能力体系建设，要健全重大舆情和突发事件舆论引导机

① 传统管理学木桶原理是指由多块木板构成的水桶，其价值在于其盛水量的多少，但决定水桶盛水量多少的关键因素不是其最长的木板，而是其最短的木板。新木桶原理则将之进一步衍生，木桶能够装多少水，不光取决于最短的木板，更取决于木桶有无缝隙或底板有无漏洞，若有缝隙或底板有漏洞，则木桶中的水将逐渐从木桶中泄出。

制。2019年11月，习近平总书记在主持中共中央政治局第十九次集体学习时指出，应急管理是国家治理体系和治理能力的重要组成部分①。

应急管理体系和能力在国家治理体系和治理能力中的重要性，不仅明确地体现在政治要求上，还深刻地蕴含在国家治理理论与实践逻辑之中。新冠疫情对各国和地区的治理能力、应急管理能力形成严峻考验。防控疫情的应急管理能力的差异，暴露出了不同国家和地区治理能力的差异。这也证明了应急管理是国家治理体系和治理能力重要组成部分这一重要论断的科学性。未来面对各种风险和挑战，我国在推进国家治理现代化中，要不断推进应急管理体系和能力现代化，减少甚至避免突发事件对经济社会造成的损失和影响，变危为机、化害为利，切实保障人民群众生命安全与身体健康。

第一节　价值逻辑

人民立场是中国共产党的根本政治立场，是马克思主义政党区别于其他政党的显著标志。坚持人民立场，以人民为中心，是党领导人民治理国家、实现国家治理现代化的根本价值。理论上，治理与管理相比，有许多显著的特点：治理主体更加多元（管理主体主要是政府）、手段更加综合（管理手段主要是行政手段）、运作方式更加立体（管理运作方式主要是自上而下）。除此以外，治理与管理最重要的区别是治理更加注重人民本位，更加强调以人民为中心②。应急管理聚焦满足人民群众日益增长的安全需求，维护以人民为中心的公共价值，体现着其作为国家治理重要组成部分的价值逻辑。

一、新时代群众对安全的需求日益增长

安全，一直以来是人类社会追求的重要价值和目标。进入新时代，我国社会对安全的需求更加强烈。进入新时代的主要判断依据是社会主要矛盾的变化。党的十九大报告指出，我国社会主要矛盾已经转化为人

---

① 习近平．积极推进我国应急管理体系和能力现代化．人民日报（海外版），2019-12-02（1）．

② 丰子义．国家治理现代化体现以人民为中心．人民日报，2017（9）．

民日益增长的美好生活需要和不平衡不充分的发展之间的矛盾。在新的发展阶段，人民群众不仅对物质文化生活提出了更高要求，而且在安全等方面的需求日益增长。这就意味着，进入新时代，解决社会主要矛盾的立足点发生了新的变化，以往解决问题的立足点主要是“有没有”的物质短缺问题；现在和今后解决问题的立足点是“稳不稳”“好不好”等美好生活需要问题，尤其是安全需求问题。

新时代，安全需求已成为人民群众解决“温饱”问题后的第一需求。习近平总书记指出：平安是老百姓解决温饱后的第一需求，是极重要的民生，也是最基本的发展环境。新时代，人民群众对安全的需求日益增长，这符合心理学理论的科学判断。心理学家亚伯拉罕·马斯洛提出的需求层次理论认为，社会成员在不同的阶段具有优势需求，这种优势需求像阶梯一样从低到高按层次分布，包括五种需求，分别是：生理需求、安全需求、社交需求、尊重需求和自我实现的需求。按照需求层次理论，随着我国全面建成小康社会目标的实现，社会成员的温饱问题得到解决，社会的总体优势需求势必会转向更高层次的需求，最急切的社会优势需求就是安全需求。

二、应急管理：维护现代公共安全的新途径

坚持以人民为中心，不断满足人民日益增长的安全需求，使安全工作在国家治理现代化进程中日趋重要。从党的十四大以来的统计分析看，历届党代会报告中“安全”和“国家安全”词频逐步上升。1992 年党的十四大报告 4 处提到“安全”，1 处为“国家安全”；1997 年党的十五大报告 6 处提到“安全”，3 处为“国家安全”；2002 年党的十六大报告 14 处提到“安全”，3 处为“国家安全”；2007 年党的十七大报告 23 处提到“安全”，5 处为“国家安全”；2012 年党的十八大报告 36 处提到“安全”，4 处为“国家安全”；2017 年，党的十九大报告 55 处提到“安全”，18 处为“国家安全”。2022 年，党的二十大报告把推进国家安全体系和能力现代化作为专章进行了重点部署。实践中，维护公共安全的重要领域是社会治安，但公共安全不仅仅局限于社会治安，做好突发事件应急管理也必不可少。

强化应急管理，维护公共安全，是坚持以人民为中心，不断满足人民日益增长的安全需求的新路径、新体现。根据公共安全“应急三角形”模型理论，国家和地区面对突发事件的公共安全水平主要取决于突发事件、承灾载体、应急管理等三个变量。在三个变量中，非人为的突发事

件是不可控的，承灾载体的承灾能力也是既定的，只有应急管理能力是可控的变量。从定义上来说，应急管理（理论界也称之为危机管理）是为避免或减少突发事件对各类承灾载体（人、物和自然社会系统）造成生命、财产损失和社会失序而开展的公共管理活动。在公共安全的“应急三角形”模型中，突发事件对承灾载体造成的负面影响的大小，就是三个要素组成的三角形面积的大小。要尽量降低突发事件对承灾载体造成的负面影响，最大限度保障公共安全，对于社会而言，搞好应急管理是可行的现实路径。

从价值逻辑看，推进应急管理体系和能力现代化要坚守国家治理体系和治理能力现代化的价值，坚持人民立场，坚持以人民为中心的发展思想，统筹发展与安全，发展决不能以牺牲安全为代价。在工作理念上，既重视经济建设，又重视社会建设（应急管理体系建设）；既重视经济发展“显绩”，又重视社会发展和应急体系建设等“潜绩”。在经济发展过程中，社会上存在“风险是不可避免的”论调（安全事故“不可避免论”）。无论处于什么发展阶段，都要坚持以人民为中心的价值立场，加强风险与应急管理，为人民群众守好生命安全底线。

第二节　历史逻辑

应急管理作为国家治理的重要组成部分，具有深厚的历史渊源。要延续历史经验和历史传统，吸收和借鉴人类文明应对突发事件形成的国际有益经验，建设具有中国特色的应急管理体系。

一、从古至今的灾害事件：国家治理的持续挑战

古代社会有句俗语叫“无灾不成年”。从国家治理大格局看，灾害是古代封建王朝治国理政活动所关注的重要治理对象。有学者指出，从大历史的角度来看，中国国家治理面临的挑战与困难，不少方面从历史到现在都持续存在。无论是当代国家治理，还是古代国家治理，都深受以灾害为代表的突发事件的挑战和影响。从公元前 18 世纪到公元 20 世纪，将近 4 000 年，几乎无年无灾，也几乎无年不荒①。根据《中国救荒史》

① 邓拓．中国救荒史．武汉：武汉大学出版社，2012：7.

统计，从公元前 1776 年到公元 1937 年的 3 700 余年间，我国总共发生各类灾害 5 258 次。不少封建王朝更迭遵循自然灾害-农民起义的历史规律，统治者在此基础上吸取历史教训，非常重视对自然灾害的治理。“风险”“危机”“灾害”概念的萌芽可追溯至先秦时期，先秦风险治理主要涉及知幾察微、持危救危等①。

二、历史上的救灾政策、思想：应急管理的重要渊源

第一，积极预防的政策与思想。古人很早就认识到灾前预防的重要性，在应对自然灾害中积累了丰富的积极预防思想。《易经》指出“安而不忘危，存而不忘亡，治而不忘乱”，告诫统治者在治国理政中要增强危险、忧患意识。在政策上，古代政权积极预防灾害的方式有：改良社会条件对自然灾害进行预防，包括实施重农政策、仓储政策等；改良自然条件对自然灾害进行预防，包括实施水利政策、林垦政策等②。第二，积极救灾的政策与思想。灾害发生后，对于临灾，历代政权也创造了许多应对方式，以减轻灾害对社会的影响，包括：赈济、调粟、养恤、除害、安辑、蠲缓、放贷、节约等③。当然，在古代的救灾思想中，也存在着一些消极的思想，比如消极预防的天命主义、消极救灾的巫术主义等。在现代应急管理体系构建中要避免受到这些思想的影响。

从历史逻辑看，我国国家治理体系，是在历史传承、文化传统、经济社会发展的基础上长期发展、渐进改进、内生性演化的结果。**历史制度主义理论认为，制度的生成与发展存在路径依赖效应。国家制度和应急管理制度的演化、发展也必然受到历史的影响。**历史上的制度传承与文化传统对现代的国家治理体系有着深厚的影响，应急管理体系也不能例外。**我国现代化应急管理体系构建要遵循历史逻辑，继承和吸收古代救灾管理和救灾政策形成的有益制度与经验。要坚持马克思主义唯物史观，借鉴中华民族防灾救灾减灾的历史经验教训，把握安全事故、自然灾害等公共突发事件发展的规律。**

---

① 刘宝霞，彭宗超．风险、危机、灾害的语义溯源：兼论中国古代链式风险治理流程思路．清华大学学报（哲学社会科学版），2016（2）．

②③ 邓拓．中国救荒史．武汉：武汉大学出版社，2012：7.

第三节　现实逻辑

相比传统社会，现代社会面对风险的总量大大增加。人类面临的风险与现代化进程相伴随，现代社会是一个高风险社会，其风险来自系统地处理现代化自身引致的危险和不安全感的方式①。在现代社会条件下，无论是全球治理，还是国家治理，都要正视和面对风险，对风险进行有效的治理。进入新时代，我国国家治理现代化进程与工业化、信息化、城镇化和全球化进程相伴随推进、叠加进行。比如，在工业化、城镇化发展时期，我国制造业和重化工业占有相当比例，产业安全风险较高。**时空被压缩、任务叠加进行，既是中国现代化的基本特征之一，也是中国治理现代化、应急管理现代化的基本特征之一。**这就意味着相比以前，中国现代国家治理面临更多风险、挑战，尤其是要面对诸多重大突发事件的考验，这就从客观上决定了要把应急管理作为大国之治的重要组成部分。

一、突发事件增加治理成本，应急管理降低治理成本

突发事件在影响上具有破坏性、危害性。在国家和地区治理体系内，突发事件易发多发势必会增加治理成本。一方面，突发事件会造成人员伤亡，影响人力资源供给。以自然灾害为例，我国是世界上自然灾害十分严重的国家之一，自然灾害种类多、分布地域广，发生的强度大、频率高，造成的人员损失严重。根据河南省应急管理厅数据，2019 年，全国各种自然灾害共造成 1.3 亿人次受灾，909 人死亡失踪。另一方面，突发事件造成财产和经济损失，增加社会成本。2019 年，全年自然灾害导致的直接经济损失达 3 270.9 亿元。此外，应对突发事件的活动需要消耗社会的财力和物力。公共管理理论认为，政府管理的目的是“花少量的钱预防，而不是花大量的钱治疗”。突发事件的应急管理活动，尤其是应急预防工作，能够有效减轻治理成本。

二、突发事件影响治理秩序，应急管理维护治理秩序

除对人员和财产造成有形破坏外，突发事件对治理的影响还体现在

① 贝克．风险社会．南京：译林出版社，2004：19.

冲击社会秩序等无形破坏上。著名学者罗森塔尔在界定危机事件时指出：危机事件是对一个社会系统的基本价值和行为架构产生严重威胁，并且在时间性和不确定性很强的情况下必须对其做出关键性决策的事件。当突发事件发展到重大突发事件（危机事件）时，就会对社会系统的基本价值（安全、秩序等）构成威胁。

大规模群体性事件、重大公共卫生事件等类型的突发事件往往会影响社会秩序（包含社会心理秩序）。对可能冲击社会秩序的重大突发事件进行有效的应急管理，也是维护治理秩序和治理价值、提升治理信心的必然选择。尤其是在全球化深度发展的条件下，应对重大公共卫生事件，不仅是对国家治理、地区治理的重要挑战，也是对全球治理的重要挑战；不仅是维护国家治理秩序、地区治理秩序的需要，也是维护全球治理秩序的需要。有效的重大公共卫生事件应急管理，既是全国性、区域性重要公共产品，也是全球性的重要公共产品，要进行优质高效的现代化供给和配置。

三、突发事件考验治理能力，应急管理体现治理能力

相较于日常事项，突发、紧急是突发事件的显著特性，对领导干部的治理能力形成特殊考验。首先，突发事件考验着领导干部的科学决策能力。事件突发，要求领导者在短时间内快速做出科学决策予以应对。时间就是生命，要及时抓住各种有利时机，进行有效应对和处置。处置不当、不力，可能扩大事态，酿成更严重的后果。其次，突发事件考验着领导干部的组织协调能力。突发事件发生后，人员、信息和物资等要素保障往往缺乏和不足，需要在军地之间、区域之间、部门之间、层级之间、政府与社会之间进行科学的组织和协调，从而最大限度地整合资源，提高应急效能。再次，在互联网新时代，突发事件考验着领导干部的应急沟通能力。伴随全媒体时代信息技术的快速发展，新闻传播呈现出新的特点和规律：传播主体大众化，传播容量海量化，传播方式交互化，传播手段多维化，传播时效全时化①。在全媒体时代，如果缺乏相应的应急沟通能力，容易导致应急沟通不及时、不当，滋生助长各类谣言，影响突发事件应急处理，甚至生成

① 宋建武，冯雯璐．全媒体时代主流媒体的数据化生存与发展．湖南大学学报（社会科学版），2019（6）．

新的网络舆情。

从现实逻辑看，为有效应对突发事件，推进应急管理体系和能力现代化刻不容缓。人的现代化是治理现代化的依托。作为关键少数，领导干部应急能力的现代化不可或缺。在完善应急管理制度的基础上，要注重提升领导干部的现代化应急治理能力。在高素质专业化干部队伍建设框架中，要提高专业化应急素质和能力建设，包括应急决策能力、应急组织协调能力、应急沟通能力等。

随着我国城市化、城镇化进程的深入发展，人口不断向大城市、特大城市、超大城市集中，城市风险与应急管理成为推进城市治理现代化、国家治理现代化的紧迫现实任务，风险与应急管理能力成为城市治理能力的重要组成部分。根据国家统计局第七次全国人口普查数据，截至2020年11月1日零时，按城区常住人口排序，全国有7个超大城市（城区常住人口1 000万以上），分别是上海、北京、深圳、重庆、广州、成都、天津；特大城市有14个（城区常住人口500万以上1 000万以下），分别是武汉、东莞、西安、杭州、佛山、南京、沈阳、青岛、济南、长沙、哈尔滨、郑州、昆明和大连。特大城市、超大城市人口规模大、经济总量大。按照GDP计算，我国7个超大城市人口总量约1.5亿，基本相当于俄罗斯与新加坡的人口总量，GDP总量约占全国GDP总量的18.1%，比韩国GDP总量多了71%。2020年3月10日，习近平总书记在湖北武汉考察新冠疫情防控工作时强调：要着力完善城市治理体系和城乡基层治理体系，树立“全周期管理”意识，努力探索超大城市现代化治理新路子。探索超大城市治理现代化，推进超大城市应急管理现代化，是我国应急管理现代化建设的“重中之重”。

第四节　理论逻辑

推进国家治理现代化，不仅致力于实现“高线”追求，而且要注重坚持底线思维，增强忧患意识，做到居安思危，防范化解处置治理风险。可以说，提升治理能力和水平是追求“高线”和坚守底线的结合体，底线思维更具基础性、前提性。

一、坚持底线思维：防范化解重大风险的重要选择

坚持底线思维，防范化解重大风险，是新时代国家治理的一个重要

原则。习近平总书记指出，要善于运用底线思维的方法，凡事从坏处准备，努力争取最好的结果，做到有备无患、遇事不慌，牢牢把握主动权。党的十九大报告指出，要坚决打好防范化解重大风险、精准脱贫、污染防治的攻坚战。2018 年，习近平总书记在学习贯彻党的十九大精神研讨班开班式上强调：做到坚持和发展中国特色社会主义要一以贯之，推进党的建设新的伟大工程要一以贯之，增强忧患意识、防范风险挑战要一以贯之。2019 年，习近平总书记在省部级主要领导干部坚持底线思维着力防范化解重大风险专题研讨班开班式上发表重要讲话强调，要提高防控能力，着力防范化解重大风险。在这次研讨班上，重大风险所涉领域得到进一步明确，包含政治、意识形态、经济、科技、社会、外部环境、党的建设等领域。

管理学理论也认为，提高管理能力和水平，要关注“短板”、风险隐患，后者尤其不可忽视。传统的木桶原理认为，一个组织机构管理水平的总体大小，像木桶盛水一样，取决于木桶最短的木板，提升管理水平关键是要补齐管理过程中存在的短板。新木桶原理在此基础上认为另外两个因素更加重要，即木桶的板与板之间不能存在缝隙，尤其是桶底不能有漏洞，不能发生“底漏”。新木桶原理表明，要关注底线，防范化解管理风险和隐患，才能提升管理水平。

建设全过程的应急管理体系，是提高防范化解重大风险能力的关键。把防范化解重大风险作为攻坚战之首，推动我国应急管理进入了新时代。从突发事件发展和演变的形态看，不同的发展阶段对应不同的管理活动。在突发事件尚未发生的事前阶段（第一层），管理活动称为风险管理；在突发事件发生的事中阶段（第二层），管理活动称为应急管理；在突发事件升级演化为重大突发事件（危机事件）的阶段（第三层），管理活动称为危机管理（见图 1－1）。从这三个层次看，在现有管理实践中，突发事件（灾难）的应急管理能力最强，绩效最好，危机管理次之，风险管理才刚刚起步①。这需要应急管理从侧重于事发后的应急处置与应对，向事前的风险治理转变，强化源头治理，建设全过程的应急管理体系。

---

① 朱凤才，沈孝兵．公共卫生应急理论与实践．南京：东南大学出版社，2017：9.

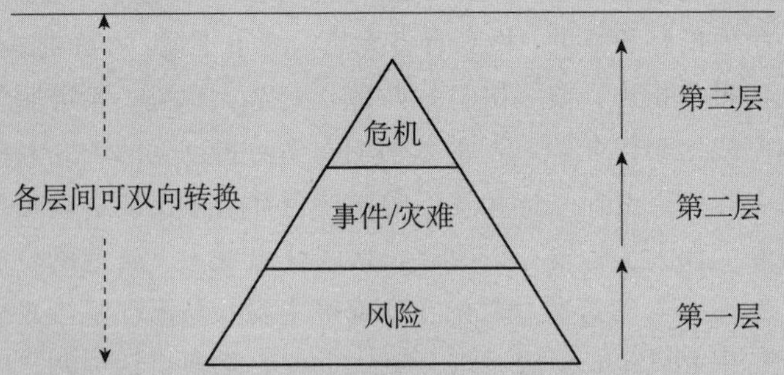

图 1-1　危机管理、应急管理、风险管理的层次

资料来源：朱凤才，沈孝兵．公共卫生应急理论与实践．南京：东南大学出版社，2017：9.

二、降低治理脆弱性，增强治理韧性：提高治理效能的重要路径

党的十九届四中全会强调，把中国制度优势更好转化为国家治理效能。从定义上看，国家治理效能是国家制度和治理体系在实践运行中发挥出的功能和效果。评估和衡量国家治理效能的维度是多方面的。其中，从治理体系应对突发事件的角度看，脆弱性与韧性①是现代国家治理效能评估不可缺少的重要维度。大量事实表明，灾害的破坏性并不完全在于灾害的源发强度，它还取决于人类社会自身应对各类灾害表现出的准备能力和脆弱性②。

提升国家治理效能，要不断降低治理脆弱性，提高治理韧性。按照脆弱性与韧性的高低，国家治理效能大致可划分为四种类型：最低效能的国家治理状态是高脆弱性、低韧性，最高效能的国家治理状态是低脆弱性、高韧性（见表 1-1）。新中国成立以来，我国国家制度和治理体系展现出了显著优势。尤其是改革开放以来，我国国家制度和治理体系经受住了苏联解体、东欧剧变、国际金融危机、汶川大地震等重大突发事件的严峻考验，展现出了强大的韧性。面向未来，我们要不断降低治理体系的脆弱性，保持和巩固我国治理体系的韧性。中国制度之所以管用，

① 韧性已成为国内外理论界广泛使用的概念。韧性，原来是物理学概念，表示材料在塑性变形和破裂过程中吸收能量的能力，韧性越好，则发生脆性断裂的可能性越小。

② 刘铁民．脆弱性：突发事件形成与发展的本质原因．中国应急管理，2010（10）.

一个重要原因在于它具有自我完善的制度韧性①。保持和巩固治理韧性，是提升我国治理效能的重要任务。同时，我国尚处在经济、社会转型期，面对突发事件的挑战，治理体系脆弱性风险较大，需要不断降低治理体系的脆弱性。

表 1-1　脆弱性-韧性视角下的现代国家治理效能类型

	低国家治理效能	中等国家治理效能	中等国家治理效能	高国家治理效能
脆弱性	高	低	高	低
韧性	低	低	高	高

建设有效的应急管理体制机制，能降低国家治理体系的脆弱性，增强治理韧性，提高治理效能。一方面，充分的事前预防和准备能让社会系统做到“有备无患”，减少脆弱性，提高承灾能力。比如，当地时间2010年9月4日凌晨4时35分，新西兰发生7.1级地震，强震持续40秒。难得的是，地震创造了“零死亡”的奇迹。之所以创造奇迹，重要的一个原因是许多建筑采用了结构隔震减震装置②。另一方面，高效的处置和救援、恢复与重建，能让社会系统快速地从突发事件的影响和冲击中恢复，增强社会系统应对突发事件的抗逆力，提升治理韧性。2003年“非典”后，我国开启了以“一案三制”为主的现代化应急管理体系建设。2018年机构改革后，各级政府组建了应急管理部门，现代化应急管理体系建设进入新的历史阶段。总体上看，现代化应急管理体系建设起步晚，要根据突发事件应对的需要，及时总结应急管理经验，健全应急管理机制，优化国家应急管理能力。

从理论逻辑看，推进应急管理体系和能力现代化，要坚持底线思维，在应急管理工作中贯彻落实防范和化解重大风险理念，不断推进应急管理关口前移，强化突发事件事前防治，从侧重于事中、事后处置转向源头风险治理。同时，要强化社会参与、社会协同，发挥社会主义制度集中力量办大事的制度优势，集中政府、市场和社会的力量，提高国家治理韧性，推动制度优势转化为治理效能。

① 刘军．既保持稳定性连续性又不断改革创新 强化自我完善的制度韧性．人民日报，2018-10-19.

② 徐娜．“零死亡”奇迹的背后．中国减灾，2010（19）．

第二章 突破单向度：应急管理现代化的多重向度

面对易发多发的突发事件，如何推进应急管理体系和能力现代化？**解答这个问题不仅要从突发事件应急管理自身的性质和特点出发寻找答案，而且更需要从国家治理体系和治理能力现代化的总体和顶层视角进行深入的向度分析。**党的十八大以来，我国推进国家治理体系和治理能力现代化建设的理论与实践，为治理概念赋予了新的内涵。丰富的治理理论视域，为推进应急管理体系和能力现代化创建了多重理论向度①。**应急管理体系是国家治理体系的子系统。坚持系统思维、系统观念，要求从国家治理现代化着手，思考应急管理现代化的发展趋势。在现代化国家治理体系建设中，以政府为主体的单向度应急管理难以应对突发事件从单一灾种向综合灾种发展的形势。强化多重向度的治理体系建设，是应急管理现代化的必然选择。**

第一节 制度向度：机制优化、执行力提升

与传统的管理活动相比，现代化的国家治理更加注重发挥制度的作用。历史上，传统的治理就是治国理政，即统治者治理国家、处理政务。在中国传统政治思想中，国家治理通常是指统治者的治国理政②。现代化的国家治理在吸收传统治国理政智慧的基础上，对传统治理内涵也进行了扬弃，更加强调“制度之治”。制度是我国推进国家治理体系和治理能力现代化的关键词，也是现代国家治理与传统国家治理的显著区别。

---

① 向度在理论上可以理解为理论取向和评价尺度。

② 王浦劬．国家治理、政府治理和社会治理的含义及其相互关系．国家行政学院学报，2014（3）．

在党的十九届四中全会通过的《决定》中，制度一词出现共计 222 次（不含标题），成为我国推进国家治理现代化纲领性文献的高频词、中心词、关键词。应急管理体系和能力现代化也应当把握制度这个关键词，把制度贯穿于应急管理现代化的全过程。

一、完善应急制度体系

作为国家治理体系和治理能力的子系统，应急管理体系和能力现代化建设也离不开制度体系建设（包括体制机制、法律法规、规则等多种表现形态）。从我国现代应急管理体系建设历程看，2003 年“非典”之后，我国启动了现代应急管理体系建设。经过十多年的时间，以“一案三制”为主的应急管理体系基本建成。2018 年党和国家机构深化改革，整合了以往分散于 11 个部门的 13 项不同的应急管理职责，组建了应急管理部，形成了综合化应急管理体制性架构整合。从总体上看，我国应急管理的结构性、体制性框架已建立，优化应急管理制度体系是应急管理现代化建设的主要任务。

构建应急管理制度体系，既是推进国家治理现代化的要求，也是提高应急管理能力的必然选择。我国国家制度和国家治理正从制度化迈向法制化、法治化、制度体系化建设新阶段。在推进应急管理法治化的同时，国家治理现代化建设还要求实现应急管理制度体系化，构建系统完备、科学规范、运行有效的应急管理制度体系。从现实上看，我国现代应急管理体系建设起步晚，尚未建立起一整套系统完备的制度体系。应急管理体系的完善还需要系统性的制度安排。在一些突发事件的应对中，主要依靠领导同志发挥主导作用，应急管理制度体系的作用未能充分彰显。

一方面，应优化应急管理法制体系。法制是制度化的最高表现形态。优化应急管理制度建设需要不断完善应急管理法制。目前，我国应急管理法制主要由国家总体性应急管理法律法规、行业性应急管理法律法规和地方应急管理法规构成。总体性法律法规、行业性法律法规和地方性法律法规都要根据突发事件应急管理的实际需要不断调整和优化，尤其是要结合新冠疫情进行优化和调整。比如，新冠疫情防控暴露出行业性的《传染病防治法》与《突发事件应对法》在信息披露规定上存在不衔接，要加快修订 2007 年施行的《突发事件应对法》，强化对行业性应急管理法律的指导和衔接。2021 年 12 月 20 日，在十三届全国人大常委会第三十二次会议上，受国务院委托，司法部部长就修订《突发事件应对法》作说明。《突发事件应对法》修订的主要内容有：理顺突发事件应对管理工作领导和管理体制，畅通信息报送和发布渠道，完善应急保障制度，加强突发事件应对管理能力建设，充分发挥社会力量作用，保障社会各主体合法权益，等等。在修订《突发事件应对法》的同时，行业性应急管理法律法规和地方应急管理法规也要根据突发事件应急管理的形势发展，围绕突发事件应对暴露出来的短板和不足，补短板、堵漏洞、强弱项，不断进行完善。

另一方面，应着力优化应急管理机制体系。作为超大治理规模国家，我国国家治理体系、应急管理制度体系是一个复杂的系统，包含多种层次结构，既有宏观的法律法规制度安排，也有工作层面的机制支撑。在操作层面，制度建设发挥效用还离不开建立有效的机制。在公共治理实践中，表面上看制度是建立起来了，实际上仍然很难发挥其应有的功能，甚至形同虚设，原因是制度没有形成机制①。将制度转化为机制是提升制度执行力的关键②。在加强应急管理制度建设过程中，需要构建与制度建设配套的、“管用”的应急管理机制。要在预防与应急准备、监测与预警、应急处置与救援、恢复与重建等不同阶段，探索和设计有效的机制，促进应急管理制度目标的实现和达成。针对新冠疫情前期处置的经验教训，要重点完善监测机制、研判机制、信息披露与报告机制、协调联动机制等。应总结中央应对新冠疫情工作领导小组、国务院应对新冠疫情联防联控机制在协调疫情防控中的成功经验，创建国家层面常设的重大突发事件协调机制（比如，设立中央或国家应急管理委员会）。

二、提升应急管理制度执行力

像国家治理体系和治理能力现代化建设一样，应急管理现代化建设也具有实现体系现代化与能力现代化的双重目标。应急管理体系现代化不会自动生成能力现代化，一流的应急管理体系不会自动生成一流的应急管理能力。在打造现代化的应急管理体系的同时，还要注重建设现代化的应急管理能力，这就需要强化制度执行。

第一，增强应急管理制度意识。制度的生命力在于执行，应急管理制度、体制机制的生命力也在于执行。虽然作为突发事件管理活动，应

---

① 李景鹏．论制度与机制．天津社会科学，2010（3）．

② 宋世明．推进国家治理体系和治理能力现代化的理论框架．中共中央党校（国家行政学院）学报，2019（6）．

急管理与常态管理活动相比需要一定的灵活性，但事前防治和事中、事后处置都离不开制度的落实和执行。思想是行动的先导，制度执行首先要强化制度意识，只有具备遵守执行有关应急管理制度的自觉，才能提高应急管理制度的执行力。比如，要强化突发事件应急预案制度的执行，加强实战性质的演练，改变应急预案制度“墙上挂挂、纸上画画”的形式化倾向。

第二，提升应急管理制度执行能力。相对而言，应急管理是专业性强的管理工作，应急管理制度执行需要强化干部的应急管理专业化能力。新冠疫情防控实践表明，有的地方领导干部专业化能力和水平明显跟不上重大突发事件应急管理的需要，应急管理执行力和治理能力不足。要加强领导干部应急管理知识和制度的培训，提升应急管理专业化能力。广大干部和公务员不仅需要一般的公共管理知识和能力，同时还要结合自身所在的系统、部门和岗位，熟悉该领域的专业知识，掌握该领域的专业管理技能①。

第三，优化应急管理制度执行环境。应急管理制度执行的效果还受到外部环境的影响和制约。由于突发事件具有紧急性、突发性、破坏性和不确定性特征，突发事件应急管理是一件高度复杂的非常规工作。强化非常态应急管理的制度执行，需要营造良好的社会和文化环境。不良环境形成的环境压力与突发事件形成的时间压力、事态压力，必然会影响管理者的积极性和主动性，助长干部不作为、怕作为，重点要构建促进应急管理制度执行的容错机制，不让好干部流血流汗又流泪，降低应急管理者面临的外部环境压力。

第二节 主体向度：强化内外协同治理

党的十九届四中全会指出，社会治理是国家治理的重要方面，必须加强和创新社会治理，完善党委领导、政府负责、民主协商、社会协同、公众参与、法治保障、科技支撑的社会治理体系。作为社会治理的重要场域，应急管理体系和能力现代化建设要遵循党委领导和政府负责，但

① 刘旭涛．以干部队伍专业化建设提升地方政府治理能力．中国党政干部论坛，2020（3）．

也不能光靠政府和领导干部，社会协同、公众参与也是不可或缺的。从理论上看，与传统的管理活动相比，现代化的治理在社会治理层面上强调社会参与，实现协同共治。从社会治理结构上看，社会机制、市场机制与行政机制共同构成了国家治理、地区治理的主要力量。政府只有积极运用社会机制、市场机制，整合有限的资源，凝聚各方力量，实现协同治理，才能战胜重大突发事件的挑战。

一、导入社会机制，壮大应急力量

党的二十大报告明确要求加强区域应急国家力量建设。2018 年机构改革后，我国应急救援体系主要由五个部分构成，包括：国家综合性消防救援队伍①、军队非战争军事行动力量、各类专业应急救援队伍②、应急管理部所属专业救援力量③、社会应急力量④等。在应急专业性力量之外的社会应急力量在现代化应急管理体系建设中也具有不可替代的作用。应对突发事件，尤其是重大突发事件，要大力发挥社会力量的作用，提高整体性、系统性应急管理能力。新冠疫情防控取得重大战略成果的经验表明，我国构建了联防联控、群防群控的防控体系，打响了抗击疫情的人民战争，通过非药物手段有效阻断了病毒传播链条⑤。

一方面，构建社会力量参与应急的制度性渠道。社会组织是政府应对突发事件的有益补充，在应急处置和救援中有明显的互补性优势。这种优势主要体现为：贴近社会公众（尤其是弱势群体），了解社会公众的

---

① 国家综合性消防救援队伍，主要由消防救援队伍和森林消防队伍组成，编制共 19 万人，是我国应急救援的主力军和国家队，承担着防范化解重大安全风险、应对处置各类灾害事故的重要职责，国家综合性消防救援队伍由应急管理部管理，实行统一领导、分级指挥。

② 各类专业应急救援队伍，主要由地方政府和企业专职消防、地方森林（草原）防灭火、地震和地质灾害救援、生产安全事故救援等方面的专业救援队伍构成，是国家综合性消防救援队伍的重要协同力量，担负着区域性灭火救援、安全生产事故、自然灾害等专业救援职责。另外，交通、铁路、能源、工信、卫生健康等行业部门都建立了水上、航空、电力、通信、医疗防疫等应急救援队伍，主要担负行业领域的事故灾害应急抢险救援任务。

③ 为适应“全灾种”救援需要，应急管理部分区域在全国布点建设了 27 支地震、山岳、水域、空勤专业队，以及 2 个消防救援搜救犬培训基地，在各省组建了机动支队、抗洪抢险救援队，在各地同步组建了 246 支工程机械救援队、2 800 余支各类专业队，在边境线组建了 6 支跨国境森林草原灭火队，在黑龙江和云南分别建设了南、北方空中救援基地。

④ 社会应急队伍有 1 200 余支，依据人员构成及专业特长开展水域、山岳、城市、空中等应急救援工作。另外，一些单位和社区建有志愿消防队，属群防群治力量。

⑤ 国务院新闻办公室．抗击新冠肺炎疫情的中国行动白皮书．2020.

实际应急需求；在应急救援、救助等方面拥有专业人才；相对于多层级政府科层组织，社会组织反应灵活；等等。目前，社会组织参与突发事件应急的意愿较强，但参与渠道狭窄。在突发事件应对中，政府对社会组织的信任度不高，不愿意借力进行有效的应急管理。对于社会组织来说，政府“条”“块”和党群部门存在差异性的制度逻辑，在这样的制度环境下，社会组织采取了策略性应对①。因此，在应急管理制度建设中，要构建与社会力量对接的协同机制，将社会力量制度性地吸纳到应急管理体系中，为应急管理注入新的力量。

另一方面，增强社会体系的专业化应急素质和能力。社会体系的应急素质和能力是应急管理体系的基础。根据国家统计局数据，2020 年，全国 2.85 亿农民工中，未上过学的占 1%，小学文化程度的占 14.7%，初中文化程度的占 55.4%，高中文化程度的占 16.7%，大专及以上文化程度的占 12.2%。这说明安全生产一线工业人员素质还不够高，发展的基础相对薄弱，要不断提升社会公众应对突发事件的应急素质和能力。突发事件发生后，公众作为突发事件的“第一反应人”，进行自救和互救是减少突发事件损失最有效、最经济和最安全的办法。当前，公众自救和互救知识还相对缺乏，要向公众普及公共卫生等应急知识，增强公众的自救互救能力。社区（村）是现代社会的基本组织单元，也是现代应急管理的基本组织单元。应急管理体系建设要强化与社区的衔接，提升社区应急管理能力，加快建设人人有责、人人尽责、人人享有的应急治理共同体。在安全生产中，要加强企业应急能力建设，健全企业安全生产主体责任机制，强化政府与企业的合作机制建设（尤其是中央企业与地方政府的合作机制建设），防止陷入安全生产“政府有压力企业没压力，部门着急企业不着急，监管单位认真企业不认真”的困境。此外，要加强社会组织应急专业化能力的提升。

二、运用市场化机制，优化应急资源供给

在常态化条件下，市场是资源配置的决定性机制。在紧急状态下，突发事件应急管理所需的资源和产品是多样的，单纯依靠政府储备和生产显然是不够的，要发挥市场机制的作用，强化政府与市场协同合作，

---

① 黄晓春，嵇欣．非协同治理与策略性应对：社会组织自主性研究的一个理论框架．社会学研究，2014（6）．

共同优化应急资源供给和配置。

一方面，要构建政府与市场协同的应急物资储备制度。新冠疫情防控前期，医用口罩、护目镜、防护服等应急物资极度短缺，这表明，充足的应急物资保障是应急管理能力的重要支撑。相对市场化应急物资储备而言，政府应急物资储备成本高、品种少。在强化政府应急物资储备的基础上，要借力市场化应急物资储备，让企业确保应急物资的储备量，做到“灾时救援、平时正常流通销售”。目前，我国应急产品技术面临市场活力不足、产业政策不到位等问题①，政府要加大向社会购买应急产品和服务的力度，加大培育应急专业化企业的力度，发展和激活应急产品市场。

另一方面，要发挥保险企业和保险市场的市场化保障作用。保险业是人类发明创造的对冲风险、消解风险的市场化制度形态，现代化的应急管理体系和能力需要现代化的保险产业与之相配套、相适应。根据原保监会数据，“5·12”汶川大地震直接经济损失约 8 500 亿元，保险赔偿 20 余亿元，仅占 0.2%，而发达国家这一比例大多超过 30%②。我国重点要建立巨灾保险和再保险体系，发挥保险在风险应对中的经济补偿作用。国家应给以政策支持，适时推进巨灾保险试点③。

第三节　过程向度：强化事前主动防治

以问题为导向，实现标本兼治是现代化国家治理的目标。传统管理倾向于事中、事后的末端治理。与传统的管理活动相比，现代化的国家治理更加注重源头治理。公共管理理论认为，政府管理的目的在于“花少量的钱预防，而不是花大量的钱治疗”④。事故灾难、自然灾害等突发事件往往经历从孕育、发展、暴发到消亡的“全生命周期”。从过程看，传统应急管理具有显著的“应急”特征，主要把工作放在突发事件发生

---

① 王郅强，项程舵．加快发展应急产业 助推应急管理能力现代化．光明网，2019-03-18.

② 李致鸿．巨灾保险十年探索路：从地方试点到顶层设计，专家呼吁建立巨灾险中央基金．21 世纪经济报道，2018-05-22.

③ 王宝明．我国政府应急管理制度建设与完善．中国应急管理，2012（8）．

④ 奥斯本，盖布勒．改革政府：企业精神如何改革着公营部门．上海：上海译文出版社，1996.

后的应急处置上，是被动的管理活动。这种应急模式也被称为灾难推动型模式。现代化的应急管理在过程上超越传统应急模式，强调从全生命周期看待应急管理。现代化的应急管理不能仅强调事中、事后应急，更要注重源头治理，强调事前风险防治，甚至实现无急可应、无危可救。

一、嵌入事前风险管理机制

由于“应急”二字所具有的事中、事后内涵，应急管理往往被认为是事中、事后的应对与处置，容易陷入忽视事前风险管理、风险治理的理论误区。事实上，从突发事件发展和演变的形态看，不同的发展阶段对应不同的管理活动。在突发事件尚未发生的事前阶段，管理活动称为风险管理；在突发事件发生的事中阶段，管理活动称为应急管理；在突发事件升级演化为重大突发事件（危机事件）阶段，管理活动称为危机管理。这三个层次比较来看，在我国现有的管理实践中，突发事件的应急管理能力最强、绩效最好，危机管理次之，风险管理才刚刚起步①。事前的风险管理、风险治理正是我国应急管理能力的“短板”和“弱项”。

建设现代化应急管理体系需要从侧重于事发后的应急处置与应对，向事前的风险治理转变，嵌入事前风险管理机制，建设全过程的“大应急”体系。嵌入事前风险管理机制，也是应急管理强基础的重要方向。风险管理是应急管理的重要基础②。一方面，要坚持底线思维和预防为主，强化事前风险管理理念。目前，对于风险管理和应急管理，不少管理者存在重应急、轻风险的认识，对事前风险管理重视程度不够高。习近平总书记强调：“我们必须把防风险摆在突出位置，‘图之于未萌，虑之于未有’，力争不出现重大风险或在出现重大风险时扛得住、过得去。”另一方面，要健全引导风险防治行为的机制。相较于应急处置和救援活动，事前风险治理所需时间长、绩效显示和达成难度大。这就要求加强促进主动风险防治的激励和引导机制建设，调动各类社会主体进行突发事件风险防治的主动性和积极性。以健康防治为例，要建立有效的医保结余经费结转机制，鼓励和调动医院对病人提供健康管理和服务的积极性。目前，我国风险管理建设重领导、轻群众③，建设相应的激励和引导机制对于强化社会参与风险管理具有重要的意义。

---

① 朱凤才，沈孝兵．公共卫生应急理论与实践．南京：东南大学出版社，2017：9.

② 钟开斌．风险管理：应急管理的重要基础．中国减灾，2007（12）.

③ 黄崇福．从应急管理到风险管理若干问题的探讨．行政管理改革，2012（5）.

二、建立和完善风险评估机制

突发事件的本质是风险，是风险的极端表现形式。加强风险评估，摸清风险源、致灾因子、安全风险和隐患，是对突发事件进行源头治理之策，是缩减事件发生可能性的重要手段。从理论上看，这也是可行的，因为事故灾难发生前总有苗头出现。海恩法则认为，每一起严重事故的背后，必然有 29 次轻微事故和 300 起未遂先兆以及 1 000 起事故隐患。抓住突发事件发生前的风险征兆，有利于将突发事件控制在萌芽状态。

第一，建立和完善重大决策风险评估机制。严格落实重大行政决策的法定程序，对于涉及群众切身利益的重大公共决策，要进行事前风险评估，做到“不评估，不决策”。第二，建立和完善重大项目风险评估机制。在重大项目风险评估中，不仅关注风险等级，而且更要加强对风险评估结果（项目风险点）的运用和分析，强化社会风险沟通与协调，防止“评而不用”“评过了之”的现象。第三，探索和实施重大活动风险评估机制。重大活动是风险评估的制度“盲区”，应逐步探索和实施重大活动风险评估机制，防止可能发生的踩踏事故等安全风险。

第四节 价值向度：坚持以人民为中心

应急管理作为公共管理活动，是价值理性与工具理性的统一体，现代化应急管理在价值层面要维护和彰显应急管理的公共价值取向。传统的政府管理过于重视以管理效率为中心，容易忽视或扭曲公共管理过程中的价值导向。尤其是西方国家政府在 20 世纪 80 年代末新公共管理运动改革浪潮的影响下，大量引入私营部门的管理工具，管理主义盛行。与传统的管理活动相比，现代化的国家治理具有价值属性。人民立场是中国共产党的根本政治立场，是马克思主义政党区别于其他政党的显著标志。坚持人民立场，以人民为中心，是党领导人民治理国家、实现国家治理现代化的根本价值。现代化的应急管理体系也要体现国家治理的价值向度，坚持人民立场，实现以人民为中心。在这样的背景之下，应急管理要避免陷入管理主义、效率主义的传统理论困境，以国家治理现代化价值为导向，高起点、高标准推进现代化建设进程。

一、坚持人民至上、生命至上的价值取向

突发事件对社会的影响主要表现在三个方面：财产损失、生命伤亡、社会失序。其中，人的生命安全是最宝贵的，对于每个人而言只有一次。应急管理活动要把维护人民的生命和健康作为最高价值。新冠疫情防控中，中国把人民生命安全和身体健康放在第一位，采取最全面最严格最彻底的防控措施，有效阻断病毒传播链条，得到了全社会的肯定和认可。

第一，要防控公共卫生风险，提高公共卫生事件应急管理能力，维护人民的生命和健康。在各类突发事件中，对人民生命和健康构成最广泛影响的是公共卫生事件，尤其是传染病疫情。政府要强化公共卫生风险防控，消除和控制各类可能威胁人民生命和健康的风险与挑战。第二，在经济发展和应急处置中，要把维护人民生命和健康放在第一位。目前，生产安全事故救援中重财轻人的现象依然存在①。当生命与财产发生冲突和取舍时，要果断维护人民的生命和健康。第三，在应急管理过程中，要注重体现人文关怀和人文精神。比如，在灾难搜救中，不放弃每一个有可能挽救生命的机会，对遇难者给予人性化处理，对弱势群体予以保护和救助，等等②。

二、树立以人为本、安全第一的价值追求

习近平总书记强调，全面贯彻落实总体国家安全观，必须坚持统筹发展和安全两件大事。目前，经济发展是地方政府追求的主要政绩，是“显绩”；而应急管理和安全生产往往是“潜绩”，时常陷入“说起来重要、干起来次要、忙起来不要”的困境。一方面，党委政府要转变观念，统筹发展与安全，牢固树立以人民为中心的发展思想，满足人民日益增长的安全需求。在制度建设上，要把应急管理和安全生产纳入绩效考核体系，以制度创新引导观念转变。另一方面，作为生产方的市场主体，企业也要坚持安全第一的原则，增强和保障安全投入，防止以牺牲安全为代价、盲目追求经济利益的短视行为。

发展是社会稳定的条件，社会稳定是发展的前提，两者相辅相成。发展是第一要务，但仅注重发展，并不能天然地带来社会稳定。党的十

---

① 徐红．面对事故与灾难财产与人的生命谁最重要?：以人为本 企业安全生产的最高原则．广东安全生产，2004（10）．

② 钟开斌．现代应急管理的十大基本理念．学习时报，2012-12-17.

八大后，随着五大发展理念和坚持以人民为中心发展思想的贯彻落实，社会群体性事件逐年减少。理论和实践表明，现代化的社会突发事件治理，根本上是要跳出应急来思考。贯彻落实共享发展理念，坚持和完善民生保障制度体系，树立以人民为中心的发展思想，能从源头上降低甚至消除产生群体性事件的社会风险隐患。2016 年 11 月 24 日，江西宜春丰城发电厂 3 期在建项目冷却塔施工平台发生坍塌，造成 74 人遇难和 2 人受伤的特别重大事故。此后，国务院安委办召开视频会议指出，该事故与压缩工期、突击生产有关。2016 年 9 月 13 日，丰城电厂 3 期工程曾举行“协力奋战 100 天”动员大会。在单纯赶工期、加快项目工程建设进度的价值追求下，项目安全价值被忽视，增加了发生安全事故的风险。

第五节　工具向度：运用互联网、数字技术

随着社会发展进入信息化新时代，数字化成为治理现代化的应有之义，也是应急管理现代化不可或缺的路径选择。相比传统社会而言，现代社会是高风险社会①。人类应对和治理突发事件的挑战更加艰巨。但**从技术进步的角度看，现代突发事件应急管理具备传统社会不具备的高科技支撑，即高度发达的信息技术及其他高新技术支撑。**治理是价值向度“道”与工具向度“术”的结合体。在工具和手段层面，强调新工具、新技术和新方法的引入是传统管理与治理的共同点。两者也存在不同之处主要表现在：治理视域下的技术要体现价值导向，强调用技术提高治理能力（技术不仅是解决问题的工具，也是提升治理能力的途径），强调对技术进行治理（技术也是治理的对象和环境）。在治理理论视域下，现代化的应急管理体系与能力也要积极依靠和适应技术创新，推进应急管理数字化转型，提升治理能力。

一、信息不对称与应急管理数字化转型

作为公共管理活动，应急管理在实践中面临着信息不对称问题，制约了应急管理能力的实现和提升。这些信息不对称问题主要包括：层级之间应急信息不对称、部门之间应急信息不对称、区域之间应急信息不

① 贝克．风险社会．南京：译林出版社，2004.

对称、政府与社会之间应急信息不对称等。运用大数据、物联网、“互联网+”、云计算等新技术，建立数字化应急管理，有利于消除应急过程中的信息不对称，降低应急管理成本，提高应急管理效能。新冠疫情既是对我国应急管理体系的一次大考，也是推动我国应急管理数字化转型的历史机遇。经过长时间的疫情防控实践，人们对于数字化生活、数字化工作都有较好的认知和体验，社会数字化转型加速推进。

现代化应急管理要乘势而上，总结疫情防控中应急管理数字化应用的经验，强化各类应急管理系统互联互通，主动推进数字化应急管理体系建设。第一，在应急管理工作中，强化数字化思维和理念。改变传统应急管理“人海战术”的理念，坚持让数据多跑路的数字化智能化理念，有效提升应急管理能力。第二，创新和发展数字化应急管理模式。数字化技术与应急管理工作的结合不仅仅是技术应用的过程，需要不断探索新模式。只有找到有效的模式，才能实现数字化赋能。比如，在新冠肺炎疫情防控初期，浙江的“健康码”模式等获得了全国的推广，表明数字化应急管理模式对于应急效能提升具有显著的推动作用。第三，不断研究和开发数字化新技术，为应急管理能力提升提供新工具。比如，加强人工智能技术在应急管理中的应用。作为政府治理的重要内容，应急管理也会受到人工智能技术的驱动，逐步走向智能化应急（智慧应急）时代。在新冠疫情防控中，人工智能技术应用于各类公共场所（火车站、汽车站、地铁站、机场）等高密度人员流动场景下，辅助工作人员快速定位体温异常者。人工智能技术还拥有深度学习机制，能从源头上识别、控制谣言。

此外，要把握数字赋能与制度赋能的关系，防范数字失灵、技术失灵。从本质上看，数字技术是应急管理现代化的手段，要发挥数字赋能的效用，根本上还取决于人与制度的现代化。应急管理数字系统、数字设备面临重特大突发事件的冲击，往往存在一定的脆弱性。2021 年 7 月，郑州发生特大水灾，市内一度断水断电断网，城市数字化生活陷入瘫痪，移动支付无法使用、共享单车不能开锁、打车软件打不到车、新能源车无电可充、外卖难以下单，支撑城市运营的智慧城市系统也出现失灵。智慧城市系统没有发挥出预期的数字管理效能。这表明，推进应急管理数字赋能，要多措并举，不能以技术工具为本，不能把数字系统作为政绩工程，要确保数字系统在极端情况下能够正常运行。

二、全媒体时代与网络舆情治理能力

作为科技发展的时代产物，网络是一把双刃剑；网络对于应急管理也是一把双刃剑。网络既是现代化应急管理体系建设的重要工具，也是现代应急管理活动须关注的延伸对象。这是因为，在信息化新时代语境下，突发事件不仅是现实中的实体性事件，还包括映射到网络上的相关舆情事件。网络舆情的衍生性是公共突发事件进入互联网新时代出现的新特点、新趋势。如果突发事件信息沟通不到位、不及时，多数突发事件发生后都会产生网络舆情，引发难以预料的后果。例如，2018 年初，东北雪乡发生旅游接待经营户和游客的冲突事件，此事件经过网络发酵后，引发网络群体性事件。虽然此后有关部门介入，进行了危机处置；但从影响上看，该事件不仅对个别商家产生了影响，还对整个东北雪乡乃至整个东北旅游业形象产生了影响。

在互联网和信息技术高度发达的时代，现代化应急管理要积极适应网络发展潮流和趋势，处理好线上与线下的关系，摒弃“鸵鸟策略”①，提升网络舆情治理能力。首先，要强化网络舆情治理理念。人类社会已进入全媒体时代，“人人都有麦克风、人人都是记者”。现代化的应急管理要主动适应全媒体时代发展要求，及时、真实、有效地向社会沟通突发事件信息，防止产生次生舆情灾害。有别于传统时代的媒介话语结构，全媒体时代，网络舆论容易产生群体极化现象，出现一边倒。如果舆论引导乏力，加之一些别有用心的推手的影响，突发事件处置必然面临更大的不确定性。互联网时代，社会信息会出现窄化，政府的职责是提供一个多元的信息环境②。其次，要强化网络舆情风险治理。互联网时代，网络是滋生谣言的温床。伴随着应急管理走向事前风险防治，网络舆情治理也要强化源头治理，进行事前风险评估与治理。比如，对于重大决策、重大项目，探索建立和实施舆论环境风险评估（舆评）制度，防范和化解可能产生的舆情风险。再次，要按照党的十九届四中全会的要求，健全重大舆情和突发事件舆论引导机制。对于重大突发事件，在事中、事发阶段，应急处置主体和主流媒体要及时引导，破除谣言、提供真相、疏解情绪。最后，要注重技术治理，建立健全网络综合治理体系，营造清朗的网络空间。比如，在发生重大突发事件时，要强化网络综合治理，防止谣言等负面信息利用互联网进行放大式传播。

---

① 鸵鸟策略：当大漠中的鸵鸟遇到危险时，它总会把头埋在沙堆里，以为自己看不见就安全了。

② 桑斯坦，黄维明．网络共和国．上海：上海人民出版社，2003.

第三章
“非协同现象”：常规应急的一个问题与挑战

政府科层制组织是政府管理的日常载体，也是应对突发事件的基础性框架。面对非常态的突发事件，政府科层制组织更容易体现内在的上下、左右、内外等不同层次的“非协同现象”。这种“非协同现象”对于应急管理、国家和地区治理的危害是非常严重的。在事前阶段，政府作为层级节制、部门林立的大型组织，容易层层过滤、分解风险，导致突发事件风险研判失误。在事中、事后阶段，突发事件超越部门和地区职责分工，政府科层制组织的应对活动容易出现相互掣肘和推诿现象，从而导致应对过程的低效。这种负面影响和危害可以归纳为“有组织的风险过滤与应对低效”，即“非协同现象”不仅仅是突发事件应对过程中人的问题，更重要的是组织问题、系统问题。本章主要从组织理论和风险理论的视角，结合国内外发生的重大突发公共事件及其应对过程，分析政府科层制组织面对突发事件产生“非协同现象”的必然性、表现及内在原因。

第一节 纵向条块联动低效：风险认知层层减码与响应迟钝

在多层级政府体制下，政府层级协同联动，上下同心，共同应对突发事件，是政府治理的理想目标。但在突发事件管理实践中，层级间协同联动往往遭遇一些结构性的困境，表现为：风险认知层层减码与响应迟钝。在事前阶段，在压力型体制下，与任务分配的纵向“层层加码”现象不同，面对风险，政府科层制组织的认知和研判出现了完全相反的现象——“自下而上的风险认知层层减码”。在事中、事后阶段，下级政府依赖于上级政府的指示，造成现场处置贻误时机、事态扩大，导致突发事件先期处置和响应迟钝。

一、突发事件风险大小的不确定性与突变性

发展态势不确定性、衍生性是突发事件的重要特征之一。公共突发事件是指突然发生，造成或者可能造成严重社会危害，需要采取应急处置措施予以应对的自然灾害、事故灾难、公共卫生事件和社会安全事件。重大公共突发事件的形成，是一个事前、事中、事发和事后的完整过程。危机事件初步形成后，可能因为初期管理不当、研判不当等内外部、主客观原因，不断演变升级，造成更大的社会影响。这种不确定性特征集中表现为链条式效应、蝴蝶效应。例如，随着现代互联网技术的深入发展，各种自媒体工具层出不穷。如果缺乏有效的舆情应对，社会危机事件常常在互联网上发酵，衍生出网络舆情事件。

突发事件总体大小和影响大小的不确定性，客观上要求政府做到多层级协同联动。从纵向上看，我国应急管理体制实行分级负责体制。当突发事件发展到一定程度时，需要更高层级政府的响应与管理。由于突发事件发展态势往往是不确定的，逐步升级的重大突发事件应对就需要多层级政府协同联动，尤其是多层级政府下的条块协同联动。条块层级联动不及时、不到位，都可能导致风险预警失效、应对失灵等现象。

按照突发事件随着时间变化的危害程度划分，危机事件分为突变型危机和突发型危机。对于突变型危机事件，多层级协同联动尤为重要。对于突发型危机事件，其社会影响在发生的时候基本确定，容易界定突发事件的响应级别，分级应对；但对于突变型危机，其社会影响不确定，呈现逐步升级态势，需要多层级协同进行治理（见图 3－1）。“非典”和新冠疫情等重大公共卫生事件就属于突变型危机的类型。在突变型危机的演化升级初期，多层级政府要协同合作，做好风险预警和研判，力求将风险控制在萌芽状态，实现无危可救、无急可应。在突变型危机的形成期，多层级政府要强化协同合作，做好协同应对，将影响和损失控制在最小范围。

二、事前自下而上条块风险信息过滤：出现“层层隐瞒”

面对不确定的重大突发事件，事后被动式的应急反应并非理想状态，理想的管理境界是做好事前的风险管理，在科学研判的基础上开展风险

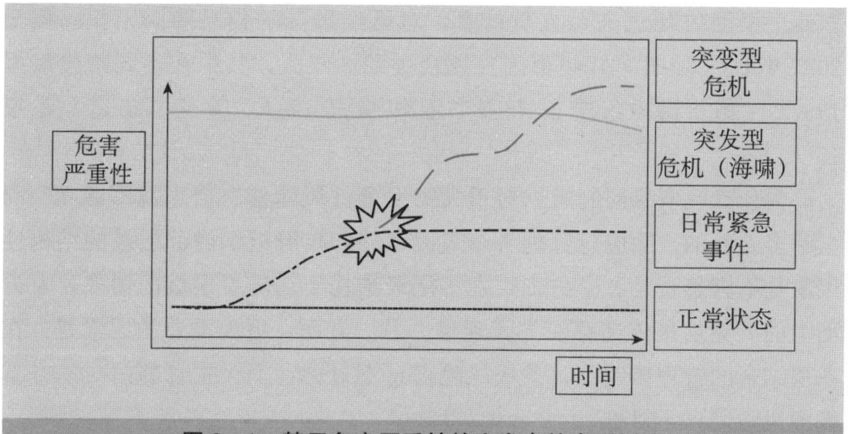

图 3-1 基于危害严重性的突发事件类型划分

预警，避免或减少突发事件对社会造成的影响。对于决策者而言，风险管理就要求掌握足够的风险信息，开展科学研判。

但在条块结合的多层级政府治理体制下，突发事件事前的风险信息在条块之间传递失真，出现“层层隐瞒”现象，最终导致重大风险预警失效、研判失误。海恩法则表明，大的突发事件往往在暴发前体现出许多小的风险苗头，这些带有苗头性的风险信息为重大突发事件预警和研判提供了线索。但作为大型组织，政府科层制组织在面对重大突发事件风险时，往往忽视事前风险信息，最终酿成研判失误。

近年来，风险信息“层层隐瞒”现象在一些突发事件应对处置中表现明显。2021 年，山东笏山金矿发生重大爆炸事故，1 月 10 日 19 时许，西城镇党委负责同志从村民处获悉发生事故，随即向栖霞市政府有关负责同志做了报告。时任栖霞市委书记、市长到现场了解情况，市委书记认为被困人员获救可能性较大，做出暂不上报、继续组织救援的决定。1 月 11 日 18 时 46 分，烟台市应急管理局主要负责同志从其他渠道获悉金矿发生事故，随即要求栖霞市进行核实，栖霞市委书记、市长才决定以 1 月 11 日 20 时 5 分接报的时间上报。2021 年 7 月，河南郑州发生特大暴雨灾害①，根据 2022 年 1 月国务院灾害调查组发布的调查报告，地方迟报瞒报因灾死亡失踪人数。瞒报行为表现为：未按规定统计上报，刻意

① 2021 年 7 月 17 日至 23 日，河南省遭遇历史罕见特大暴雨，发生严重洪涝灾害，特别是 7 月 20 日郑州市遭受重大人员伤亡和财产损失。全省因灾死亡失踪 398 人，其中郑州市 380 人，新乡市 10 人，平顶山市、驻马店市、洛阳市各 2 人，鹤壁市、漯河市各 1 人。郑州市因灾死亡失踪人数占全省的 95.5%。

阻碍上报因灾死亡失踪人员信息，对已经掌握的信息隐瞒不报。截至2021年9月30日，郑州市因灾死亡失踪380人，其中在不同阶段瞒报139人：郑州市本级瞒报75人、县级瞒报49人、乡镇（街道）瞒报15人。

为什么政府科层制组织对重大突发事件风险信息会重视不够呢？因素是多方面的，除应急管理者个人因素外，政府组织内部层级的结构性因素是不容忽视的。一方面，在多层级结构下，随着层级的增多，自下而上的风险信息传递存在失真现象。另一方面，更为重要的因素是，在条块结合的管理体制下，条块风险信息不对称，上级主管部门与地方掌握的风险信息不对称。

> **被访者——某市机关工作人员：**在突发事件风险防控和应对中，上级政府部门与下级政府（条块之间）协同的难点是：信息报送机制紊乱，常常出现多头报送的情况，无形之中增加了工作量。建议上级政府部门设立专门对接窗口，统一报送机制。

条块关系是我国行政组织体系中基本的结构性关系①。在我国政府治理体制内，政府组织和机构之间关系的主要类型有：上级政府与下级政府的关系，各级政府与其所属职能部门的关系，上级政府部门与下级政府的关系，平行政府部门之间的关系，地区政府之间的关系。无论是在公共治理实践中，还是在风险防控和突发事件应急中，上级政府与下级政府、各级政府与其职能部门是领导与被领导关系，协同联动性最强；其余府际关系类型没有领导与被领导关系，协同联动性表现出或多或少的薄弱特征。

尤其是上级政府部门与下级政府“条块”关系协同性更显薄弱，在重大突发事件风险防控和应对中的弊端凸显。在保稳定、强问责的压力下，与上级职能部门对待风险的态度不同，下级地方政府对风险有“报喜不报忧”的倾向，对风险信息形成过滤效应。有的地方政府与管理者缺乏底线思维、风险意识，对突发事件存在行为惯性，即重治疗、轻预防。在薄弱的应急条块关系中，垂直管理的部门或单位与地方政府的协同联动更显困难。在我国政府治理体制中，除职能部门外，还有不同类型和级别的垂直管理的“条条”机构。一些驻地中央机构，从行政级别、掌握的行政资源看往往要高于或强于地方，基于传统自上而下“等级式”

---

① 马力宏．论政府管理中的条块关系．政治学研究，1998（4）．

的管理模式，地方政府很难与之进行直接而平等的交流和对话①。条条管理部门、机构与地方政府进行有效的协调联动，在政府科层制组织结构中必然面临不少困境。

> **被访者——某市机关工作人员：** 在公共突发事件风险防控和应对中，上级政府与下级政府协同的难点有：（1）未按上级政府规定采取预防措施，导致公共突发事件发生，或者未按上级政府要求采取必要的防范措施，导致发生次生、衍生事件。（2）迟报、谎报、瞒报、漏报有关公共突发事件的信息，或者通报、报送、公布虚假信息，造成后果。下级政府应严格按照上级政府要求采取公共突发事件风险防控预防要求，严格执行《中华人民共和国突发事件应对法》的规定，不履行法定职责的，由上级行政机关或者监察机关责令改正。应服从上级政府对公共突发事件应急处置工作的统一领导、指挥和协调。

不少重大公共突发事件风险预警失效的背后，都存在条块协同联动低效的因素。新冠疫情初期，风险研判的一个重要教训是条块协同合作不够。钟南山院士表示，武汉地方政府和卫生部门没有在疫情发生早期采取足够的措施，应当为此承担责任。如果我们能够更好地协同协作，就能够更早地发现“人传人”。这反映出在疫情风险预警阶段，条块协同合作有效性程度不高。在新冠疫情前期，在省卫健委、市卫健委、区卫健委的逐级干预下，本该由医院直报国家的传染病网络直报系统失灵 28 天。根据专家的判断，只要医院上报传染病报告卡，医院所属的区（县）、市、省，以及国家疾控中心都能实时收到信息。尽管拥有 6 小时内全国范围信息共享的直报系统，但风险信息被地方干预后压制在基层，难以上达到国家疾控中心。

> **被访者——某市机关工作人员：** 在公共突发事件风险防控和应对中，上级政府与下级政府（条块之间）协同的难点表现为：（1）上级政府部门对下级政府辖区内发生的公共突发事件了解不够全面，不够及时；（2）上级政府部门和下级政府（条块之间）对公共突发事件缺乏沟通、交流，缺乏共同协助经验。上级政府

① 孔祥利．地方政府与驻地中央机构的互动：以“央视大火”的应急处置过程为例．中国行政管理，2012（6）．

主管部门应当在各自职责范围内，指导、协助下级政府部门及其相应部门做好有关突发事件的应对工作。建议县级以上地方各级人民政府设立由本级人民政府主要负责人、相关部门负责人、驻当地中国人民解放军和中国人民武装警察部门有关负责人组成突发事件应急指挥机构，统一领导、协调本级人民政府各有关部门和下级人民政府开展突发事件应对工作，根据实际需要，设立相关类别突发事件应急指挥机构，组织、协调、指挥突发事件应对工作。

三、初期响应体制性迟钝与中期应急“层层加码”

在突发事件发生后的初期，在分类、分级管理的多层级应急体制下，属地或地方政府易出现“体制性迟钝”现象，陷入“小事拖大，大事拖炸”怪圈，最终贻误初期的响应时机。突发性、紧急性是突发事件及其管理的第一特性。突发性，要求领导者在短时间内快速做出决策予以应对。“时间就是生命”，要及时抓住各种有利时机，予以应对和处置。较短的时间往往导致人员、信息和物资等要素保障缺乏，考验现场应急管理者的领导能力。但是受应急管理者、应急管理体制内外部因素的影响，突发事件初期快速应急反应的迫切需求往往遭遇体制性（组织性）迟钝。从应急管理体制看，县级是我国突发事件应急的基础性层级（见表3-1），大大小小的突发事件都需要属地发挥积极作用，具有重要地位。目前，管理在应急管理体制中的地位和作用需要进一步强化和落实，属地的应急自主权不强，导致属地在现场处置中要遵循日常工作的层层请示路径，不敢担当作为。从管理者自身看，属地应急管理者积极作为、勇于担当，能够化解体制性迟钝。但有些管理者不敢担当或者存在犹豫心理，必然加剧体制性应急迟钝。2008年贵州瓮安事件之所以从一个小女孩溺水身亡最终演变成万人群体性事件的一个重要因素是基层响应迟钝。瓮安县委、县政府主要领导干部不到现场，不敢面对群众，回避矛盾，反应迟钝，措施不力，贻误控制事态良机①。当时瓮安县主要负责人在谈及自己没有去现场时，表示并不是考虑自己的个人安危，当时的想法是，这个事情太大了，要等上级的态度②。突发事件初期，应急管

①② 刘子富．新群体事件观：贵州瓮安“6·28”事件的启示．北京：新华出版社，2009.

理者积极响应对于缓解体制性迟钝、缩减危机影响具有重要的作用。在新冠疫情防控中，湖北省委副书记、武汉市委书记马国强在央视新闻频道连线中表示，如果能早一点采取措施，防控效果可能会更好，可能疫情会有所缓解。习近平总书记指出：前些年，瓮安、孟连、陇南等事件说明，突出矛盾和突发事件背后都存在复杂的利益冲突，都存在干部作风问题，也都存在工作上处置不当的问题。对突出矛盾要有责任意识，主动去解决而不是回避推卸，努力做到发现在早、处置在小①。

表 3-1　中国突发事件的响应分级

级别 应急层次	特别重大 （Ⅰ）	重大 （Ⅱ）	较大 （Ⅲ）	一般 （Ⅳ）
国家	+			
省级	+	+		
市级	+	+	+	
县级	+	+	+	+

在突发事件应急的中期，在各级政府、各类部门的高度重视下，应急任务层层加码，加重了基层的应急负担，甚至出现过度应急现象。新冠疫情防控初期，网上热传一张“基层干部改造设计图”，基层干部被改造成了忙于应付上级工作的“千手观音”。有基层干部反映，自己所在的街道，每天有 7 个各级检查组在查问题，却没法解决实际困难。“上面千条线，下面一根针”，各部门的高度重视与基层的应急之间并未产生有效的协同作用，反而影响了基层应对突发事件的效力。

被访者——某机关工作人员：在公共突发事件风险防控和应对中，上级政府部门与下级政府（条块之间）协同的难点是分工不明确。下级政府对本行政区域内突发事件的应对工作负责；而法律、行政法规规定由上级政府部门对突发事件的应对工作负责的，从其规定，下级政府应当积极配合并提供必要的支持。

① 习近平．做焦裕禄式的县委书记．北京：中央文献出版社，2015.

第二节　横向部门间分割：风险防控分割与应对推诿

在高度专业化分工的科层组织架构下，整体性的突发事件风险在事前被分隔成若干段，由不同的部门管理，专业部门管理专业领域的风险；当出现重大的跨领域风险时，部门的防控模式“条条分割”容易出现预警失效、研判不准的问题。在突发事件应对阶段，传统的应对模式是分灾种的专业化应对模式。这种模式对于日常紧急事件较为适用，但难以应对具有耦合性和跨界性特征的重大突发事件。

一、突发事件形态呈现耦合性、跨界性

相比以往，现代社会突发事件在形态上具有复合性，随着事件的发展会体现、转化为两种或多种突发事件形态。自然灾害、事故灾难、公共卫生事件和社会安全事件等各类突发事件的关联性越来越强，而且互相影响、互相转化，经常导致次生、衍生事件或成为各种事件的耦合①。比如，2008 年冰冻雨雪灾害，后来在广州市火车站衍化为人口流动危机，大地震后会随之而来形成瘟疫等公共卫生风险，等等。

当突发事件从日常的紧急状态发展到重大突发事件后，对社会秩序和社会价值造成影响，就形成了社会危机事件。社会危机事件，既具有社会事件的特征，也具有突发事件的原发性特点，其典型表现是在公共卫生事件方面。当公共卫生事件突破紧急状态，进入重大突发事件全面防控阶段时，就会在社会面形成危机。在人口、资源、环境相互之间矛盾加深的背景下，一个灾害的发生往往会引发其他类型的灾害。或者说，多灾种的致灾因子并存于灾害场景之中，导致次生灾害事故多发、并发，容易引发系统性危机②。

二、事前风险防治职责模糊、交叉

科层组织专业化分工，主要是对日常工作事项进行部门化分工，

① 闪淳昌．建设现代化应急管理体系的思考．社会治理，2015（1）．

② 朱正威．中国应急管理 70 年：从防灾减灾到韧性治理．国家治理，2019（36）．

而对日常工作事项可能引发或面对的突发事件风险的防治职责缺乏详细的分工。对此，有两种理解：一是事前风险防治治理应该交给专业的部门管理，即专业的事后应急部门就是事前风险防治部门。比如，不少部门认为突发事件风险防治职责部门应该是应急办或应急管理部门。二是事前风险防治职责伴随日常工作由相应部门进行专业化分工管理。无论是前一种风险防治分工模式，还是后一种风险防治分工模式，部门之间的防治职责尚不明确，职责交叉严重，处于混沌状态。

新冠疫情风险预警出现了一定时间的延误，教训极其惨痛。政府与社会多个治理主体参与到新冠疫情前期风险预警中，政府内部风险预警体系条块分割，预警迟滞。虽然社会预警有效，但无法进入政府风险预警体系中。社会力量在疫情预警中发挥了重要作用，以张继先为代表的一线医生发现了风险，上报了预警信息。钟南山院士一锤定音，肯定了人传人现象，向全社会发出预警。但政府内部的风险预警迟滞，耽误了时机，从中可以看出：

第一，政府内部风险防控在实际运行中有时职责不清。从部门风险防控职责看，风险预警延误与公共卫生风险防范职责模糊不清有关，中国疾控中心、卫健委、地方政府的职权不够分明。中国疾控中心是卫健委的直属事业单位，并非业务主管机构，其主要负责技术指导。尽管2003年“非典”之后，中央与地方投资7亿多打造了全国先进的传染病网络信息报告系统，但这次风险管理也出现了预警失灵。

第二，社会风险预警及时、准确，但社会缺乏参与风险预警的制度化渠道，一线医务工作者缺乏渠道参与到风险研判和预警中。提高风险防治水平，政府要克服官僚主义作风，在风险预警和研判中吸纳一线工作者的参与，强化政府与社会的协同。

在一定的专业领域，完整系统的一类风险防治职责被切割为若干段，由不同部门进行碎片化管理，影响了风险防治效果。以危化品公路运输泄露事件为例，按照《道路危险货物运输管理规定》及《危险化学品安全管理条例》的规定，危化品公路运输管理至少涉及六个部门：安监部门负责危化品的安全监督管理工作，公安部门负责危化品运输车辆的交通安全管理工作，质监部门负责危化品容器的监管工作，环保部门负责危化品泄漏所造成的生态污染管理工作，卫生部门负责危化品泄漏事故受伤人员的救援工作，交通部门负责危化品道路运输的安全管理①。

三、事中部门应急避责推诿与碎片化

在突发事件应急阶段，部门在问责压力下，出于避责考虑，容易产生推诿扯皮现象。在 2011 年甬温线动车事故应对中，铁道部以尽早通车为理由，清理现场、埋车头，引发舆论强烈关注。在 2015 年天津港“8・12”特别重大火灾爆炸事故应对中，8 月 17 日，事故发生五天后，国家安全监管总局官方网站首页上挂出了一条“法规速递 ：港口危险货物安全管理规定”，认为港口危化品监管责任在“港口行政管理部门”。在 8 月 19 日上午召开的第九场新闻发布会中，天津安监局表示，涉事企业安全许可证由交通运输部门发放；而承担天津港公共服务职责的天津港（集团）有限公司称，天津港（集团）有限公司与事故企业——瑞海国际物流公司是坐落在同一区域的没有隶属关系的两家企业。

在突发事件应急阶段，部门从自身的角度出发，各自为政，进行碎片化应急，削弱了应急的整体性和协同性。在 2021 年河南郑州“7・20”特大暴雨灾害应对过程中，预警与响应联动机制不健全，在气象部门连发 5 次红色预警的情况下郑州才启动Ⅰ级响应，但灾难已经发生。部门之间协同合作的重要性在问卷调查中得到印证。333 位党政机关公务员问卷受访者，当被问及政府内部协同合作类型的重要性时，选择最多的是政府平行部门之间的协同合作，其次为上级部门与下级政府（条块）之间的协同合作（见图 3－2）。

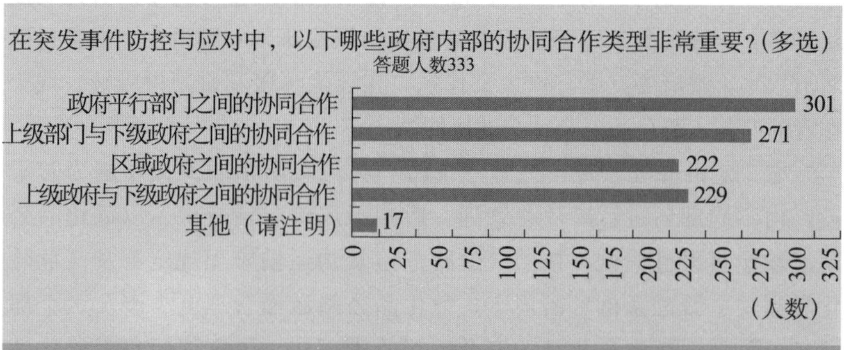

图 3－2　突发事件防控与应对的政府内部协同合作重要性评价

---

① 雷晓康，安静，张茜茜．跨区域突发事件中地方政府内部应急协作的情景构建分析与优化策略．中国行政管理，2019（4）．

清华大学教授薛澜在接受媒体采访时指出：跨部门协调始终是中国治理体系的难题，在新冠疫情中更集中地显现出来了，例如物资调配、经济生产与防控平衡等问题①。

首先，部门应急进度不一致，影响整体应急进程。以新冠疫情中地方垂直管理的监狱系统为例，2020 年 2 月 21 日，在全国疫情防控取得积极成效之际，湖北、山东、浙江 3 个省 5 个监狱发生了服刑人员感染疫情②。

> **被访者——某市机关工作人员：**政府部门之间协同合作的难点是，各职能部门间条块分割、权责不明确，各部门在面对公共危机时还不能有机结合、团结协作，缺乏有效的内部沟通协调机制，造成应对效率低下。建议完善部门联动处置机制。在市委市政府的统一部署指挥下，确定突发事件处置工作牵头单位，负责落实处置工作责任制，组织协调属地、责任单位以及相关职能部门在第一时间按照各自职责分工开展处置工作。公安和相关职能部门根据岗位职责，协调作战，及时果断介入处置，相关职能部门与属地保持密切沟通，加强协作配合，实现整体联动，做好信息收集、情况报告、指挥处置等各环节的紧密衔接，确保在最短的时间内控制事态。

其次，部门应急的标准不一致、不协调，造成工作重复和加重基层负担。在新冠疫情防控中，虽然各地各级都成立了疫情防控领导小组，但有的地方不同组之间缺乏沟通，统筹乏力，各自为政。比如，有武汉返乡人员在春节期间频繁被各方核实信息，有一天早上 3 个不同的部门上门量体温。

有基层干部反映，卫健、应急、妇联、教育、组织、民政、农业农村等相关部门以及县委办、县政府办等，都会各自制作一份或几份表格，填写信息基本也是一回事，但为了突出本部门的特色，又要单列几项，制作成另一张表格。

---

① 薛澜：疫情恰好发生在应急管理体系的转型期．吉林劳动保护，2021（1）.

② 湖北省武汉女子监狱确诊 230 例，湖北省汉津监狱确诊 41 例，疑似 9 例，湖北省未成年犯管教所疑似 1 例，山东省任城监狱确诊 200 例，疑似 10 例，浙江省十里丰监狱确诊 34 例。

第三节　平行跨区域协同乏力：风险外推与阻滞低效

“守土有责”的地理区域化应急管理体制，有利于明晰区域之间的风险防控和应急职责，提高管理效率。这种组织模式背后的假定前提是突发事件仅仅发生在一个区域，影响一个区域。这种假定面对重大突发事件风险时往往不能成立，重大突发事件需要多个区域之间协同防控和应对。

一、突发事件风险呈现外溢性和跨区域性特征

近年来发生的重大突发事件在地理区域上呈现风险外溢性和跨区域性特征，有的重大突发事件的影响甚至波及全国和全球。松花江漏油、太湖蓝藻、南方冰雪灾害、甲型 H1N1 流感、黄浦江死猪、北方雾霾空气污染、新冠疫情等事件均呈现出跨地域性特征。

无论是突发事件发生地的跨地域性，还是突发事件发生后影响范围的跨地域性，都决定了需要多个区域协同应对突发事件。面对跨域的复合型灾害，应急管理应多区域协同应对，而其所需的资源却分布于不同层级和领域的政府部门，分布于不同区域、不同社会主体中，形成了典型的“碎片化”现象。面对复合型的灾害场景和跨域突发事件，如何建立整体性的治理体系是中国应急管理面临的重要挑战①。此外，重大公共卫生事件的影响还超过国界，成为全球治理的重要挑战，也是全球公共管理的重要主题。

二、事前跨区域联合风险防控形式多、实质进展少

在突发事件发生前，各级地方在机制建设中开始重视跨区域协同，但目前仍然处于“看上去很美”的阶段，协同形式多、联动实质少，在实践中仍然是各想各的、各干各的。国务院应急办经过调研发现，近年来跨区域应急管理合作机制发展迅速，取得了成效；但一些已成立的应急管理合作机制仅停留于签订合作协议、召开联席会议层面，对编制应

---

① 朱正威．中国应急管理 70 年：从防灾减灾到韧性治理．国家治理，2019（36）．

急预案、开展联合演练、共享应急资源等没有实质性推进①。

2012 年 12 月 31 日，山西长治市一化工企业发生苯胺泄漏事故，当地政府及环保部门未及时通报下游地区开展联合处置，造成河南、河北部分河流严重污染，导致自来水厂停水和居民抢购瓶装水事件，引发社会强烈反响②。新冠疫情前期，武汉市抱有侥幸心理，对外强调“内紧外松”，与周边的黄冈等地区缺乏风险信息沟通，这也在一定程度上导致疫情暴发后，黄冈等周边县市毫无准备，相继沦陷，医疗资源进入严重紧张状态。

被访者——某市机关工作人员：在公共突发事件风险防控和应对中，区域政府之间协同的难点有：针对公共突发事件区域政府之间缺乏协调、合作，无法对公共突发事件的风险防控和应对做出统一安排。可以优化的方面是：县级人民政府对本行政区域内突发事件的应对工作负责，涉及两个以上行政区域的，由相关行政区域共同的上一级人民政府负责，或者由各个有关行政区域的上一级人民政府共同负责。

三、事中自发性跨区域协同较少，存在应急孤岛

在事发阶段，跨区域协同主要依靠上级的行政推动，区域之间主动自发、自为的跨区域联动较少。重庆公交车坠江事件发生后，当地因缺乏适用起吊装备，导致救援受困，最终依靠应急管理部牵头的部际联合工作组从上海调运适用装备，才最终将公交车打捞出水③。

在突发事件应急过程中，也会发生区域之间应急不协调的现象。比如，在新冠疫情防控中，2020 年 2 月 2 日，本该发送重庆的应急物资被云南大理征用。这批物资是重庆市政府防控疫情指定企业采购的紧急应急物资。2 月 24 日，经云南省委批准，云南省纪委省监委对大理市违法扣押征用途经大理的外省（市）防疫口罩问题进行了立案调查，并对 8 名责任人进行问责处理；其中，大理市委书记被免职。

仍以新冠疫情防控为例。进入复工复产阶段后，人员和物资如何从原来的区域隔离到实现区域协同，难度较大。

---

①② 国务院应急管理办公室．跨区域应急管理合作机制建设调研报告．中国应急管理，2014（3）．

③ 闫静．区域应急联动不能只是“看上去很美”．中国应急管理报，2019-04-20.

被访者——某企业负责人：对复工的企业，疫情防控指挥部已有了统一复工生产的要求，比如量体温、戴口罩、勤消毒等，但不同行业部门和不同地区有的也下发了复工生产要求，与指挥部的要求不尽相同，这种做法既增加了基层干部的负担，也让企业无所适从①。

厦门市中小企业人力资源部门反映，厦门市的文件通知显示省内其他地区来厦务工人员，只要有在当地的居家隔离和相关健康证明，来厦门后可以不用再重复隔离。但是一些区和街道自行加码，最后变成只要是外来人员都要进行隔离，导致企业开工率严重不足，想开工也有心无力。

第四节　政府与社会内外协同不畅：风险共治乏力

2008 年汶川大地震以来，社会力量在突发事件应对中的作用日渐凸显，传统的以政府为单一主体的单中心应急管理模式应逐步走向多元参与的应急治理模式。从突发事件的应急实践看，无论是事前的风险防范，还是事后的应对处置，社会参与尚未达到协同的理想效果。

一、政府与社会组织协同：难以形成合力

社会组织是政府应对突发事件的有益补充，在危机应对和救援中有明显的优势。这种优势主要体现为：贴近社会公众（尤其是弱势群体），了解社会公众的实际应急需求；在应急救援、救助等方面拥有专业人才；相对于多层级政府科层组织，社会组织反应灵活；等等。在突发事件风险防控与应对中，政府与社会组织协同合作有利于注入更多的应急资源，提高整体应急效率。

被访者——某市机关工作人员：在公共突发事件风险防控和应对中，政府与社会组织协同合作非常重要。政府对群众的熟悉度可能不如社会组织，社会组织的处突能力可能不如政府机关，公共突发事件需要政府与社会组织的协同合作。

① 抗疫考评基层治理十大软肋．半月谈，2020-02-22.

一方面，社会组织参与突发事件应急意愿强，但参与渠道狭窄。在突发事件应对中，政府对社会组织的信任度不高，不愿意借力，社会组织参与应急的渠道狭窄。对于社会组织，政府“条”“块”和党群部门与之存在差异性的制度逻辑，政府无论是对社会组织，还是对社会组织的活动领域、运作过程及制度后果都有不同认知，产生了非协同治理，在这样的制度环境下，社会组织采取了策略性应对①。

公益人陈行甲认为：公益组织等社会力量在这场防疫战争中是有作为的，但面临的压力和暴露的问题也不少，首先是公益组织参与的空间和渠道仍然有限。

另一方面，社会组织参与重大突发事件应急的专业化能力不足。我国社会组织存在先天不足、后天失调的特点。虽然从数量上看社会组织在我国蓬勃发展，但是社会组织的专业化能力距离公共事务管理的需要尚有不少差距。比如，在新冠疫情防控中，湖北省红十字会、武汉市红十字会连续多日陷入舆论的风口浪尖，暴露的物资发放等问题反映了社会组织在应急中能力还不足（比如，面对接收捐赠物资的任务，武汉红十字会只有10名工作人员，湖北省红十字会只有20余名工作人员）。

二、政府与企业协同不够：政府热，企业冷

作为重要的社会力量，企业是生产主体，在安全事故协同治理中具有重要地位。但目前在安全生产事故风险防控与应对中，政府与企业协同不够，出现“政府热，企业冷”的现象。

> **被访者——某机关工作人员：**企业是社会财富的创造者，也是各类物资的生产者，在公共突发事件风险防控和应对中，政府一方面要督促相关企业加班加点生产急需的物资保证供应，另一方面要鼓励企业勇于承担社会责任捐款捐物，政府与企业的协同合作至关重要。

一方面，在安全生产风险防控上，企业追求利润最大化，与政府追求公共利益最大化、风险最小化的价值不一致。随着新发展理念的落实，地方政府的理念从原来注重发展，转向发展与安全并重，统筹发展与安全。“发展是第一要务，安全是第一需求”。但从企业看，企业安全生产

① 黄晓春，嵇欣．非协同治理与策略性应对：社会组织自主性研究的一个理论框架．社会学研究，2014（6）．

理念尚需增强，安全生产主体责任仍然需要加强。以煤炭安全生产为例，由于我国能源资源禀赋“富煤、贫油、少气”的特点，煤炭在一次能源供应保障中具有主体地位，少数煤炭生产企业在经济利益驱使下，没有把矿工生命健康放在首位，违法违规生产，忽视安全规程和措施，酿成安全生产事故风险。2019年全国煤矿发生死亡事故170起、死亡316人，虽然与2018年相比分别下降24.1%和5.1%，但与美国等发达国家安全生产指标——百万吨死亡率相比，仍然有不小的差距。在不同价值理念下，政府与企业对安全生产的追求层次有差异，政府追求绝对安全，企业追求相对安全。

有问卷受访者指出：在突发事件应急的政府与企业协同中，政府总是有自己的考虑，责任基本是让企业承担。

> **被访谈者——某企业负责人：**企业与政府协同，要加强公平性制度建设，解决企业被动接受和最大责任方问题。注重公平对等性，不能过分强调保护弱势和偏袒强势。

另一方面，在安全生产事故应急中，政府与企业信息共享等协同联动不够有效，影响应急效果，甚至酿成更大次生事故。比如，在2003年发生的开县特大井喷事故①中，井喷发生后，企业钻井队并没有第一时间报告当地政府，而是先报告油气田上级企业，再转报四川省安监局、重庆市安监局，然后转报市政府，最后通知开县县政府。当县政府接到企业钻井队报告电话时已是晚上11时25分左右，离井喷时间已过一个半小时，受害最深、距离事发地最近的高桥镇却一直没接到钻井队电话。钻井队与属地政府信息协同不及时，在一定程度上延误了周围村民撤离，受灾最重的高桥镇晓阳、高旺两个村遇难者达212人。

又如，广东省住房和城乡建设厅对佛山地铁事故的通报：2018年2月7日19时许，中交二航局佛山地铁2号线一期工程绿岛湖至湖涌盾构区间右线工地突发透水，20时40分，引发隧道及路面坍塌重大事故（事故共造成11人死亡、1人失联、8人受伤）。事故发生后，佛山市交通运输局未按规定及时向我厅报送事故有关情况，直至2月

① 2003年12月23日深夜，位于重庆市开县高桥镇晓阳村境内的中石油西南油气田公司“罗家16H”井，于21时55分失控发生井喷，有毒气体随空气迅速向四周弥漫，事故导致243人因硫化氢中毒死亡，2 142人因硫化氢中毒住院治疗，65 000人被紧急疏散安置。

8日上午6时50分，该局才通过微信方式向我厅报送佛山市政府办公室报给省政府办公厅的《突发事件信息专报》第008期至第011期图片等事故信息。

三、政府与公众协同不足：干部干，群众看

突发事件风险防控和应对主要局限在政府主体上，社会公众没有调动和协同起来，出现“干部干，群众看”的现象。作为社会细胞，公众的应急协同参与是提高全社会应急治理能力的基础。在事前阶段，要彻底防控重大突发事件风险（比如，重大公共卫生风险），政府力量是有限的，还需要依靠公众的力量。一方面，从政府角度看，政府原有的社会动员力度正逐步减小，政府掌握和调动的社会资源也逐步降低，应对重大风险挑战迫切需要社会公众的参与。另一方面，从科学的角度看，在突发事件发生后，公众作为灾害等突发事件的“第一反应人”，进行自救和互救是减少突发事件损失最有效、最经济和最安全的办法。

一位身处一线、参与武汉疫情防控的党员干部表示：武汉有2 000多个社区，下沉的3万党员职工平摊到每个社区才十几个人，所在的网格共564户，微信群建了8天，入群的才30余人，靠这十几个人，3天连住户人口底数都摸不清，3年也不可能完成排查任务。

面对新冠疫情，全国人民众志成城抗击疫情，社会公众积极参与疫情防控，公众“宅”在家里是做贡献，群防群控效果明显。但是面对严峻的疫情防控形势，有少数公众对疫情防控措施不配合。有的隐瞒病情和信息，导致疫情大面积扩散。2020年1月底，一位从武汉返回福建晋江的人员谎称从菲律宾归来，先后参加多次宴席，后被确诊感染病毒，导致晋江4 000余人被隔离。有的公众外出不佩戴口罩，不配合隔离措施。国务院灾害调查组对河南郑州“7·20”特大暴雨灾害的调查报告指出：在2021年河南郑州“7·20”特大暴雨灾害中，因灾死亡失踪人员遇难前多数人仍正常活动未采取避险措施，甚至有些人是转移后擅自返回而遇难，这反映出社会公众对特大暴雨的危害缺乏基本认知，安全意识和防灾避灾能力不强。

四、政府与媒体协同乏力：风险预警失效，催生次生舆情

随着全媒体时代的到来，媒体在突发事件中的参与意愿更加强烈，对突发事件的影响作用也更大。在突发事件协同治理中，媒体的积极参

与是互联网时代突发事件治理的必然选择。有问卷受访者指出：实现政府与媒体，尤其是新媒体的协同，可以更好地向民众传播真实信息，杜绝谣言。相对而言，在我国新闻管理体制下，突发事件应急实现政府与媒体协同具有显著的优势，但目前政府与媒体在突发事件协同治理中也存在一些问题与挑战，主要表现为：

第一，在事前阶段，风险信息披露和供给不足，政府与媒体风险预警协同乏力。媒体报道对于社会进行风险预警、减轻突发事件的影响具有重要作用，但地方政府对社会媒体风险信息供给不足，导致媒体对风险预警信息报道较少，社会形成“可防可控”的错误风险认识，这是导致风险预警失效的一个重要原因。2021 年河南郑州“7·20”特大暴雨灾害应对的一个重要教训是：媒体的宣传警示作用发挥不到位，有的因顾虑引起社会恐慌，灾害预警信息传播不及时不充分，警示效果不强；有的甚至淡化灾害和误导群众对灾害的警觉。

> **被访者——某市新闻媒体工作人员：**在公共突发事件风险防控和应对中，新闻媒体与政府协同的难点有：通稿撰写求全求稳，不利于信息及时碎片化发布；层层送审，不利于本地官媒抢占舆论先机；相关部门人员不支持和配合本地记者采访，却对外地媒体开方便之门。应该充分重视本地官方媒体即融媒体中心的新闻人才队伍建设，培养、引进优秀的新闻专业人才；领导干部要加强舆情应对的培训学习，尊重新闻规律，善待媒体，充分发挥当地官方媒体的舆论引导作用。

第二，在事中阶段，政府信息公开存在不及时、不充分问题，网络舆论次生灾害丛生。在工作认识不到位和方法不足的情况下，地方政府应急管理者对于发生的事件信息披露不及时、不充分，常常导致网络谣言泛滥，在网上形成次生网络舆情。在信息不充分的条件下，有的媒体借机炒作渲染，助推网络舆情升级。以 2018 年发生的山东寿光洪灾应急为例，不同的媒体表现出了不同的做法，有的报道传递出真实的水灾信息，向公众传达政府的政策和措施；而有的报道在公众舆情感染下极尽炒作之能事，掀起更大舆论（见图 3-3）①。

---

① 许春蕾．地方政府与媒体在应急管理中的协同关系研究：以山东寿光“8·19”洪灾为例．新闻研究导刊，2019（17）．

	目标冲突	目标一致
利益分离	Ⅰ 自媒体 （营销号）	Ⅱ 中央党媒
利益耦合	Ⅲ 其他知名媒体	Ⅳ 山东省媒体

图 3-3　2018 年山东寿光“8·19”洪灾应对中地方政府与媒体的关系

被访者——某市新闻媒体工作人员：县级新闻媒体单位作为官媒，是党和政府的喉舌，重要时刻必须与市委市政府保持高度一致，起着传声筒和引导舆论的风向标的作用。因此，县级新闻媒体与政府协同总体效果较好，但某市自媒体发达，信息传播存在多种乱象，各种错误信息时有发生，需引起有关部门重视。新闻媒体与政府协同的难点有：新闻媒体作为广大受众了解资讯的主要平台，第一时间传播正确信息是职责所在。在与政府协同中，政府注重大局稳定，信息发布及时性往往稍显落后，与群众的热切期待有一定差距。

第四章

走向协同治理：理论方案与实现路径

针对应急管理过程中的“非协同”现象，只有坚持以问题为导向，强化理论和实践创新，才能进一步推进应急管理体系和能力现代化。作为近年来公共管理学、政治学研究的前沿主题，协同治理理论为解决“非协同”现象提供了科学的理论指导和理论方向。协同治理（collaborative governance，国内理论界也称为合作治理、协作治理），主张在治理活动中政府内外相关的各类主体协同合作，以实现公共治理目标①。无论是从理论特性看，还是从适用性看，协同治理与解决应急管理过程中的“非协同”现象都具有高度的理论契合。

第一节　协同治理理论概述

20 世纪 90 年代以来，治理概念在理论研究上大行其道。作为治理理论谱系的子体系，协同治理及其相关概念也在 21 世纪被理论界提出并呈现蓬勃发展态势。西方治理与协同治理理论兴起的主要背景和原因有：公共部门、私人部门和非营利部门之间的界限日益模糊，政府的权威性发生了变化，更多棘手问题（wicked problems）出现，民众期望转变，出现了新问题之于旧框架的“边界挑战”（boundary challenge）②。

① 中国国内协同治理理论研究溯源于国外合作治理（collaborative governance）理论研究，另外，还受到自然科学系统论中协同理论（synergetics）的影响。该理论创立者是联邦德国斯图加特大学教授、著名物理学家哈肯（Hermann Haken），1976 年，他系统地论述了协同理论。

② Kirk Emerson 教授国家治理论坛・高端学术讲座成功举办 . https：//cicsg. pku. edu. cn/zxdt/101545. htm.

一、协同治理的定义与类型

（一）协同治理的定义

目前，国外理论界、政策文本在定义和使用协同治理概念上具有模糊性和异质性，尚未形成一致的内涵界定。根据协同治理主体的范围，主要有三个层次的定义：

首先是狭义上的协同治理概念，主要指政府与政府之外的社会主体之间进行协同合作，解决复杂公共事务问题。2008 年，加州大学伯克利分校的安塞尔和加什认为，协同治理是一种为制定执行公共政策或管理公共项目和资产由一个或多个公共机构发起的，并由非政府行动者或利益相关者参加，共同进行决策（而非仅仅是咨询活动）的正式制度安排①。美国研究协同治理的代表性学者更加关注和强调政府与政府之外的社会协同治理；而欧洲的理论界，尤其是公共管理理论界则倾向于将公共机构之间的协同合作归类为协同治理或相关的概念，例如整体性治理、组织间政府、协同政府等②。该定义只是狭义上的社会协同治理，不能涵盖丰富的协同治理实践。

其次是广义上的协同治理，主要指为达到复杂的公共目标，跨越组织机构边界进行的协同合作行为。2012 年，亚利桑那大学的爱默生、锡拉丘兹大学的纳巴蒂等认为，协同治理是为了执行其他方式不能达到的目标，跨越公共机构边界、政府层级，或者跨越公共部门、私人部门和社会边界，而进行的公共政策制定与管理过程和结构③。他们将协同治理相关的概念（跨部门协同、网络治理等相近的理论）进行了整合，提出了协同治理体系（collaborative governance regime）概念。

最后是最广义上的协同治理概念，主要指多个组织的协同合作行为。2003 年，阿格兰诺夫和麦圭尔将协同型管理（协作性管理）定义为：为解决单个组织无法解决或难以解决的问题而进行的多组织安排运作与促

① ANSELL C，GASH A. Collaborative governance in theory and practice. J Publ Adm Res Theor，2008（4）.

② BATORY A，SWENSSON S. The fuzzy concept of collaborative governance：a systematic review of the state of the art. Central European journal of public policy，2019（2）.

③ EMERSON K，NABATCHI T，BALOGH S. An integrative framework for collaborative governance. J Publ Adm Res Theor，2012（1）.

进过程①。协同型管理概念是最广义的关于协同治理的定义，包含公共事务的协同型管理，也包含企业事务的协同型管理。

综合上述的国外代表性概念定义，**本文从协同治理的理论视角出发，认为协同治理是各类治理主体各自发挥自身优势，共同解决复杂公共事务问题，达成“1+1>2”协同效应的过程**。因此，本文所指的协同治理是广义上的协同治理概念，既包括政府内部治理主体的协同，也包含政府与政府之外社会的协同。根据对 1 165 份受访者的问卷调查，对政府内部机构之间协同有效性评价的平均值为 7.81 分，低于政府与政府以外社会相关方协同合作有效性评价的平均值 8.15 分（见图 4－1、4－2）。这表明，在我国公共治理实践中，推进政府内部协同治理依然是实现公共事务协同治理的重要内容。

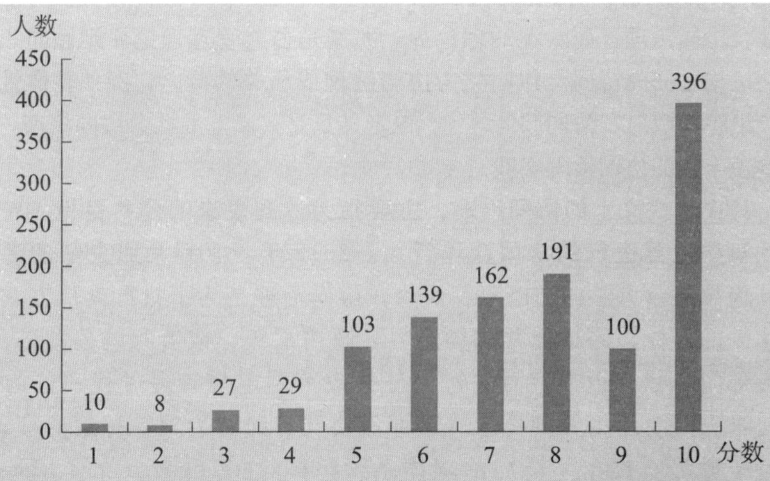

最小值	最大值	平均值	标准差	方差	样本量
1	10	7.81	2.11	4.47	1 165

图 4－1　突发事件防控和应对中政府内部机构协同有效性评价

（二）协同治理的类型

从协同治理的参与主体看，协同治理可分为：政府之间（跨部门、跨区域、跨层级政府间）的协同治理，政府与社会组织、公众之间的协同治理，政府与企业的协同治理。也就是说，协同治理可分为政府内部

① AGRANOFF R，MCGUIRE M. Collaborative public management：new strategies for local governments. Washington，D. C：Georgetown University Press，2003.

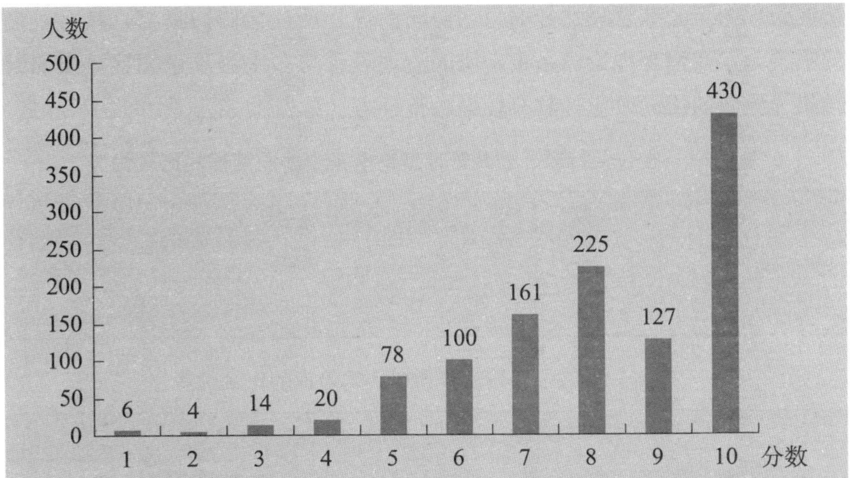

最小值	最大值	平均值	标准差	方差	样本量
1	10	8.15	1.90	3.60	1 165

图 4－2　突发事件防控和应对中政府与社会相关方协同合作有效性评价

协同治理、政府与社会协同治理两大类。从协同治理的形成机制看，协同治理可分为自我启动型（self-initiated）、独立第三方召集型（independently convened）、外部指导型（externally directed，含强制型）等①。从协同治理的对象看，协同治理可分为治理主体之间的协同、治理工具之间的协同（比如政策协同、制度协同等）、治理任务之间的协同（改革协同、突发事件协同、公共服务协同供给等）。

二、协同治理的理论优势、局限与适用领域

（一）协同治理的比较优势

公共治理是价值理性和工具理性的统一体，也是价值判断与事实判断的统一体。评价公共治理理论可以从有效性、民主性展开，即公共治理要有整合力、吸纳力。从整合力、吸纳力角度评价和比较，无论是在公共行政、公共管理的理论谱系中，还是在治理理论的谱系中，协同治理理论都具有明显的比较优势（见表 4－1）。在公共行政与公共管理理论谱系中，

① 参考 Kirk Emerson 教授、Tina Nabatchi 教授对协同治理进行的类型学划分，见 http://www.isgs.pku.edu.cn/xwdt/jddt/101545.htm；http://www.sppm.tsinghua.edu.cn/xxdt/26efe4896ef3c4f7016eff39bd550015.html.

协同治理与新公共管理比较而言，协同治理强调社会协同参与，具有较强的吸纳力。在治理理论谱系中，协同治理理论与多中心理论相比，强调以结果为导向的协同效应，具有较强的整合力（见表4-2）。

表4-1　在公共行政、公共管理理论谱系中协同治理的比较优势

功能	传统公共行政	新公共行政	新公共管理	协同治理
整合力	强	弱	强	强
吸纳力	弱	强	弱	强

表4-2　在治理理论谱系中协同治理的比较优势

功能	网络治理（自主治理）	多中心治理理论	协同治理
整合力	弱	弱	强
吸纳力	强	强	强

（二）协同治理的理论局限和挑战

协同治理不是“十全十美”的理论方案，在管理实践中也面临挑战，存在一定的理论局限。莫里斯·瓦登堡等人在梳理文献的基础上认为，协同治理通常面临三种类型的挑战：实质性解决问题的挑战、协同过程的挑战和多关系问责制的挑战①。**一是协同治理能否实质性地解决问题。**各方协同能有效解决复杂公共事务问题，主要是理论上的论证分析，协同治理能否取得实效，需要实践的检验。**二是协同过程的挑战。**各方协同参与是一个复杂的过程。结构复杂性和多样性会严重影响协同的实现②。协同能否在实践中得到执行和实施？协同过程会产生额外的治理成本。**三是在多关系条件下，如何进行问责和监督。**当协同治理失效或造成社会损失时，对谁进行问责？如何划分协同治理各方在治理失效后承担的责任。当各方协同合作损害公共利益或形成共谋现象时，如何进行监督？

（三）协同治理的适用领域

协同治理在具有理论优势的同时，也具有理论局限性。协同治理并

① WAARDENBURG M，GROENLEER M，DEJJONG J，et al. Paradoxes of collaborative governance：investigating the real-life dynamics of multi-agency collaborations using a quasi-experimental action—research approach. Public Manag Rev，2019（3）.

② HUXHAM C，VANGEN S，HUSHAM C，et al. The challenge of collaborative governance. Public management：an international journal of research and theory，2000（3）.

非对所有的治理活动都具有适用性，它具有特定的适用范围和领域。

协同治理适用于公共治理活动，体现公共价值导向，而非私人部门利润最大化的价值导向。在企业管理领域，协同管理（管理协同）理论也正在盛行中，主张打破企业组织壁垒，跨界进行协作。协同治理与协同管理具有一定的相通性，但两者存在一字之差，这从本质上反映的是价值追求的差异，这决定了两者是有根本差异的。

协同治理的对象是复杂的、棘手的公共问题。这些问题由一个组织或部门难以解决，需要多个组织或多部门的协同。从交易成本理论看，协同治理能够处理涉及复杂交易特点的公共问题，这些问题既不适合交托公共官僚机制，也不适合通过外包或市场机制来解决①。

第二节 治理现代化场景下的复合型协同治理

作为公共管理、政治学的前沿理论，协同治理近年来在我国理论研究中逐渐兴起，备受关注。目前理论研究的主要进路是基于西方协同治理理论对我国协同治理进行分析，较少在国家治理现代化建设场景（视域）下分析我国协同治理的差异与特色。中国国家治理体系和治理能力现代化场景赋予了治理概念区别于西方治理概念的新内涵，也建构了协同治理鲜明的理论和实践特色。国家治理现代化视域下的协同治理是一种复合型协同治理，包括“中心＋多元”协同治理主体的结构性复合、协同治理外延的“属”＋“种”复合、协同治理类型“内部协同＋内外协同”的复合、协同治理实现路径“制度化”＋“效能化”的复合等。在国家治理现代化视域下，实现协同治理具有显著的优势，也面临一定的挑战。在实现路径上，要抓住治理现代化提供的历史机遇，采用复合型策略：在治理体系现代化构建中，推进协同治理走向制度化；在治理能力现代化建设中，提高协同治理相关制度执行力，优化协同治理生成与实现的条件、环境和能力。

一、协同治理理论研究的进路分析

目前，国内理论研究主要是基于早期西方协同治理概念进行分析，

---

① 敬乂嘉．网络时代的公共管理．上海：上海人民出版社，2011.

有三个代表性的研究进路：一是多中心治理理论下的研究进路。在国内协同治理理论研究早期，多数学者从多中心视角对协同治理进行分析。孙萍等人认为，在对多中心主体参与治理的理论研究中，协同治理已然成为国外治理理论前沿的关注所在①。二是合作治理的研究进路。张康之认为，合作治理打破了政府对社会治理的垄断，是由多元治理主体通过合作互动的方式而开展的社会治理②。三是政府与社会协同治理的研究进路。欧黎明等人分析了协同治理的社会生成，认为信任关系和平台建设是社会协同治理的关键。桑玉成认为官民协同治理代表了政府社会管理的发展取向，但官民协同治理的基础还很薄弱③。燕继荣从政府与社会关系的视角，阐明了社会自治基础上的协同治理是公共治理和社会管理创新的重要方向④。

综合现有协同治理研究，可以看出，国内理论界主要基于西方理论话语体系研究协同治理。多中心治理、合作治理研究进路让协同治理带有更加淡化政府中心主义的理论色彩，与中国公共治理强化政府作用的治理实践产生了较强的张力。政府与社会协同的研究进路是西方协同治理理论的核心内涵和主张，为我国公共治理创新提供了思路；但该进路并非覆盖了中国公共治理实践中协同治理的所有内容。总之，现有理论研究较少关注在我国本土化语境下协同治理的理论与实践内涵，尤其是较少关注在国家治理现代化建设背景下协同治理的本土化特色。

二、国家治理现代化场景下治理概念的特色分析

从根本上看，我国推进国家治理现代化视域下的治理概念与西方语境下的治理是不同的，不能用西方治理概念套解我国国家治理概念。作为我国推进国家治理体系和治理能力现代化的纲领性文献，2019 年 10 月党的十九届四中全会通过的《决定》，对国家治理现代化进程进行了战略部署，赋予了治理新的理论内涵和特色。

第一，从行为上看，治理现代化视域下的治理主要是治国理政行为。 治理（governance）在中西方语境下具有较大的内涵差异。在西方日常语

① 孙萍，闫亭豫．我国协同治理理论研究述评．理论月刊，2013（3）．

② 张康之．走向合作治理的历史进程．湖南社会科学，2006（4）．

③ 桑玉成．官民协同治理视角下当代中国社会管理的创新与发展．山东大学学报（哲学社会科学版），2011（3）．

④ 燕继荣．协同治理：社会管理创新之道：基于国家与社会关系的理论思考．中国行政管理，2013（2）．

境下，治理就是管理行为。从学术理论角度看，西方语境下的治理至少有六种：作为最小的国家（主张发挥市场作用而非政府作用）的治理，作为公司治理的治理，作为新公共管理的治理，作为“善治”的治理，作为社会网络系统的治理，作为自组织网络的治理①。我国国家治理的基本含义是党领导人民科学、民主、依法和有效地治国理政②。本质上，治理现代化视域下的治理行为是治国理政行为。

第二，从结构上看，治理现代化视域下的治理是在党的领导下“中心＋多元”治理结构。在西方的理论语境下，治理体现社会中心主义，具有“去政府中心主义”的结构性特点。西方国家行政改革的理念“less government，more governance”③便体现了西方语境中治理的去政府中心主义特点。“去政府中心主义”在治理理念上有创新，但在实践上未必有效。这种治理的实现是一个艰难的过程，而且本身也存在治理失范和失效的可能。美国进步时代的改革表明，自由市场的支持者所宣称的能够自我调节、达到均衡的市场机制是不存在的④。我国国家治理现代化视域下的治理不是“去政府中心主义”导向，而是在党的领导下，强调政府的重要作用。党的十九届四中全会通过的《决定》指出，中国共产党领导是中国特色社会主义最本质的特征，是中国特色社会主义制度的最大优势，党是最高政治领导力量。“三个最”明确了我国国家治理结构的“中心”。以党组织为主导的多元治理结构，是我国国家治理的特色之一⑤。当然，国家治理现代化视域下的治理也不排除社会作为治理的主体，在社会治理等中微观治理层次也强调社会协同、社会参与。国家治理概念吸收了治理和善治理论与公司治理理论的合理内容⑥。

第三，从工具上看，治理现代化视域下的治理是“制度之治”，制度是现代化治理的主要工具和手段。制度是国家治理体系和治理能力现代化最主要的概念，制度建设是推进国家治理体系和治理能力现代化最基

① RHODES R A W. The new governance：governing without government. Political studies，1996.

② 王浦劬．国家治理、政府治理和社会治理的含义及其相互关系．国家行政学院学报，2014（3）．

③ 国内主要翻译为“少一些统治，多一些治理”。

④ 马骏．经济、社会变迁与国家治理转型：美国进步时代改革．公共管理研究，2008（00）．

⑤ 俞可平．国家治理的中国特色和普遍趋势．公共管理评论，2019（3）．

⑥ 何增科．理解国家治理及其现代化．马克思主义与现实，2014（1）．

本的路径①。从古至今，国家治理活动有许多层次的工具和手段，包括制度、思想理念、道德、技术等。现代化国家治理为什么要立足制度？**首先，在治理的工具体系之中，制度是最根本的和最基础的。**邓小平曾指出，制度好可以使坏人无法任意横行，制度不好可以使好人无法充分做好事，甚至会走向反面；制度问题更带有根本性、全局性、稳定性和长期性。2019 年，习近平总书记在党的十九届四中全会第二次全体会议上指出：制度优势是一个国家的最大优势，制度竞争是国家间最根本的竞争。**其次，从治理的成本比较看，制度之治成本是最低的。从治理的绩效比较看，制度之治绩效是最大的。**法治（制度之治）相比人治，在比较成本和比较绩效上都有明显优势，依法治国或制度兴邦（广义法治与制度化同义）应当成为坚定不移的政治改革目标②。为此，推进国家治理现代化，要针对制度体系和治理体系的短板（包括制度短缺、制度陈旧、制度失灵、治理失效等），优化制度体系，补齐制度短板，推进制度改革创新，优化制度执行和治理环节③。

第四，从发展路径上看，治理现代化视域下的治理改革创新逻辑是，在坚持和巩固的基础上完善和发展制度。党的十九届四中全会通过的《决定》回答了坚持和巩固什么、完善和发展什么这个重大政治问题，体现了治理改革创新的逻辑思路和方法论。基于“路径依赖”之上的增量改革是中国国家治理的重要特色之一④。首先，这是由我国国家治理现代化是大国之治的现代化所决定的。大国的国情，决定了治理改革创新是在坚持和巩固基础上完善和发展制度，不能犯颠覆性错误，不能照抄照搬他国制度模式。其次，这是由大国治理的制度功能所决定的。在大国国情下，中国国家治理的战略选择主要解决通过什么力量来凝聚与整合这个巨型社会的问题⑤。因此，国家治理体系和制度建设的首要功能和前提是制度整合。在此基础上，治理才能吸纳社会参与，提高执行力。最后，这也符合制度和治理体系生成和发展的规律。制度和治理体系不

---

① 宋世明．推进国家治理体系和治理能力现代化的理论框架．中共中央党校（国家行政学院）学报，2019（6）：5-13.

② 柳新元．国家的治理方式、治理成本与治理绩效．江海学刊，2000（4）．

③ 虞崇胜．补齐短板：木桶原理在国家治理现代化中的运用．中共中央党校（国家行政学院）学报，2020（1）．

④ 俞可平．国家治理的中国特色和普遍趋势．公共管理评论，2019（3）．

⑤ 唐皇凤．大国治理与政治建设：当代中国国家治理的战略选择．天津社会科学，2005（3）．

是天上掉下来的，是内生演化的结果。一个国家选择什么样的国家制度和国家治理体系，是由这个国家的历史文化、社会性质、经济发展水平决定的。

三、治理现代化赋予协同治理的特色与创新：复合型协同治理的提出

国家治理现代化视域下的治理概念具有许多本土化的特色。作为治理的子概念，协同治理也具有鲜明的内涵特色。中国场景下的治理即治国理政，协同治理在国家治理场景下主要指提高治国理政的协同性。综合来看，治理现代化视域下的协同治理是一种复合型模式，兼有协同治理与治理协同的多方面特征。

1.“中心＋多元”协同治理主体的结构性复合与特色

正如治理结构是在党的领导下的“中心＋多元”的治理结构一样，国家治理现代化视域下的协同治理也必然呈现“中心＋多元”的结构性复合特征。在主体上，公共事务协同治理是在党的全面领导下政府负责、社会各方力量协同参与的结构。党政军民学、东西南北中，党是领导一切的。党总揽全局、协调各方，构成中国协同治理的最大优势和最鲜明特色（见图 4－3）。

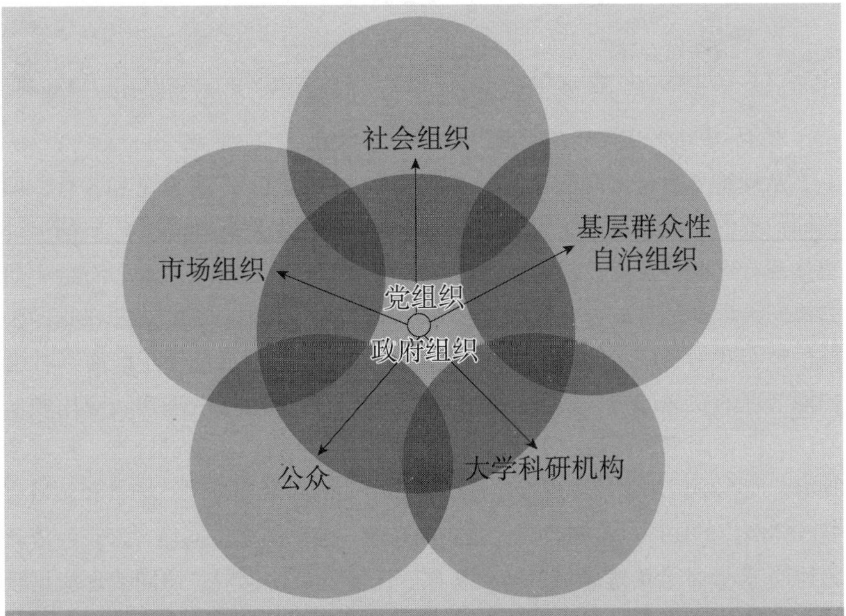

图 4－3　中国协同治理的主体结构

从协同治理的形成机制看，协同治理的类型可以分为：自我启动型、独立第三方召集型、外部指导型等。各级党组织作为治理的“中心”，既促进公共事务协同治理的自我启动，又为相关主体协同提供了有效的外部指导或第三方支持。在西方国家，以美国为例，只有联邦政府构成各相关主体协同治理的“中心”。在联邦制下，许多地方性复杂公共事务不属于联邦事权，难以发挥联邦政府的“中心”协调作用（见图 4-4）。

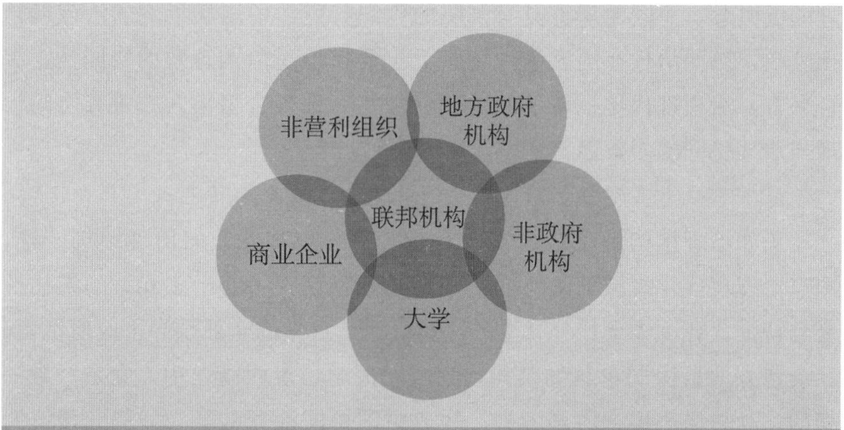

图 4-4　美国协同治理或跨界协同的主体结构

资料来源：O'LEARY R，GERARD C. Collaboration across boundaries，insights and tips from federal senior executives. Washington：IBM Centre for the Business of Government，2012.

2. 协同治理外延“属十种”的复合与特色

从理论上看，协同治理包含“属”即协同治理的广义概念和“种”即协同治理的特定安排和应用两层含义。国家治理现代化视域下的协同治理也体现着这两层复合性外延。无论是从“属”看，还是从“种”看，中西方协同治理都是有显著差异的。首先，从“属”来看，协同治理在我国公共治理实践中是广义的概念，并不像许多西方理论那样局限于政府与社会协同治理的狭义理解。其次，从“种”来看，我国协同治理实践应用领域更广。西方国家协同治理主要应用的领域有环境治理、危机管理、社区治理等。而在中国国家治理现代化建设进程中，协同治理应用的场景和领域有党政体制内的协同（机构改革优化协同高效、监察体系协同性、宏观经济政策协同等）、社会治理领域的社会协同、区域发展协同等。协同治理应用领域广泛是由国家治理现代化视域下治理外延的广泛性所决定的。不同于联邦制国家，作为单一制国家，我国地方治理也是国家治理的重要内容。

3. 协同治理类型“内部协同＋内外协同”的复合与特色

治理现代化视域下的协同治理是“内部协同＋内外协同”的复合。从协同治理的参与主体看，广义的协同治理行为和活动包括：政府之间（跨部门、跨区域、跨层级政府）的协同治理，政府与社会组织、公众之间的协同治理，政府与企业的协同治理等。在我国，政府力量相对较强，解决复杂公共事务，主要的侧重点和立足点是实现政府内部协同，政府与社会协同是必要补充。中国自20世纪80年代起进行的社会治安综合治理表明，在政府与社会的协同问题上，如果是由政府牵头，比较容易协调，但某些社会组织的匹配性可能存在问题；如果是由社会组织牵头，政府如何配合、在多大程度上配合，是需要深入探讨的①。

4. 协同治理实现路径“制度化＋效能化”的复合与特色

制度是国家治理现代化的关键词，在国家治理现代化视域下，协同治理的关键词同样是制度，协同治理的实现虽然有多重工具（价值理念、组织机构、制度、技术等），但主要还是依靠制度化。在制度化基础上，协同治理要实现效能。这是因为，国家治理的现代化实质上是包含两方面内容的双重现代化过程，即治理体系现代化和治理能力现代化。治理体系现代化和治理能力现代化内在规定了协同治理具有制度化和效能化复合的实现路径。在治理现代化进程中，有治理制度，无治理能力，那么制度就徒有虚名；有治理能力，没治理制度，那么能力就会被泛用滥用②。对于协同治理而言，有协同治理制度，没有产生协同治理能力（没有产生“1＋1＞2”的协同治理效应），那么协同治理就缺乏治理效能；如果有协同治理能力，但没有协同治理制度，那么协同治理就可能缺乏可持续性，甚至被滥用。

四、治理现代化场景下实现协同治理的优势与挑战

（一）治理现代化视域下实现协同治理的优势

在国家治理体系和能力现代化的总体框架下，我国实现协同治理拥有独具特色的优势。首先，与联邦制国家不同，中国是单一制国家，在全国范围内具备实现协同治理的国家结构基础。在党的集中统一领导之下，治理协同拥有坚强有力的领导力量。其次，我国大一统治理体制创造了结构性、体制性协同的优势。不少西方国家是分权化、碎片化的治

① 江必新．推进国家治理体系和治理能力现代化．光明日报，2013-11-15.

② 胡鞍钢．中国国家治理现代化的特征与方向．国家行政学院学报，2014（3）.

理体制，协同治理面临结构性的困境。最后，我国具有集体主义文化的传统优势。协同合作是协同治理的本质特征。在西方国家个人主义文化下，原子化的个体通过组织机构实现协同合作，面临先天的文化困境。中国具有集体主义文化的传统，这种文化传统有利于促进组织之间协同治理活动的生成与实现。

（二）治理现代化视域下实现协同治理的挑战

在国家治理现代化视域下实现公共事务协同治理也面临不少挑战。一方面，在复杂的治理体系下，提高内部治理协同性的制度供给和主动性动力供给不足。条块结合是我国国家治理的重要特征之一，中央政府通过垂直的与平行的两个权力系统实施对国家的治理，是条条与块块的结合①。在治理体制内部，作为单一制大国，我国国家治理结构是条块结合的复杂矩阵结构。作为最大的组织机构，中国政府条块关系面临纵横交错的“矩阵”难题。在条块关系结构中，地方官员都有几个不同的上司，是“横向为纵向服务”，还是“纵向为横向服务”？如果没有强有力的领导，条块治理分散性较强。以某县能源局为例，作为电力应急管理的部门，县委县政府对能源局具有领导关系，省级能源部门对能源局具有业务指导关系（见图 4－5）。

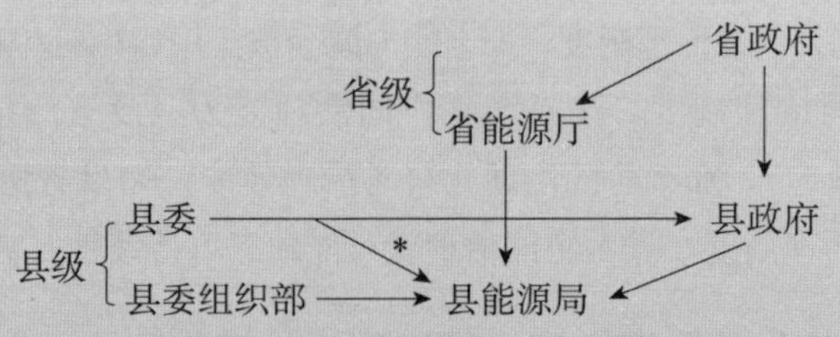

图 4－5　条块关系——以某县能源局指挥权为例

注：箭头表示实际上的权力指导方向。

* 能源局的党员受党的纪律约束。

资料来源：李侃如．治理中国：从革命到改革．北京：中国社会科学出版社，2010.

在缺乏高位协调的情况下，针对共同的复杂公共事务，实现条条、块块、条块之间的有机协同，制度设计尚需跟进。此外，治理主体的主动性动力供给不足，制约了协同性的提升。从微观层面看，治理主体的

① 俞可平．国家治理的中国特色和普遍趋势．公共管理评论，2019（3）．

主动作为，是实现治理协同的前提。只有治理主体自发自为，才能开启协同治理。治理主体不作为，必然导致治理不协同或协同治理低效。

另一方面，政府与社会协同治理也面临很多现实问题，且缺乏有效的制度支持。从社会发展看，随着改革的深化，社会利益和价值日趋多元化、差异化，通过政府与社会的协同治理整合个体、群体价值和利益的难度加大。从政府角度看，虽然近年来政府管理者已认识到政府与社会协同的重要性，提出了相关的工作理念（比如，城市治理中的共治、社会治理中的综合治理等），但对协同的制度性支持有限。从政府与社会力量的能力来看，我国社会组织发育尚不充分，在参与协同治理中能力欠缺；政府引导社会协同治理的专业化能力也需要进一步提升。

第三节 公共事务协同治理的理论框架与实现路径

协同治理的实现既需要治理主体具有动力、执行力，也需要克服体制机制的阻力，更需要外部的推力。基于价值目标、制度设计、行为选择、条件环境的理论框架，协同治理实现的主要路径有：

一、构建公共价值目标共同体，增强协同治理的动力

首先，要建立治理主体之间的信任关系。信任具有重要的协同价值，包括规范主体行为，消减交往环境的不确定性，节约治理交易成本，并提高治理联合体的内部驱动力①。其次，优化公共价值认知，强化公共价值导向。对于复杂公共事务，把握真正的公共价值是困难的。在公共管理实践中，正义、公平和效率等价值观是复杂、模糊和相互竞争的②。根据莫尔的公共价值理论，对公共价值进行判断的路径有：确定该行为是否包括公共价值，确定该行为在政治和法律背景下的合法性，确定该行为在管理实践上的可行性。最后，强化利益相关者的协商和沟通，识别复杂公共事务中的公共价值。公共价值不是个人偏好的总和，而是由经过选举和任命的政府官员以及主要利益相关者仔细考虑

① 王映雪．走出治理之协同困境的信任逻辑理路探析．山东社会科学，2015（10）．

② MOORE M H. Creating public value：strategic management in government. Cambridge：Harvard University Press，1995.

后共同决定的[①]。经过协同治理主体的协商和沟通，找出价值和目标的“最大公约数”，减少价值和目标冲突，从而生成协同治理的意愿和初始动力。

二、优化协同治理机制设计，减少体制机制障碍和阻力

制度在我国的公共话语体系中有多种形式的表现，按照从宏观到微观，表现为体制、机制、法律法规、规则等。与协同治理紧密相关的制度层次是机制。

首先，建立相容性激励机制、成本分摊机制，解决利益不对称问题，促进各类主体积极参与。在公共治理实践中，不同的治理主体不可避免地带有自身的合法利益诉求。经济学的机制设计理论认为，在市场经济条件下，如果能有一种制度安排，使行为人追求个人利益的行为，正好与企业实现集体价值最大化的目标相吻合，那么这一制度安排就是“激励相容”。在协同治理中，也要设计激励相容的机制，让相关主体在追求自身组织目标的同时，实现协同治理的整体目标。针对协同治理的成本，也要建立分摊机制，有效分配治理成本。其次，构建有效的领导与协调机制，解决跨界组织协调问题。协同治理的最大特点是跨界性，跨界协调是超越组织和机构的协调活动，面临跨越组织机构的各种挑战。要在跨界组织体系之间建立有效的领导和协调机制，促进协同治理活动的生成。比如，在我国，党委和政府内部的领导小组机制就是解决跨界协调的有效形式。再次，建立信息共享与沟通机制，解决信息不对称问题。地方政府跨区域合作治理存在多种形式的信息不对称问题[②]，其他的协同治理活动也存在许多信息不对称的问题。最后，要建立保障协同治理的问责、评估、监督和反馈调适机制。协同治理是一个动态的过程，需要及时进行评估、分析和调整。在协同治理中，要厘清治理主体的责任，规范和明晰责任，避免治理主体因避责而产生不作为行为。

三、培育协同治理行为，提高协同治理执行力

在协同治理活动中，成功的协同治理者需要培育重要的技能，从而

---

① STOKER G. Public value management：a new narrative for networked governance?. The American Review of Public Administration，2006（1）.

② 曹满云，戚兴宇．地方政府间跨区域合作治理中信息不对称问题初探．乐山师范学院学报，2006（1）.

生成有效的协同治理行为。现有的比较研究结果表明，成功的协同合作者的技能主要有：个人层面的个人特质，组织层面的沟通、团队技巧、冲突管理等①。在个人层面，个人需要具备开放思维、耐性、变革导向等特质②。

在组织行为层面，首先，要构建协同型领导。与日常科层制组织内部的科层领导方式不同，协同治理条件下的领导是跨界型领导，需要有新的领导行为和方式与之相适应。这种领导行为就是协同型领导。布赖森主张用设计的方法实现协同治理。另外，研究发现，领导者是协同治理方法成功的重要因素之一。在国家治理现代化建设的语境下，领导者是治理体系和治理能力的"关键少数"，领导者的协同行为是促成协同治理行为的关键。泰勒对美国国土安全部主管人员进行了访谈研究，认为协同型领导的四个基本要素是：口头交流、外部意识、持续学习和人际交往能力。其次，要增强沟通协调。再次，要强化冲突解决和管理。在协同治理活动中，不可避免会产生行为冲突，有效的协同治理者要善于管理冲突。最后，要提高公众协同能力，促进社会的有序参与。社会参与式协同治理得到公共管理者的普遍肯定，但目前，国内外政府与社会协同治理实践都面临的一个共同问题是：公众参与积极性不高、参与能力不足。梅特通过对挪威四个城市执行委员会 29 名成员进行访谈发现，政治家承认有充分的理由来促进公民更多参与治理，但是大多数公民并没有参与治理的动力；在合作过程中与公民进行更直接的互动以形成公共问题的新解决方案是不可能的或不被希望的③。从行为的角度看，不仅要优化公务员协同合作行为，也要提升和激发公民对协同治理的参与意愿和行为。

四、导入协同技术和协同文化，提高协同治理的环境推力

首先，应积极运用新技术，构建协同治理技术系统。技术本身是治理的对象，也是治理的工具。协同治理要注重引入新技术，突破组织结构的壁垒，实现跨界信息共享和有效沟通。其次，在政府内部建设合作文化的基础上，培育官民协同治理文化。在政府与社会协同合作方面，

---

①② O'LEARY R，CHOI Y，GERARD C M. The skill set of the successful collaborator. Public Admin Rev，2012（S1）.

③ SØNDERSKOV M. Do local politicians really want collaborative governance? . International Journal of public sector management，2019（3）.

不同国家的行政文化对治理行为具有惯性影响。从文化上看，荷兰、斯堪的纳维亚国家、英国等比法国、意大利更适合使用政府与社会协同治理模式①。我国改革开放以来，社会力量在公共治理中逐步兴起，得到社会的关注，但传统的政府本位文化和行政惯性依然较强，社会参与协同治理的文化氛围还有待进一步培育和发展。

① LAHAT L，SHER-HADAR N．A threefold perspective：conditions for collaborative governance. Journal of Management & Governance，2019（1）．

第五章

打造价值目标共同体，强化自驱性协同

思想是行动的先导，价值目标是行动的指南。价值目标决定了公共治理活动的方向，是公共治理活动的立足点和出发点。突发事件协同治理的实现也离不开各方治理主体价值目标的整合。如果没有价值目标的整合，各方治理主体在突发事件防控和应对中各唱各调、各自为战，必然是“一盘散沙”。要实现突发事件各方协同治理，首先要在价值目标上实现整合，改变本位主义、官僚主义，坚持以公共价值和目标为导向，打造价值目标共同体。

第一节　强化公共价值目标导向

突发事件对于社会造成的影响，除了对生命财产和社会秩序形成威胁之外，更深层次的是挑战了社会的价值。危机管理专家罗森塔尔在危机的定义中指出：危机是对一个社会系统的基本价值和行为准则架构产生严重威胁，并且在时间压力和不确定性极高的情况下必须对其做出关键决策的事件。当可能或已经面对突发事件形成的危机挑战时，维护和体现公共价值是第一位的。2020 年 1 月 25 日，中共中央政治局常务委员会召开会议，专门研究新冠疫情防控工作，习近平总书记主持会议并发表重要讲话，要求各级党委和政府必须把人民群众生命安全和身体健康放在第一位。面对新冠疫情，人民群众生命安全和身体健康就是最重要的公共价值，应当放在首位，不能出现价值判断和价值排序错位问题。

一、多一些公共价值，少一些机构利益

在突发事件风险防控与应对过程中，不同的组织机构具有不同的组

织目标和利益诉求。面对突发事件，如果各方都追求自身的目标和利益，必然会影响和削弱公共价值和利益，协同合作的集体行动也就难以达成。公共价值和公共利益是协同治理各方的利益最大公约数，协同治理主体要坚持以公共价值和公共利益为导向，当机构利益与公共利益发生冲突和分歧时，坚决维护公共价值和公共利益。公共突发事件暴发以后，一些政府部门很难服从公共利益，趋利避害，其背后反映了价值机制的偏失①。

实现公共价值是避免公共事务协同治理走向各方协同共谋的原则和前提。公共管理的协同合作行为和企业管理的协同合作行为本质上是不同的，主要区别是价值选择不同。公共管理协同合作强调以公共价值为导向。莫尔对公共价值进行了界定，并提出了政府战略管理的三角形战略②：（1）确定该行为是否包含公共价值；（2）确定该行为在政治和法律背景下的合法性；（3）确定该行为的行政和实践可行性。判断政府战略首先要进行第一个判断即行为是否包含公共利益。公共事务协同治理本质上是政府的一个战略选择，要遵循公共价值导向的原则。

面对重大突发事件，政府自身要坚持以公共价值为导向，从部门应急管理走向公共突发事件管理。研究表明：我国政府管理正处在一个从部门行政向公共行政的转型期，政府行政改革的基本任务就是尽一切努力弱化部门行政，基本目标就是建立公共行政③。在部门行政向公共行政转型的背景下，突发事件应急管理不可避免地带有部门应急的色彩，也处在从部门应急管理走向公共突发事件管理的转型期。

面对重大突发事件，政府与社会要坚持以公共价值和利益为导向，围绕公共价值和目标，达成共识，才能有效实现协同合作。在 437 位企业管理者、工作人员调查问卷受访者中，当被问及在突发事件风险防控与应对中促成企业与政府有效协同合作有哪些因素时，选择频次最高的选项是目标一致、达成共识，其次是政府信息公开程度，再次是建立正式的协调机制（见图 5－1）。在企业生产活动中，坚持公共价值要坚持以人民为中心的发展思想，发展决不能以牺牲人的生命为代价。有的地区

① 盛明科，郭群英．公共突发事件联动应急的部门利益梗阻及治理研究．中国行政管理，2014（3）．

② MOORE M H. Creating public value：strategic management in government. Cambridge：Harvard University Press，1995.

③ 宋世明．试论从“部门行政”向“公共行政”的转型．上海行政学院学报，2002（4）．

在经济利益驱动下，对淘汰退出落后煤矿产能不坚决，不具备安全生产条件的小煤矿构成安全生产的重大风险隐患。

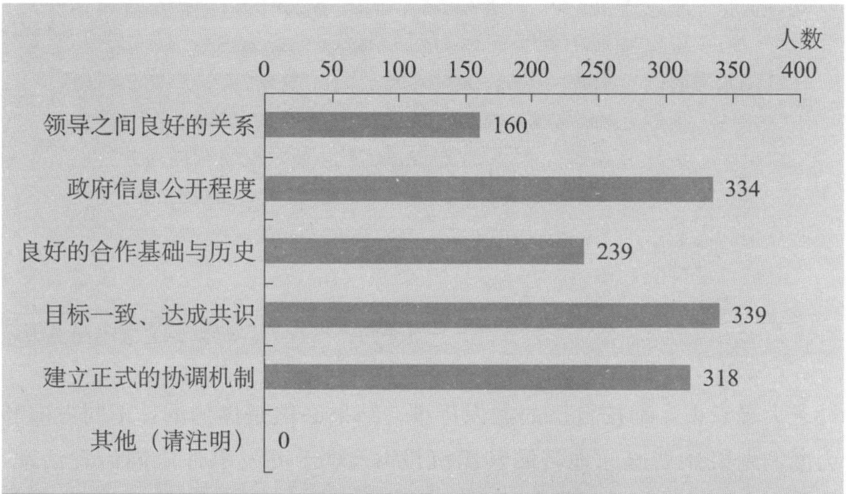

图 5-1　突发事件风险防控与应对中促成企业与政府有效协同合作的因素

二、加强公共管理者的大局意识和开放思维

封闭性、排他性治理思维限制了突发事件协同治理行为的生成。有研究表明，在突发事件危机管理中协同合作意愿不高的因素之一是，受传统文化封闭性和排他性思想的影响，各种组织之间的合作意识薄弱①。在 333 位党政机关公务员问卷调查受访者中，当被问到作为公务员、公共管理者，促进各方协同合作需要具备哪些重要的素质和能力时，306 位受访者选择大局意识和开放思维，占党政机关公务员受访者的 91.89%，是选项中最重要的一个（见图 5-2）。

有问卷受访者指出，公务员、公共管理者要心胸开阔，集思广益，听取专业意见建议；还要有敏锐的判断力，敢于担责，而不是抱着多一事不如少一事的心态，制度上要给敢于担责人员一定的包容性。

缺乏大局意识和开放思维，制约突发事件协同效应的生成。协同好比多人划艇比赛活动，其最终效果即船速的大小取决于各位参与者能否在同一瞬间用力划桨，而不是各位参与者能力的简单相加。如果参与者

---

① 康伟，陈茜．公共危机协同治理视角下的组织合作问题研究．行政论坛，2015(1).

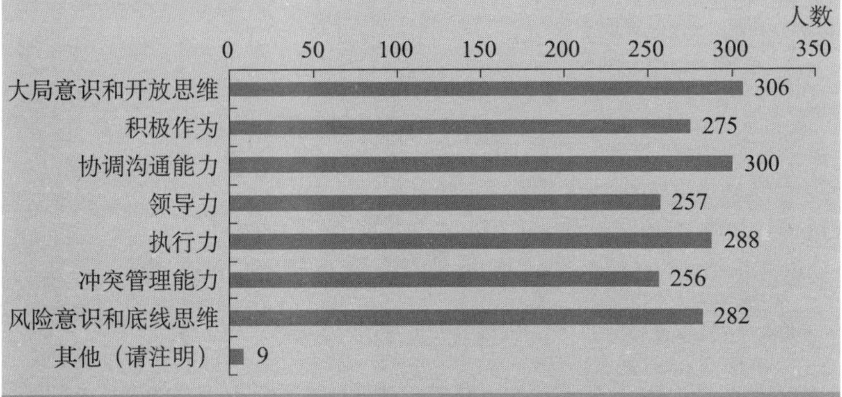

图 5-2　公务员、公共管理者促进各方协同合作需要具备重要的素质和能力

缺乏大局意识，都按自己的意识行事，结果必然是惨痛的：不同方向和力度的划桨让划艇原地转圈甚至沉没①。对于突发事件协同治理活动，各部门、各地区、各主体如果缺乏大局意识，仅从自身的利益和价值视角出发，那么其结果不是“1+1=2”或“1+1>2”，而是“1+1<2”。

> **被访者——某省物资储备机构负责人：**协同合作的难点在于上下级政府站位不同造成工作思路不同，上级政府着眼全局，看得长远，有时会牺牲个别地区利益来顾全大局。下级政府则注重辖区内安全稳定，在落实上级指示精神的同时尽可能维护本辖区利益。因为工作思路的不同，上下级政府在工作中难免出现矛盾。建议上级政府多听取下级政府的意见，充分考虑下级政府在执行过程中的困难；下级政府应充分领会上级政府的意图，抓好组织落实，确保政策执行不走样。

三、杜绝极端个人主义，维护公共价值

除政府与社会组织外，公众在突发事件风险防控与应对中也要坚持以公共价值为导向，摒弃可能对公共价值造成影响的极端个人主义思想。突发事件不同于日常状态，在个人利益与公共利益不能两全的紧急条件下，个人利益应当服从公共利益，局部利益应当服从整体利益。

面对突发事件，政府与公众的协同是非常必要的。调查问卷受访者

① 卡普兰，诺顿．组织协同．北京：商务印书馆，2010.

在对四种协同合作必要性的排序中，约 52%的受访者认为，政府与公众协同合作是第一位的，约 33%的受访者认为政府与社会组织协同合作是第二位的。政府与公众的协同是双向的，政府要为公众参与应急管理提供条件，公众要服从配合政府的风险防控和应急管理（见图 5-3）。

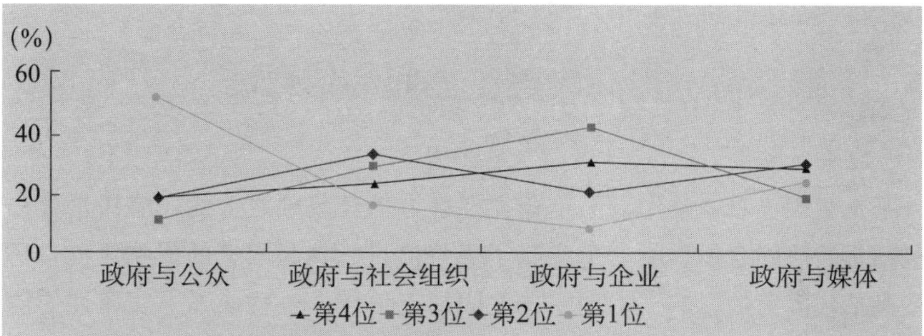

	第1位	第2位	第3位	第4位	平均排名
政府与公众协同合作	52.15% 607	18.21% 212	10.91% 127	18.73% 218	1.96
政府与社会组织协同合作	15.98% 186	32.56% 379	28.52% 332	22.94% 267	2.58
政府与企业协同合作	8.25% 96	19.76% 230	41.84% 487	30.15% 351	2.94
政府与媒体协同合作	23.63% 275	29.47% 343	18.73% 218	28.18% 328	2.51
回答人数: 1 164					

图 5-3　突发事件防控、应对中的协同合作必要性排序

在新冠疫情防控中，极少数公众有极端个人主义倾向，表现为：第一，提出较高的应急救助要求。公众的突发事件应急救助应该主要满足基本需要，过高的救助要求不符合公共价值导向。例如，某区居家观察人员对社区干部提出的代购物要求。第二，有小区业主对社区缺少认同感，不遵守社区风险防控和应急规则，甚至还出现特权思想。

被访者——某区组织部公务员：很多居民在买房时因为开发商的夸大宣传而对小区寄予过高期望，而实际住进去以后发现这也不好，那也不好，就开始抱怨。对哪里不满就举报，但自己不愿通过主观努力去解决问题，让社区变得更好。在疫情防控中，对社区疫情防控阻碍最为严重就是个别有权有势的人，他们觉得自己在单位是领导，或者说自己有钱，不把社区工作人员放在眼里，对社区的一些规定置之不理，不配合。社区工作人员要么是畏惧权威，要么是多一事不如少一事，平日就不跟他计较。但遇到紧急情况，这些人就会走极端。比如，一些人硬闯卡口，谩骂社区工作人员，妨碍社区正常管理。一旦这种现象被效仿，形成气候，就会导致社区风气倒退。

第二节 提高治理主体间的信任度

从微观上看，合作行为是建立在各方信任基础之上的，信任是合作的前提。协同合作意愿的生成除了受价值目标导向因素的影响之外，还受到信任因素的影响。治理主体之间缺乏信任，也就谈不上实质性的协同合作。相比日常状态的合作行为，突发事件下的协同合作更加需要组织间的信任。无论是公共治理层面的政府公信力，还是社会层面的信任，都需要加强，才能为协同治理提供有效的社会资本。社会资本是政府与社会协同治理活动的中间介质，决定了协同治理的实现程度①。

一、提高政府公信力，走出“塔西佗陷阱”

政府公信力和政府与社会协同治理具有双向互动关系。政府公信力是促进政府与社会协同治理的条件，协同治理的实现有利于增强政府公信力。政府与社会合作互动模式不成熟是导致地方政府公信力流失的主要原因②；反过来看，政府公信力不足，也制约着政府与社会协同合作。

提高政府公信力，加强政府信任，避免信任危机，为政府与企业、社会协同合作提供“基础设施”。根据相关研究，中国社会信任度并不算低，中国的信任问题不是初始存量过少的问题，而是社会转型期信任存量过快下降的问题③，尤其是地方政府公信力面临流失的问题，有陷入“塔西佗陷阱”④ 的危险。政府在经济社会活动中，要加强政务诚信、政府与社会的互动，塑造良好的政府形象，巩固和提升公众对政府的信任。

① 赵成福．公共危机治理中跨部门合作的困境及出路．河南师范大学学报（哲学社会科学版），2012（6）．

② 王国红，马瑞．地方政府公信力的流失与重塑：多元协同治理的视角．湖南师范大学社会科学学报，2013（2）．

③ 马得勇．信任、信任的起源与信任的变迁．开放时代，2008（4）．

④ “塔西佗陷阱”得名于古罗马时期历史学家塔西佗，主要指当政府部门失去公信力时，无论说真话还是假话，无论做好事还是坏事，都会被公众认定为说假话、做坏事。

有调查问卷受访者指出，让公众配合应急治理，最重要的还是信息公开和政府的公信力。只要公信力建立起来了，凭借现有机制和广大民众潜力，就没有任何解决不了的问题，遇到困难也能以更加高效和低成本、低代价的方式解决。

增强协同治理所需的信任，还要从政府信任走向社会公共信任，全面提升社会信任总量和信任供给。根据突发事件的应急管理实践，协同治理所需信任不仅仅是政府信任，也需要社会组织所提供的公共信任。公众对社会组织的信任对于社会组织发展至关重要。在新冠疫情防控中，武汉市红十字会、湖北省红十字会因捐赠物资发放等问题被推向舆论的风口浪尖。相比而言，杭州市红十字会公布捐赠使用明细，1元钱都可公示，获得大量网友的称赞。社会组织在突发事件应急过程中也存在公共信任生产问题，社会组织要增强透明度，才能不断获得公众的信任。

二、从关系型信任走向契约化、制度化信任

传统社会信任结构是血缘型、关系型信任结构，这决定了传统社会协同合作行为主要是基于关系的协同合作行为。汉语的“信任”是由“信”和“任”构成的复合词，《现代汉语词典》中，“信任”被明确界定为“相信而敢于托付”。从定义看，我国传统信任是一个关系型信任。传统的关系型信任在促进协同治理中存在一定的效能，但会随着人员变化而出现流失，交易成本较高。

进入现代社会，随着经济和社会转型，信任的结构正在发生深刻变化，正从关系型信任走向契约型信任、制度化信任。有研究表明，珠江三角洲地区产业集群内的企业信任机制经历了从重人情向重制度的演变①。作为公共治理活动，协同治理的信任机制也需要从关系型信任走向契约型信任、制度化信任。

一方面，导入契约化信任，让协同治理信任关系由弱到强。在传统关系型信任的条件下，协同治理合作关系是相对较弱的。传统社会主要依靠社会舆论＋宗族观念＋权威体认＋个体自觉来为信任提供保证②，导入契约化信任机制后，协同治理主体通过契约规范加以确立，并通过法治化的形式予以保障。契约化的信任关系具有更强的约束力和执行力。

① 刘琨瑛，丘海雄，张宇翔．产业集群内企业间信任机制的转变：从关系型信任到制度型信任：来自珠江三角洲产业集群的经验．产经评论，2013（5）．

② 程倩．契约型政府信任关系的形成与意义．东南学术，2005（2）．

另一方面，导入制度化信任，让协同治理主体信任关系由模糊到清晰、由小到大、由临时到稳定规范。在传统关系型信任的条件下，协同治理合作关系的保障是基于人际关系的，这种信任关系保障的标准是模糊的（人为自由裁量），保障的范围是较小的（特定的人际范围），保障是临时性的（容易出现人际变更）。导入制度化信任后，协同治理主体的信任关系通过成文的、正式的规则形式加以确立，具有清晰性、稳定性和普适性特征。

被访者——某市新闻媒体工作人员： 在公共突发事件风险防控和应对中，新闻媒体与政府协同的难点是：新闻媒体追求时效性，希望第一时间报道事件真相；政府部门调查需要时间，有些事件不宜/不愿全面公开。新闻媒体面向社会公众发声，政府部门风险防控和应对的重心往往在于关键少数。一些政府部门将新闻媒体的报道视为搅局添乱，不善于用好媒体。

第三节　强化风险意识和知识整合

面对突发事件，增强治理主体协同合作的意愿，还受到主观风险认知因素的影响。如果治理主体都具有足够的风险意识，协同合作就有了共同的认知基础。如果治理主体一方或多方缺乏足够的风险意识，其参与突发事件防控和应对的积极性、主动性就会打折扣。增强忧患意识，做到居安思危，是我们党治国理政始终坚持的基本方针。习近平总书记指出，要善于运用底线思维的方法，凡事从坏处准备，努力争取最好的结果，做到有备无患、遇事不慌、牢牢把握主动权。当前，我国形势总体上是好的，但也面对着波谲云诡的国际形势、复杂敏感的周边环境、艰巨繁重的改革发展稳定任务。只有坚持底线思维，不断强化风险意识、忧患意识，才能在世界处于百年未遇之大变局中赢得机遇、赢得挑战，实现中华民族伟大复兴。

一、警惕“黑天鹅”事件和“灰犀牛”事件

只有治理主体各方都强化风险意识，才能为突发事件风险协同防治奠定思想基础。如果有的治理主体重视风险防治，有的不重视风险防治，那么，双方就很难达成风险协同防治共识。

管理学理论认为，风险是指突发事件发生的不确定性，对风险的判断主要取决于风险的发生概率和可能造成的损失程度。在实践中，管理者由于风险意识不强，容易产生过分自信现象，陷入风险的认知误区，最终导致重大风险发生。缺乏风险意识主要集中在两个方面：一是对发生概率小、造成损失巨大的重大风险事件（“黑天鹅”事件）缺乏警惕性；二是对发生概率高、未来潜在损失巨大的重大风险事件（“灰犀牛”事件）缺乏防范意识。这要求我们必须把风险意识提高到重要位置。

一方面，始终对可能产生重大影响的“黑天鹅”事件保持警惕。党的十九大报告明确提出：“坚决打好防范化解重大风险、精准脱贫、污染防治的攻坚战。”作为“三大攻坚战”之首，防范化解重大风险是立足全局、着眼长远的战略性安排。站在新的历史起点上，我国发展既面临重大历史机遇，也面临不少风险挑战：有外部风险，也有内部风险；有一般风险，也有重大风险。对此，我们要常观大势、常思大局，清醒认识和高度警惕政治、意识形态、经济、科技、社会、外部环境、党的建设等领域的重大风险。在工作中，坚持做到“不忽视一个风险，不放过一个隐患”，对重大风险进行全面梳理和排查，抓住要害，找准原因，果断决策，有效处置。2021 年河南郑州“7・20”特大暴雨灾害的一个重要教训是：郑州市委市政府负责人特别是主要负责人主观上认为北方的雨不会大，风险主要在黄河和水库，对郑州遭遇特大暴雨造成严重城市内涝和山洪“没想到”，缺乏风险意识和底线思维①。

另一方面，始终防范习以为常却蕴藏重大风险的“灰犀牛”事件。经常发生的小事件常常被人们忽视，但其中往往蕴藏着重大风险。墨菲定律认为，在安全管理中，做任何一件事情，如果客观上存在着一种错误的做法，或者存在着发生某种事故的可能性，不管发生的可能性有多小，当重复去做这件事时，事故总会在某一时刻发生。在公共治理中，领导干部要善于从重复性的管理实践中发现蕴含的重大风险，从而严加防范和管理；要善于从习以为常的小事件中总结和分析，举一反三，防范重大风险。

二、强化知识整合与协同，减少知识碎片化

知识是治理主体认知和理解突发事件风险的基础，只有全面掌握突

---

① 国务院灾害调查组．河南郑州“7・20”特大暴雨灾害调查报告，2022.

发事件的风险知识，才能对突发事件进行科学研判。然而，在政府科层组织内部，一个完整类型的风险知识往往被肢解，由不同的层级、部门、区域分别掌握，突发事件的知识呈现出一定意义上的碎片化。碎片化的知识阻碍了治理各方形成共识，可能延误对突发事件采取一致的防控与应对措施。从知识的角度看，新冠疫情前期风险预警延误，一个重要原因是，关于新冠的风险知识碎片化地被中央政府部门、地方政府、技术精英、公众等多元主体分散掌握，由于各方协同不足，完整的风险知识图谱没有及早地绘制出来。

在突发事件风险防控与治理中，应加强各类治理主体知识整合与知识互动，以知识协同引领治理协同，避免知识碎片化，为突发事件协同治理奠定良好的思想基础。一是政府机构要加强突发事件风险和应急管理知识的学习，尤其是要加强对重大突发事件经验和教训的知识的学习，避免陷入“事故发生—经验反思—事故再发生”的困境。二是建立知识协同网络，强化政府与社会的知识学习互动。政府组织掌握的风险和应急知识主要体现为法律法规、预案等，法规、预案等更新迭代速度慢而专家和一线技术人员掌握的技术知识更新快，要建立长效的知识学习网络，实现政府与社会的知识协同。三是推进政府风险与应急管理知识协同供给和生产。应急领域的各类文本知识根据特点可以分为应急预案、法律法规、技术规范、案例总结、常识经验和专业文献等，这些文本知识围绕应急救灾领域和突发事件所属专业领域对知识和事件进行总结与描述，若文本知识表达缺乏关联和逻辑性联系，就可能出现“各自为战”①。在制定和生产应急知识时，应当强化协同特性，从源头上降低应急知识协同的成本。

三、摈弃官僚主义、本位主义、形式主义的干扰

第一，官僚主义提高政社协同壁垒，阻碍治理主体间平等协同合作。目前，我国社会治理格局正朝着“强政府、大社会”方向迈进，但在社会治理体系中，各个治理主体的力量发展不均衡，主要表现为：政府力量强，社会力量弱。在不均衡的组织力量格局中，官僚主义会成为政府与社会协同合作的障碍，各方难以达成平等协同合作。在新闻媒体、企

---

① 李春娟，宋之杰．基于知识协同的突发事件应急管理对策研究．情报杂志，2011（5）．

业和社会组织的问卷调查受访者中，当被问及在突发事件风险防控与应对中各自与政府协同合作的难点时，官僚主义成为三类受访群体共同选择的前三位难点选项（见图 5-4、5-5）。

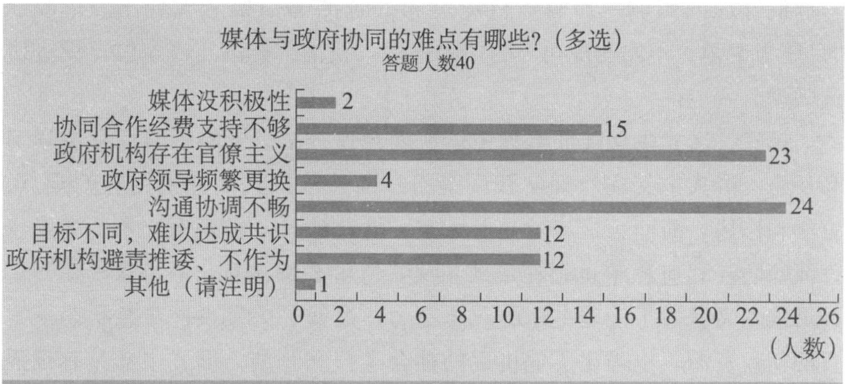

图 5-4 突发事件风险防控与应对中媒体与政府协同的难点

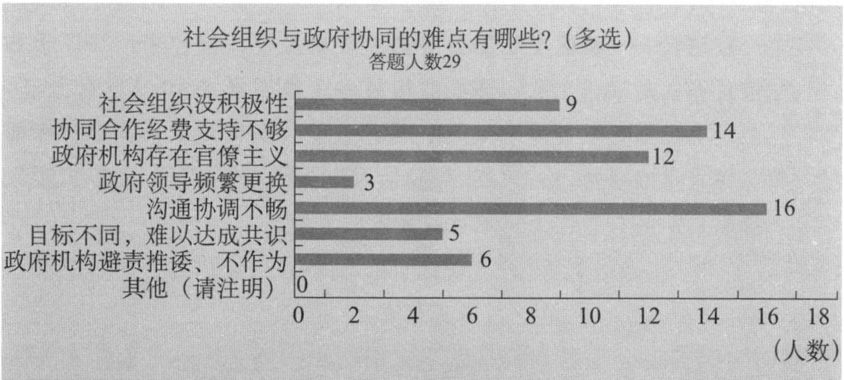

图 5-5 突发事件风险防控与应对中社会组织与政府协同的难点

第二，本位主义和治理封闭性，阻碍部门间、区域间协同合作。突发事件风险防控与应对是一个完整的过程，需要各地区、各部门协同应对。无论是部门本位主义，还是地区本位主义，都过度地强调自身的利益和价值，带有明显的“一亩三分地”思维，忽视其他主体的利益和价值，必然阻碍部门间、区域间的协同合作。

要重点克服应急协调联动中存在的部门主义现象。我国的突发事件危机管理主要按照事件类型进行分类管理。在深化机构改革之前，卫生类突发事件主要由卫生部门管理，事故灾难类事件主要由安监部门管理，社会安全类突发事件主要由政法部门管理，自然灾害类事件由相关地震、水利等部门管理。在深化机构改革之后，自然灾害类和事故灾难类事件由应急管理部门管理，应急管理逐步走向综合化。在目前分类管理与综合管理相结合的模式下，仍然要重点避免部门各自为政，减少部门主义对危机管理的影响。参与危机应对和处置的部门要从大局出发，改变“只愿当主角、不愿当配角”的狭隘思想，找准部门的正确定位，促进协调联动。

第三，形式主义降低治理主体协同合作效能，影响危机后社会学习和反思。形式主义在管理实践中是指片面追求形式而忽视内容的观点、方法和作风，简而言之，就是假大空、做花架子、做表面文章。突发事件风险防控和应急中也存在形式主义，追求表面文章，不讲求实效。这种形式主义分散了治理主体的应急精力，浪费了突发事件应急状态下宝贵的行政资源，也弱化了危机后的社会学习和总结。形式主义具有很强的“剧场效应”①、传导效应，如果不加以及时治理，对突发事件协同治理会造成严重的影响。

> **被访者——某区组织部公务员：**在新冠疫情防控中，社区干部吐槽最多的是形式主义，多头报表，一天恨不得来10个单位检查，但是没有几个部门给解决口罩、消毒液等现实问题。很多部门都很忙，但是干的事情不一定是对路的，工作不一定有效，有形式主义之嫌疑，从某种程度上说是行政资源的浪费。

① 经济学的剧场效应是指，如果剧院着火了，按照个人利益最大化，那就是先跑出去，如果每个人都这么想这么做，其结果必然是大家都拥堵在门口，谁都跑不出去，个人追求利益最大化而不考虑他人利益的行为，导致了群体悲剧的上演。

第六章

构建相容性激励机制，增强自发性协同

在各类治理主体达成协同共治的价值共识、目标共识的基础上，如何执行和落实是实现协同治理的关键。从公共治理制度要素的角度看，如果缺乏有效的制度和机制设计，协同治理会仅仅停留在“看上去很美”的状态，难以转化为治理实践。在促进协同治理的诸多制度和机制中，推动建立治理主体协同合作的动力机制是首要的。公共治理的主动性是公共治理协同性的前提，协同治理是各类治理主体围绕公共问题积极作为的主动治理。缺乏治理主动性，必然导致公共治理缺乏协同性。只有各类治理主体具备足够的治理主动性，才能催生“1+1>2”的协同性。经过对公共治理实践中协同治理失效现象的观察，不少协同治理难以实现的背后原因并非缺乏协调机制，而是一个或多个治理主体的积极性、主动性未调动起来，积极作为不够。

无论是个体还是机构，协同治理主体在治理活动中都是理性人。要从根本上增强协同治理主体的主动性，须强化协同治理的激励机制建设，加大各类治理主体在协同治理过程中的“利益捆绑”。邓小平曾指出：不重视物质利益，对少数先进分子可以，对广大群众不行，一段时间可以，长期不行。对于协同治理而言，在保障公共价值导向的基础上，也要强化激励机制设计，才能实现长效协同治理。本书基于机制设计理论，尝试构建促进协同治理的相容性激励机制，从而减少激励不相容现象，催生各类治理主体参与突发事件治理的动力。

第一节　构建正向相容性激励机制，推动风险防治协同

按照激励机制的激励方向（正向、负向）、激励机制在突发事件治理

中的着力环节（事前风险防治、事中事后应急），协同治理各方相容性激励机制分为四种类型：风险防治协同环节的正向激励机制、应急协同环节的正向激励机制、风险防治协同环节的负向激励机制、应急协同环节的负向激励机制。**总体上看，事前的突发事件风险防治环节的激励机制都存在缺失，在应急协同环节主要有负向激励（问责），欠缺正向激励。**因此，四种类型的激励机制都需要构建、优化，避免激励扭曲，为协同治理提供持续的全方位动力支持。

一、构建条块风险防治的绩效激励机制

构建部门突发事件风险防治绩效激励机制。虽然从横向看，我国突发事件应对环节实行分类管理的体制，但是在事前的风险防治环节，由生成突发事件风险的行业领域的主管部门承担主要责任。2018 年，中央办公厅、国务院办公厅印发的《应急管理部职能配置、内设机构和人员编制规定》指出，应急管理部指导协调森林和草原火灾、水旱灾害、地震和地质灾害等防治工作，负责自然灾害综合监测预警工作，指导开展自然灾害综合风险评估工作。自然灾害和安全生产事故应急职责集中在应急管理部，但包含自然灾害、安全生产事故等各种类型的突发事件风险防治职责分散在各部门。这就要求在事前风险防治环节，应充分调动各部门进行风险防治的积极性。要建立行业领域或部门风险防治绩效指标体系，基于绩效改进，进行绩效奖励。比如，在全面实施预算绩效管理的框架体系中，构建部门风险防治绩效预算体系，对部门风险防治工作取得成效的进行预算奖励。

避免重大突发事件“风险大锅饭”现象，构建地方政府突发事件风险防治绩效激励机制。像我国财政制度存在“风险大锅饭”特征①一样，重大突发事件事前风险防治也显现一定的“风险大锅饭”特征。事件逐步升级到重大突发事件，中央政府将最终承担全部风险，地方政府对事前重大风险防治的避险、治险动机不强。比如，面对重大自然灾害，地方政府责任模糊，中央政府“兜底”②。

强化事前突发事件风险防治，须通过制度设计消除重大突发事件“风险大锅饭”现象。地方政府，尤其是市县政府是突发事件风险防治的

① 刘尚希．中国财政风险的制度特征：“风险大锅饭”．管理世界，2004（5）．

② 王焕强．人工智能时代下，应急管理体系的发展之道．中国公共安全，2019（11）．

前沿阵地，要调动地方政府进行风险防治的积极性、主动性，防止出现“轻防治、重治疗”的治理模式。目前，我国在地质灾害等领域已建立事前风险防治的绩效考核机制。2011 年，《国务院关于加强地质灾害防治工作的决定》印发，要求地方各级人民政府把地质灾害防治工作纳入政府绩效考核，考核结果作为领导班子和领导干部综合考核评价的重要内容。首先，要拓展地方政府风险防治绩效考核的领域，从地质灾害等现有领域向自然灾害、安全生产事故、公共卫生事件、社会安全事件等四大类型风险领域全面拓展。比如，新冠疫情发生后，亟须把公共卫生和传染病风险防治纳入地方政府绩效考核体系。其次，在拓展领域的基础上，要健全对地方政府行为的绩效考评机制。在地方政府预算管理中，要根据风险防治效果，确定地方相关的绩效激励机制。最后，推进突发事件风险防治领域中央与地方共同财政事权和支出责任划分，科学界定中央与地方风险防治的权责，加快推进省以下风险防治财政事权和支出责任划分。

在条块风险防治绩效激励机制中，要优化个体绩效考核，实现组织目标与个人目标激励相容。首先，建立健全风险防治相关岗位公务员绩效激励机制。国家公务员激励不相容问题是国家公务员的自身利益与社会利益不一致的问题，严重影响了国家公务员工作积极性的发挥①。在全面从严治党的条件下，要重视对公务员的绩效激励，调动公务员的积极性、主动性和创造性，避免产生不作为、慢作为等懒政、怠政现象。其次，优化考核机制，建立风险防治相关技术人员绩效激励机制。在新冠疫情风险防控中，社会对疾控专业技术人员表现争议最大的是，在疫情风险研判的关键时期，专业技术人员却致力于发论文，对风险研判和预警投入不够。对于承担风险防治技术研究单位（比如疾控中心），要优化专业技术人员考核机制，突出风险防治业务导向、实用导向，而非基础研究论文导向，实现专业技术人员个人发展与风险防治机构目标激励相容。

被访者——某县卫健委负责人：“没有健康就没有小康”。目前，医保资金只能用于治病，不能用于保健康，难以调动医院和医生投入疾病风险防治和健康管理的积极性。应当建立机制，在医保结余中拿出资金给医院用于健康管理。

---

① 蒋硕亮．公务员激励不相容问题研究．中国行政管理，2004（6）．

二、构建社会参与风险防治的绩效激励机制

第一，在事前风险防治阶段，要探索和建立对企业的相容性激励机制，实现政府与企业的风险防控激励相容。国外通过建立相容性激励机制，成功实现政府与企业协同治理，有许多经典案例。18世纪末，英国政府决定雇用私人船只运送犯人到澳大利亚。英国政府实行的办法是按上船的犯人数支付船主费用。船主为了牟取暴利，就尽可能地多装人。为了降低成本，船主恶意断水断粮，导致船上条件十分恶劣，犯人死亡率高达12%。英国政府想了很多办法，每一艘船上都派一名政府官员监督，再派一名医生负责犯人的医疗卫生，同时对犯人在船上的生活标准做了硬性规定。但是，死亡率不仅没有降下来，而且有些船上的监督官员和医生竟然也不明不白地死了。原来一些船主为了贪图暴利，贿赂官员，如果官员不肯同流合污就被扔到大洋里喂鱼了。政府又采取新办法，把船主都召集起来进行教育培训。但是情况依然没有好转，死亡率一直居高不下。一位英国议员提出建议，主张从改变制度开始：政府以到澳大利亚上岸的人数为准计算报酬，不论你在英国上船时装多少人，到了澳大利亚上岸的时候再清点人数支付报酬。自此以后，船主主动请医生跟船，在船上准备药品，改善生活，尽可能让每一个上船的人都健康地到达澳大利亚，死亡率降到了1%以下。有些运载几百人的船只，经过几个月的航行竟然没有一人死亡。

这个案例对于防控公共突发事件风险的启示是，政府与企业协同合作进行风险防控非常重要，但要实现这个目标，根本上不是靠企业的自觉，也不是靠他人的监督，关键在于找到政府与企业协同的相容性激励机制，实现政府与企业风险防控的利益捆绑。以危化行业安全生产管理为例，多数安全生产风险来自承包商施工。为什么承包商对安全风险不重视？除了危化品企业监管不够外，更重要的原因是承包商风险防治激励机制的缺失，即没有把承包商的安全风险防治业绩与承担业务量挂钩，加之，对违法违规行为处罚追责力度的负向激励也不够，导致违章作业、野蛮作业时有发生。因此，要优化考核指挥棒，在企业绩效考核中，纳入风险防治指标，改变企业为追求利润或产能指标而不顾安全生产风险的倾向，实现企业“我想安全”“我要安全”“我领安全”的行动自觉。

被访者——某县主要领导：应建立政府与企业协作长效机制，

加大对做出突出贡献企业的奖励力度，对因参与风险防控而受损的企业以各种方式进行补贴，相关政策措施公开透明，充分调动企业积极性，使其自觉与政府一道应对风险防控。

在防灾减灾中，鼓励民营资本参与地方灾后重建准备金建设。为建立制度性的灾害准备资金保障，县级以上人民政府应根据本地区风险调查和评估情况、历史情况，分级建立灾后重建准备金。该准备金应以一般公共预算收入安排为主，积极吸纳社会资本（包括商业保险、公益基金、社会资本、社会捐赠等）。

第二，在事前风险防治阶段，要建立健全公众主动防控风险的激励机制，实现政府风险防控与公众风险防控激励相容。德国公众在日常生活中有为后进门者扶门的良好习惯。这种良好习惯的形成，主要始于联邦德国法律制度的设计和规定：如果在关门时不小心把人撞了，得无条件赔偿、帮人医治等。在社会生活中，对公众的激励主要集中在事前应急环节，比如，抗震救灾、救援等，而针对事前风险防治的公众激励机制较少。在自然灾害领域，社会上高度肯定和奖励的是“抗震救灾英雄”，对于“防震减灾英雄”的奖励、激励较少。要强化事前防治，也应建立针对公众进行风险防治的奖励、激励机制。

突发事件风险防治要建立社会监督机制，激励风险防治环节的社会参与。相对于政府组织而言，社会在感知突发事件风险上具有信息优势。目前，应急管理部针对安全生产风险推出了社会参与的渠道。公众可以通过人民网“安全生产举报平台”、“12350”举报投诉热线、“96119”消防举报电话来举报身边的风险隐患。要在安全生产风险防治基础上拓展并建立全方位的风险防治社会参与和监督机制。比如，在重大卫生风险防控中，要建立一线医生参与的监督机制，为政府风险预警和研判提供充足的信息。

被访者——某区组织部工作人员：疫情防控中社区的压力很大，基层面临人少、待遇低、无自主权等问题，尤其是社区工作者待遇并不高。比如，某区社区党支部书记一年所有收入加起来9万元左右，社区“两委”干部年收入七八万元，普通社工年收入6万元多一点，低于市社会平均工资（2018年度该市城镇单位就业人员年度平均工资为94 258元）。

第二节　健全正向相容性激励机制，促进应急处置协同

相较于事前风险防治阶段的激励缺失而言，事中应急阶段激励较多，但临时性特征较强，制度化程度不足，主要是在重大突发事件中采取的激励措施。从应急管理体系现代化角度看，应当建立常态化的突发事件应急激励机制，调动政府和社会各方面力量积极应对突发事件。

一、健全条块应急绩效激励与补偿机制

在事发阶段，对于积极应急的部门，建立绩效激励机制。从横向看，四类突发事件主要由应急管理部门、卫生部门、政法公安部门进行分类管理，并由涉及政府其他部门的积极配合。在机构绩效考核方面，把应急绩效纳入部门绩效考核指标中，赋予牵头应急管理部门一定的绩效考核权限，有效调动其他部门的积极参与。在机构预算配置方面，设置专门的突发事件应急绩效预算，根据部门的应急绩效表现，配置不同数量的机构预算。

> **被访谈者——某区组织部工作人员：**在疫情防控工作中，各单位参与程度也各有不同，有的全员参与，连日作战，有的还在弹性工作，仿佛这件事情跟自己关系不大。尽管之前发出通知倡议各单位积极组织在职党员到基层一线协助社区工作人员值守，但是落实情况也是参差不齐。“累的累死，闲的闲死”。推诿扯皮的情况也常有，以小区小麻将馆到底归谁监管为例，市场监管局不管，城管执法局不管，都说不是自己职权范围内的事。

在事发阶段，对于积极进行应急的地方和区域，建立绩效激励、补偿和事权划分机制。地方在突发事件应急中起着基础性作用。首先，要建立绩效激励机制，调动地方的积极性。在应急管理纵向府际关系的激励上，应该合理地考虑及尊重地方政府的利益目标，通过激励的方式，使得地方政府的利益目标函数能与中央政府相一致①。比如，要把重大突发事件应急绩效纳入地方政府绩效考核内容。其次，对于应急所需的物资保障和事

① 叶先宝，朱筱薇．应急管理纵向府际行为分析与激励设计．福州大学学报（哲学社会科学版），2016（6）．

件所造成的损失，要建立财政补偿机制。近年来，在许多重特大突发事件抢险救援过程中，上级行政部门采取跨区域调动队伍和物资等方式进行支援，但在救援结束后，补偿基本都不了了之①。最后，推进突发事件应急管理领域中央与地方共同财政事权和支出责任划分，科学界定中央与地方风险防治的权责。建议在目前已经印发的基本公共服务领域、科技领域、医疗卫生领域、教育领域中央与地方共同财政事权和支出责任划分改革方案等的基础上，出台应急管理领域中央与地方共同财政事权和支出责任划分改革方案，加快推进省以下应急管理领域财政事权和支出责任划分。

湖北省孝感市政府应急管理办公室：2009 年 12 月 5 日，京珠高速孝感段发生黑火药运输车辆爆炸事故，造成京珠高速公路路面损毁，交通中断，现场 4 人死亡、6 人受伤，损毁车辆 3 辆，附近 10 个行政村共有 2 000 余户民房不同程度受损，29 名村民受伤。发生事故车辆为江西籍，车上火药在湖南购买，运往河北，但事故的处理善后费用 300 多万元全部由孝感市政府“买单”②。

在事中应急阶段，突发事件协同治理也要注意个体利益相关方的激励。面对突发事件，个体除利他主义价值理念驱动外，也存在自身利益驱动的动力机制（见图 6-1）。

利益相关方类型	利益维持性动力	利益扩张性动力
组织性利益相关方	政府合法性、治理有效性组织形象与社会认同、组织能力检测等	组织对扩大预算的追求、组织对扩大权力的追求、组织对吸纳新成员的需求
个体性利益相关方	巩固在组织中的位置、弥补危机对个体利益造成的损失、恢复到危机前状态	强化个人权威、获取超额补偿、增加个人物质收益、实践自我价值观

图 6-1　应急多元参与的利益相关方动力结构

资料来源：贾学琼，高恩新．应急管理多元参与的动力与协调机制．中国行政管理，2011（1）．

① 国务院应急管理办公室．跨区域应急管理合作机制建设调研报告．中国应急管理，2014（3）．

② 曹文正．湖北孝感应急联动机制建设的探索与实践．中国应急管理，2015（8）．

在公务员个体层面，要建立应急绩效激励机制。在新冠疫情防控中，政府及时出台了应急激励措施，有效调动了社会参与应急的积极性。比如，将湖北省（含援湖北医疗队）一线医务人员临时性工作补助标准提高100%、薪酬水平提高200%，扩大卫生防疫津贴发放范围，确保覆盖全体一线医务人员。但也有地方在发放防疫津贴中按行政级别发放，难以实现组织防疫目标与一线人员防疫行为的激励相容。在人事上，中央组织部印发通知，要大胆提拔使用表现突出、堪当重任的优秀干部；对奋战在防疫一线的医务人员、公安民警、社区工作者、基层干部群众等，本人一贯表现好、符合党员条件，在防疫一线事迹突出的，经党支部研究同意，报上级党委批准，可及时吸收其为预备党员。总体来看，激励措施主要是应急性的，缺乏长效性的激励机制设计。对此，可以考虑建立制度化、机制化的个体应急绩效奖励机制，并对社会保持开放，增强制度性激励。比如，2011年，香港特区政府新设“危机/突发事件支持服务奖”，对在应急管理工作中做出突出贡献的优秀团队给予表彰和奖励①。

二、构建社会参与应急的绩效激励机制

除重大突发事件外的一般公共突发事件，社会力量参与应急的意愿和动力相对较低。健全必要的社会应急激励机制，有利于调动社会力量参与应急，为政府应急行为提供有益补充和支持。

健全社会组织参与应急的绩效激励机制。2008年汶川大地震以来，在经历多次重大突发事件后，我国参与应急的社会组织、志愿者队伍得到长足发展；但目前缺少制度性的激励机制。汶川抗震救灾结束后，相关部委对9个集体和17名个人进行了表彰，但受表彰的都是隶属于政府部门的人员，大量有突出贡献的志愿者没有受到奖励②。虽然社会力量和志愿组织参与应急是不计报酬的志愿服务行为，但给予一定的激励，有利于增强社会力量参与突发事件协同治理的动力，提高社会力量参与应急服务的质量和水平。一方面，要建立社会组织参与应急的绩效评价机制。依据突发事件类型，建立分类的社会组织应急参与绩效评价指标

① 李永清．应急管理激励机制的新探索：以香港“危机/突发事件支持服务奖”为例．中国应急管理，2012（4）．

② 钱洪伟，范靖文．应急志愿者绩效评估与激励机制存在问题及优化策略．城市与减灾，2017（3）．

体系。另一方面，要基于绩效评价结果，建立绩效激励机制。比如，对于高绩效的社会组织，在政府向社会购买公共服务的预算安排中给予一定的政策支持。对于高绩效的志愿服务个人，给予荣誉激励、物质激励、免税政策激励等。对于专业化社会组织，如果因参加应急救援活动造成误工，被扣除的薪资部分可由政府补偿，单位不得以此类原因扣薪和辞退职员①。

健全企业参与应急的绩效激励和补偿机制。企业在突发事件应急物资保障中发挥着重要作用，应调动企业的积极性，促进政企应急协同合作。首先，建立企业参与应急的激励机制。2020 年 2 月，北京市东城区启动了疫情防控期间稳定市场供应社会企业奖励项目，帮助在疫情期间发挥社会担当保持营业、保障供应的社会企业共渡难关。其次，落实企业参与应急的补偿机制。《突发事件应对法》规定："有关人民政府及其部门为应对突发事件，可以征用单位和个人的财产。……财产被征用或者征用后毁损、灭失的，应当给予补偿。"对如何补偿、由谁补偿、补偿标准等问题，国家层面一直没有建立相应的制度。我国在应急工业动员中常采用"企业贷款、政府补贴、参与经营、适当补偿"的办法进行激励，但实际运作过程中出现了资金补贴不到位、补偿不合理等问题②。

> **被访者——某企业负责人：**企业与政府合作能够实现政策与资源的优势叠加，在要素集结配置方面呈现出良性互动的局面，企业与政府防范应对各类突发事件的能力得到了明显加强，在重大突发事件的救援和处置中发挥了重要作用。

目前，企业参与应急的激励尚不充分。在问卷调查的企业受访者中，当被问及在突发事件风险防控与应对中企业与政府协同合作的难点有哪些时，选择最多的前三项是：沟通协调不畅、协同合作经费支出不够、政府机构存在官僚主义（见图 6－2）。

应出台企业参与突发事件应急的配套政策和措施，破除企业参与应急的政策瓶颈，强化企业应急物资储备和供给的激励机制建设。应急物资如果完全依靠政府储备和保障，因突发事件的偶发性，必然增加保障成本。政府委托企业进行代储是一个重要的选择。为避免信息不对称导

① 胡正凯．新的应急管理体制下社会应急力量的管理联动机制探索．中国应急救援，2019（5）．

② 宋劲松．强化公共卫生事件应急产品生产能力储备．光明日报，2020-02-19.

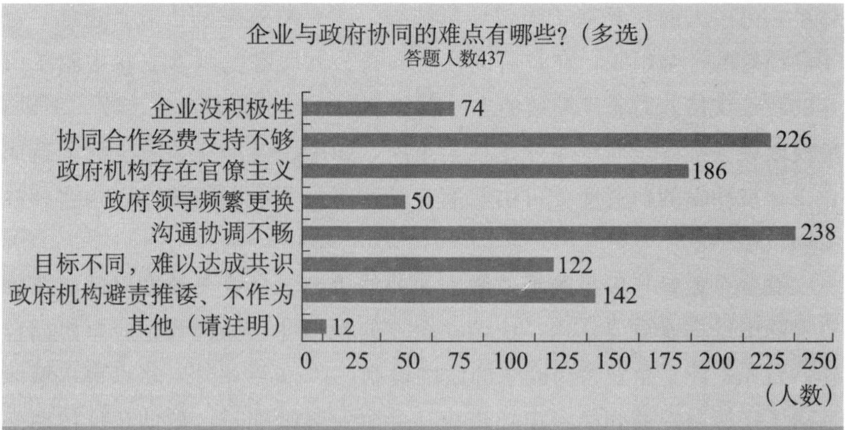

图 6-2　突发事件防控与应对中企业与政府协同的难点

致的委托代理失效问题，要设置激励系数，有效控制应急物资生产能力储备水平，同时设计收益奖惩系数，根据实际效果对委托代储企业实施奖罚①。要强化政策激励，培育和发展应急产业。目前，我国应急产业尚处在起步阶段②。起步阶段的应急产业和企业获得市场激励不足，需要政府出台政策，促进应急产业发展，推动企业应急产品的生产和供给。要大力发展保险业。保险是人类分散突发风险的重要发明和创造，是社会应对危机的“稳定器”“减震器”。要依托保险企业，扩大公共危机保险覆盖范围，增加险种，尤其是建立巨灾保险和再保险体系，发挥保险在风险应对中的经济补偿作用。

> **被访者——某中央企业地方分支机构负责人：**在公共突发事件风险防控与应对中，企业与政府协同合作的难点，首先是如何解决政策制约的问题，一些合作在应急状态下需要打破常规，会出现不符合政府政策、地方法规、企业规章制度的行为，一些政策和制度规定的程序难以突破，会影响突发事件应对的措施和效果。

建立健全公众参与应急的绩效激励和补偿机制。在事中阶段，要建立健全公众应急协同行为奖励机制和造成公众自身利益损失的补偿机制。首先，建立公众应急协同行为的奖励机制，调动公众积极参与应急处置和救援。2011 年 8 月大运会期间，深圳建立“以精神奖励为主、物质奖

① 高晓宁，田军，冯耕中．政府委托下应急物资生产能力代储系统激励契约设计．管理工程学报，2019（1）．

② 唐林霞，邹积亮．应急产业发展的动力机制及政策激励分析．中国行政管理，2010（3）．

励为辅”的激励机制，号召市民自愿申报汽车停驶，得到热烈响应，全市共有43.1万辆汽车自愿停驶，减少了30%多的道路交通流量。其次，建立公众应急协同行为的补偿机制，避免产生激励扭曲。例如，在猪瘟疫情应急处置中，政府将非洲猪瘟纳入强制扑杀范围，发文件要求养殖户积极配合扑杀行为，但配合扑杀毕竟对养殖户利益造成损失，应对之进行相应的利益补偿。

在新冠疫情防控中，要对隔离等应急协同行为有一定补偿。疫情防控涉及面大的应急协同行为是隔离。政府要做好隔离，无论是居家隔离，还是集中隔离，都要有相容性的补偿机制设计和安排，不能出现激励不相容现象。比如，某县指挥部对集中隔离人员实行收费，这可能带来的负面效果是公众不依从，甚至隐瞒信息。

对公众协同行为的应急补偿机制，是对弱势群体权益的必要保障。面对重大突发事件，社会各个群体都受到一定程度的影响，每个群体承受危机损失的能力不尽相同，但弱势群体在应急协同中承担的压力最大。在新冠疫情防控中，教育系统实行“停课不停学”，河南邓州初三某女生，因为家中贫困没办法上网课而吞药自杀；某女教师在别人家屋外的露天平台“蹭网”上直播课。面对重大突发事件，政府各部门、各系统要对公众的应急协同行为给予必要的补偿，尤其是要考虑到弱势群体所承受的负担。在疫情防控中，有的学校和地方就考虑到了这一点，南开大学向全校29 819名学生每人发放100元的流量补助，陕西部分高校为湖北籍困难学生和确诊学生及家庭发放临时困难补助，等等。

第三节　优化负向相容性激励机制，推动风险防治协同

正向激励机制与负向激励机制（约束机制）是组织行为控制和个体行为控制的两种相辅相成的机制。相容性的激励机制设计既要激励到位，实现行为主体有动力，也要约束和监督到位，实现行为主体负责任。对于公共部门而言，负向激励机制主要是问责机制；对于社会力量而言，负向激励机制主要是监管机制。

一、关口前移，构建风险防治绩效问责机制

一方面，加强对部门风险防治的绩效问责。在行政问责中，纳入风

险防治绩效问责，注重结果导向，激励和约束部门加强本行业、本领域的风险防治。在部门责任清单制度建设中，要强化突发事件风险防治职责建设。在梳理部门突发事件风险防治职责的基础上，构建风险防治绩效指标体系，对于低绩效、风险隐患排查整治不力、不作为的部门进行问责。

另一方面，加强对地方风险防治的绩效问责。坚持守土有责、守土负责、守土尽责原则，按照突发事件风险的类型，推进风险分级分类防治，对风险隐患防治不力的，要进行问责。

二、强化对企业风险防治绩效的负向激励与约束

企业是安全生产的责任主体，也是风险防治的主体和源头治理力量。对企业不仅要建立正向的激励机制，促进其进行风险防治；而且更重要的是，要强化负向激励机制，倒逼企业做好风险防治。在市场经济条件下，企业在市场竞争中是理性人。要实现正向激励与负向激励（约束）相容，才能完全推动企业进行风险防治。

厘清监管责任与主体责任，加强对企业风险防治的监管。对于安全生产风险防治，政府与企业承担不同的责任。政府在安全生产中并非承担完全的风险防治责任，主要承担监管责任，而企业承担安全生产主体责任。目前，社会对安全生产的政府监管责任与主体责任认知比较模糊，多数人倾向认为安全风险防治全是政府的责任。以质量安全为例，武汉大学质量发展战略研究院组织的全国调查显示，接近70%参与调查的消费者认为，政府监管不力是产生质量安全风险的原因，这一比例大幅超过认为企业是质量安全风险原因的消费者比例①。

> **被访者——某市机关工作人员：**企业在发生突发事件后，往往没有参与处置突发情况，负责人避而不见。政府与企业应当建立处置突发事件的长效机制，在发生事件后，企业应积极主动配合政府一同处置，这样才能高效快速解决事件。

加大对企业违反风险防治规定的惩罚力度，实现市场激励与负向约束相容。企业在进行风险防治和不进行风险防治行为决策时，作为理性人，通常会权衡激励与约束。目前，对企业风险防治不到位的处罚较轻。

---

① 李酣．激励相容和权责一致：解决质量安全责任危机的根本路径．光明日报，2015-11-04.

现有的质量安全法规对企业承担质量安全责任的惩罚性不足①。相比于企业在市场获得的激励而言，企业不履行风险防治职责的惩罚轻，这种激励和约束不相容的格局必然促使企业在行为选择上倾向于忽视安全生产风险防治。因此，要加强对企业不履行风险防治职责的处罚力度，建立激励与约束相容、正向激励与负向激励平衡的激励机制。

被访谈者——某中央企业地方分支机构负责人：政府与企业在合作中受应急处置影响和个人主观制约，有时会出现违反规定的情况发生，一方面是客观形势制约，需特殊情况特殊对待；另一方面不排除会有个别干部从中以权谋私，做出违反党风廉政建设规定甚至是违法乱纪的行为。

第四节　优化负向相容性激励机制，促进应急处置协同

诺贝尔经济学奖获得者罗伯特·奥曼认为，博弈论的核心是激励，一切危机都源于不恰当的激励，错误的激励会加速下一场危机的到来②。相对于应急激励，如果对突发事件应急行为问责过重，过重的负向激励可能导致应急管理主体在应急活动中千方百计避责，事事请示汇报，导致整体应急行动迟缓。作为负向激励，问责在突发事件治理过程中也应关口前移，加强对事前风险防治低效、无效的问责，淡化突发事件应急阶段的问责。问责应当主要追究造成突发事件风险或风险防治不力人员的责任，对现场应急人员应当宽容，建立容错机制，激发现场人员的能动性。

一、党政问责制度

政府问责制起源于人民主权学说、代议制政府学说，本质上是保障委托代理关系正常运行的制度性安排。在公共管理和企业管理中，都存

---

① 李酣．激励相容和权责一致：解决质量安全责任危机的根本路径．光明日报，2015－11－04.

② 吴思，翟雨实．一切危机都源于不恰当的激励：对话2005年诺贝尔经济学奖获得者罗伯特·奥曼．中国经济报告，2017（8）.

在问责制。公共管理过程中的问责制，就是对公共管理主体行使公共权力进行监督和约束的制度安排。问责制度建设的目的是防止出现公共权力的滥用。建立健全问责制度也是确保公共管理者有效作为的重要手段。在权责上，公共管理存在一个基本原理：权责一致、权责对等。当有权无责、权大责小情形出现时，公共管理行为容易产生胡作为、乱作为现象。

我国现代问责制度建设起源于 2003 年“非典”之后。2003 年“非典”后，地方对重大突发事件的问责兴起，各地先后出台问责规定。《中华人民共和国公务员法》第 87 条规定：“领导成员因工作严重失误、失职造成重大损失或者恶劣社会影响的，或者对重大事故负有领导责任的，应当引咎辞去领导职务。领导成员因其他原因不再适合担任现任领导职务的，或者应当引咎辞职本人不提出辞职的，应当责令其辞去领导职务。”2009 年，中共中央办公厅、国务院办公厅印发了《关于实行党政领导干部问责的暂行规定》。党的十八大以来，习近平总书记多次就规范和强化党的问责工作做出重要论述。2013 年，青岛中石化输油管道原油泄漏爆炸事故后，问责制度从行政问责制度化实质性扩大到党政同责。党政同责、一岗双责、齐抓共管成为安全生产问责制度建设的基本原则。2016 年，中共中央政治局会议审议通过《中国共产党问责条例》。《中国共产党问责条例》规定了党组织、党的领导干部违反党章和其他党内法规，不履行或者不正确履行职责，应当予以问责的各种情形。其中，第九种情形①，是对突发事件问责的具体规定。

二、优化应急问责机制

（一）理顺应急职责

职责是问责的基础，在政府职责体系中，部门之间、条块之间的应急职责存在模糊和交叉情形。只有明晰应急职责，才能为构建科学的问责机制、促进应急协同提供制度性支持。

要优化条块应急职责，赋予地方应急自主权。给地方政府在应急问题上更大的授权，鼓励发布预警、采取措施，在需要的情况下适当地进入应急状态，避免事件在初期时不能得到及时处理而上升为全国性事件。

被访者——南方某县应急管理局领导：在突发事件应对中部门间协

---

① 第九种情形为：履行管理、监督职责不力，职责范围内发生重特大生产安全事故、群体性事件、公共安全事件，或者发生其他严重事故、事件，造成重大损失或者恶劣影响的。

调联动的难点问题有：职责不清，主次不分；部门责任单位的责任人员调动频繁等原因造成责任不落实，应急人员不熟悉业务；任务完成质量不高，敷衍了事。

被访者——某市机关工作人员：政府部门之间协同合作应该明晰每个部门的职责，让每个部门在自己的职责上尽量做到完善，认识到什么是自己需要做的，哪些方面可以帮助其他部门。加强每个部门之间的联系，做到信息交流到位。

（二）事中建立应急容错和尽职免责机制

重大突发事件风险处置面临不少问题：应急行为与组织的中心工作冲突，影响组织中心工作，面临内外的政治压力；突发事件风险发展具有不确定性，这意味着突发事件风险防控和应急行为面临失败的风险。在信息不充分的情况下，实行应对措施如果错了怎么办？会不会耽误目前的核心工作？会不会造成社会的恐慌？会不会成为“狼来了”的笑柄？① 免责优先，还是绩效优先？对于突发事件应急，如果缺乏容错机制，管理者通常会规避风险，遵循免责优先的原则，“多一事不如少一事”，不积极主动作为，“事事请示汇报”，把风险往上推。

针对事中应急处置行为，应构建配套的应急容错机制。要鼓励应急担当作为，用好“三个区别开来”② 的尺子，明辨“为公”还是“为私”，分清“无心”还是“有意”，判定“无禁”还是“严禁”，减顾虑、强担当；对敢于担当、不谋私利的指挥员在危机处置中的一些决策行为予以宽容，营造良好的协调联动氛围和环境。

被访者——中部某省地级市党委办公室工作人员：应该完善容错机制，在事件平息后，功过各表，避免出现简单粗暴问责的情况，树立实事求是而不是“报喜不报忧”的导向。

针对事前风险防治和监管行为，应构建尽职免责机制。以安全生产为例，政府安全监管职责是有限的，不能在发生事故后进行无限问责。有人形容管安全的岗位是高位岗位，不少人都不愿意到管安全的岗位工

① 马奔．国家治理中的风险监测与预警：以武汉应对新冠肺炎疫情为例．人民论坛，2020-02-26.

② 就是把干部在推进改革中因缺乏经验、先行先试出现的失误和错误，同明知故犯的违纪违法行为区分开来；把上级尚无明确限制的探索性试验中的失误和错误，同上级明令禁止后依然我行我素的违纪违法行为区分开来；把为推动发展的无意过失，同为谋取私利的违纪违法行为区分开来。

作，怕运气不好承担问责风险。安全事故问责应该精细化。尽职是问责的基础，应逐步探索和建立尽职免责机制。如果在政府监管部门完全履行监管责任的条件下发生安全生产事故，应该对有关尽职人员和机构进行免责。有问卷受访者指出，问责要客观判断责任人的主观意愿。对于非主观故意造成的风险防治和监管失效，应当给予一定程度的宽容。

被访者——中部某地级市政府工作人员：在当前疫情防控和复工复产阶段，地方政府跨地区合作不畅，沟通及数字新技术存在问题，政府不愿意分享本地排查信息，形成一个个信息孤岛。比如，复工前，排查某个人的“四类信息”（是否确诊、疑似、密切接触、外出暴露），如果是本地区范围内的，很好解决。但如果跨地区，基本无法协调。协调工作难只是一方面原因，更大的原因在于责任担当。因为这种排查存在风险，万一排查后认为没问题，但这个人又携带病毒导致扩散呢？所以，有的地方不愿担这种风险，干脆不做工作，这样就没有责任。不只是疫情防控，其他工作都有这种情况。

（三）引入事后调查机制

近年来，随着问责制的实施，问责也出现泛化问题。一些官员不负责任、推卸责任，有人将这种现象形象地比喻为矛盾“击鼓传花”，许多时候，鼓手还在，传花的人没有了踪影①。针对突发事件问责，要注意避免副作用。事故发生后，媒体及公众最普遍关注的便是如何问责，这导致调查更倾向于“问责式”“平民愤式”调查，突发事件问责与调查混为一体。

引入独立调查，构建重大突发事件协同调查机制。我国事故调查的时间跨度较短，从开始调查到调查报告批复，最长一般不过半年时间。事故调查应主要围绕分析原因、总结教训的方向进行。对重大突发事件的调查评估是识别和消除脆弱性的最佳途径。独立事故调查机制有利于各方协同参与，找出事故发生的深层次原因，促进危机后学习，推动问责型调查向学习总结型调查转变。

被访者——某省物资储备机构负责人：政府要加强对社会组织的监管，使其在合法合规的前提下发挥作用，以防个别社会组织在与政府协同合作中利用公益的幌子谋求私利，影响政府公信力。

① 杨雪冬．风险官场的“问责”难题．人民论坛，2011（12）．

第七章 发展复合型协调机制，导入权威型协同

政府组织内部，正式的协调制度是各方实现协同治理的制度性通道。在激励机制生成协同动力的基础上，协调制度能有效促成协同治理行为，推进协同治理走向制度化、规范化。如果缺乏正式的协调制度，协同治理往往停留在临时性的、因人而异的阶段，不能长效化和低成本化。公共突发事件打破了常态管理中明确的分割界限，体现出跨地区、跨部门、跨层级、跨主体等跨界性特征，让日常状态下专业化分工的政府科层组织模式面临诸多挑战。有效的应急管理，需要进行跨地区、跨部门、跨层级、跨主体的协调联动，推进各方面互通有无、相互配合、共同行动，形成管理合力。对于突发事件，构建正式的协调制度有多种途径，包括“硬性”的组织机构整合、“软性”的机制设计等。组织机构的整合是最彻底、最有力度的协调制度形式。2018 年，各级政府组建了应急管理部门，从体制上推动了政府组织内部突发事件应急管理的协调联动。构建综合化、专业化的应急管理体制后，要提高协调联动，重视“软性”机制设计，建立全方位的应急协调机制。

第一节 优化行政指导性协调机制

2018 年国家机构改革将国家安监总局的职责，国办应急管理的职责，公安部消防管理的职责，民政部救灾的职责，国土资源部地质灾害防治、水利部水旱灾害防治、农业部草原防火、国家林业局森林防火的相关职责，中国地震局震灾应急救援的职责以及国家防汛抗旱总指挥部、国家减灾委员会、国务院抗震救灾指挥部、国家森林防火指挥部的职责进行了整合，组建应急管理部，负责安全生产事故、自然灾害等突发事件管

理。应急管理部门的组建，提高了政府内部突发事件协调联动处置的能力，但并不意味着协调联动问题完全解决了。在行政体系内部，建立正式的、具有行政指导性的协调机制仍然是重要任务。调查问卷的 1 163 位受访者在被问及政府内部协同合作的有效性最高的选项是哪一项时，占比一半以上的 566 位受访者认为是上级交办的重点工作，其次为突发事件（见图 7－1）。这表明，要进一步优化公共突发事件的协调，应依托上级行政指导的力量。相关案例研究也表明，纵向组织结构层级化协调效能要比去中心化的网络组织效能更佳①。

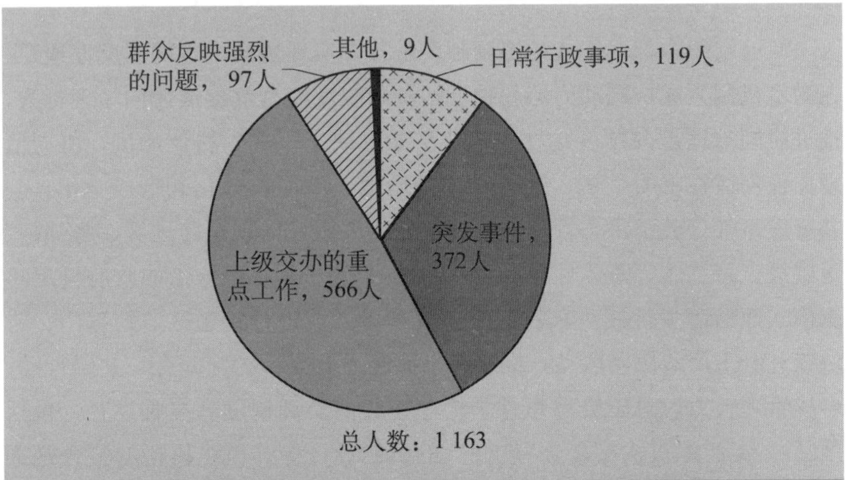

图 7－1　政府内部协同合作的有效性最高的选项人数分布

天津市委党校的王重高认为，过去，国务院应急办的管理体制是纵向的，应急管理部是国务院职能部门，跟水利部、国家林业局、卫健委等成了平行的部门关系，怎么解决工作关系，以形成有效的协同机制呢？面对突发事件，随着部委的整合，就需要建立一个新的协同机制②。

一、健全“平时”应急协调机制

与常态政府公共事务协调机制不同，突发事件协调机制包括两种形态：“平时”协调机制（日常状态下风险防治阶段的协调机制）、“战时”

① 赵玲．跨界危机应对中组织协同绩效的影响因素与作用机制分析：基于两起海洋溢油事件的比较案例研究．风险灾害危机研究，2019（1）．

② 本刊综合．1+1>2 发挥应急资源的整体战斗力：新时代应急协同管理工作研讨会纪实．中国应急管理，2019（7）．

协调机制（突发事件发生时应急协调机制）。“平时”协调机制是“战时”协调机制的基础，在突发事件发生后，可转换为应急状态下的协调机制。“战时”协调机制是对“平时”协调机制的检验，经验和成果可动态升级为“平时”协调机制，从而提高应急管理体系的协同性。2018 年党和国家机构改革后，结合突发事件应急管理实际，强化日常状态下应急管理协调机制的方式有：

（一）常态化条件下领导小组机制（含专项指挥部机制）

《突发事件应对法》指出：国家建立统一领导、综合协调、分类管理、分级负责、属地管理为主的应急管理体制。在分类管理横向应急体制框架下，应急管理体现单灾种特征，政府内部治理主体横向协调存在“先天性”体制困境。2018 年组建应急管理部整合了近两大类突发事件①应急职责，从管理体制上推动了突发事件应急管理的协调联动（见图 7－2）。

图 7－2　综合化应急管理体制的演变

横向层面的协调是一种水平的、无等级的协调联动。在我国突发事件管理体制中，由于横向之间没有领导与被领导关系、业务指导与被指导关系，横向的协调联动是应急管理的一个重要挑战。应急管理部组建后，在半综合化应急体制下，仍然需要不断优化应急协调机制，提高部门之间的协调联动。部门之间平行应急协调问题有：第一，应急管理部协调其他部委的权威问题（此前各级政府应急办是各级政府中枢机构，具有协调政府职能部门的地位优势）。第二，不由应急管理部分类管理的

① 应急管理部主要负责自然灾害、安全生产事故近两大类突发事件分类管理，并非完全两大类，比如，安全生产事故中大面积停电事故由发改委、能源局管理。

其他突发事件应急的协调问题，比如公共卫生事件、社会安全事件分类管理部门如何强化综合协调，应急管理部如何协调这两类突发事件的应急等。第三，突发事件事前风险防治阶段的跨部门协调问题。现有的跨部门协调主要针对突发事件应急协调，事前风险防治协调面更宽，远远超过应急的范畴。

面对突发事件应急协调问题，在日常状态下，构建全覆盖（国家、区域）突发事件领导小组机制（应急委员会），对于打造大应急、全灾种、防救结合的突发事件治理体制具有重要的意义。目前，国家尚未在常态条件下成立全覆盖、全灾种的突发事件应急领导小组机制。党和国家机构改革后，不少地方在这方面进行了实践模式探索。一是应急委员会模式。北京设立了北京市突发事件应急委员会。2019 年 5 月，四川省调整完善了四川省应急委员会，下设专项指挥部，负责领导督促风险防范、监管防治等日常工作，负责指导协调应急处置工作。二是应急救援总指挥部模式。2019 年 7 月，山西省政府成立应急救援总指挥部①，由省长任总指挥，总指挥部办公室设在应急管理部门，统一领导、组织指挥全省自然灾害、事故灾难等突发事件应对工作。三是分大类的领导小组（委员会）模式。2019 年 4 月，云南省成立自然灾害应急管理委员会，由省长担任主任、常务副省长担任副主任，办公室设在应急管理部门。

不少专家建议选择的模式是应急委员会模式，这一模式既有利于打通四类突发事件应急管理，又有利于推动日常状态下的风险防治工作。在该模式下，要注意加强应急委员会办公室领导人员和职责的配置，可考虑把现有四类突发事件应急的主责部门的主要领导纳入办公室领导层，强化应急委办公室与各级党委政府办公室的衔接，提高办公室在日常工作中跨部门统筹协调的能力。

清华大学教授薛澜在接受媒体采访时指出②：建议在中央层面有一个常设的中央应急管理委员会，应急管理部作为委员会的办公部门，日

---

① 总指挥部下设抗震救灾指挥部、森林草原防灭火指挥部、防汛抗旱指挥部、重大地质灾害应急指挥部、重大气象灾害应急指挥部、重大生产安全事故应急指挥部、重大煤矿生产安全事故应急指挥部、重大交通事故应急指挥部、重大文化旅游事故应急指挥部、重大校园安全事故应急指挥部、重大城乡建设事故应急指挥部、重大特种设备事故应急指挥部、重大生态环境事件应急指挥部、重大公共卫生事件应急指挥部、重大市场监管事件应急指挥部、重大动物疫情应急指挥部、重大社会安全事件应急指挥部共 17 个专项应急指挥部。

② 薛澜：疫情恰好发生在应急管理体系的转型期．吉林劳动保护，2021（1）．

常工作主要集中在风险防范上，一旦出现重大紧急情况，就可以直接转换为中央的应急指挥部。在地方上也应如此。

国家减灾委专家委员会副主任、国务院应急管理专家组组长闪淳昌指出①：国家如何从常态转到非常态，需要一个高度统一、权威性、综合性的体制机制，需要一个常设的中央或国家突发事件应急管理委员会，平时抓应急准备，抓规划制订，抓体系建设，抓部门配合、条块结合、区域联合、资源整合、军地融合，战时率领全国人民有效应对。

要坚持“重心下沉”，着力完善专项指挥部机制（含专业委员会机制），有利于打破日常行政事务的部门壁垒，加强对各种类型突发事件风险防治和应对的领导。专项指挥部，无论是在“平时”，还是在“战时”，对于协调各方力量都具有基础性功能和作用。在我们的调查问卷受访者中，当被问及在突发事件防控与应对中政府内部协同合作机制的有效性时，受访者评价最高的是专项指挥部，其次是领导分管体制（见图 7－3）。

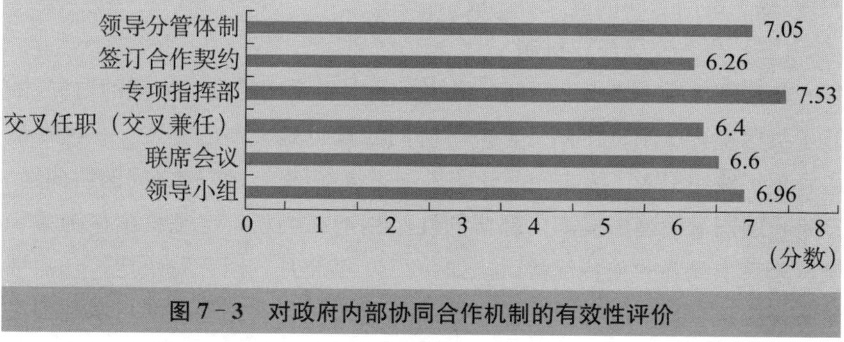

图 7－3　对政府内部协同合作机制的有效性评价

无论在政府层面是否建立全灾种领导小组机制，都要进一步健全突发事件专项指挥部机制（含专业委员会机制）。要建立专项指挥部工作规则，推进指挥部机制制度化、规范化。专项指挥部要强化对事前风险防治的协调，关口前移，提高协调的深度；也要强化对应急救援专业力量的协调。目前，基层应急处置和救援的专业力量比较分散。机构改革后，要着重通过强化专项指挥部协调机制建设，整合各方专业救援力量，提高整体救援合力。

被访者——东部某省应急管理部门领导：在应急管理机构改革

① 闪淳昌．关于做好应急准备的再认识．中国应急管理，2020（2）．

中，县级应急救援力量分散在消防救援、人武部以及县级各部门，县级应急管理局自身无应急救援队伍；此外，乡镇街道因人员编制限制，普遍未单独设立应急管理办公室，影响乡镇基层应急管理工作的开展。

（二）优化领导分管机制

在党政主要负责人全面领导下的领导分管模式是我国党政部门协同的基本模式。在党政主要负责人介入较少的条件下，分管模式往往形成一定的“政策领地”，甚至出现分管当“专管”、分工当“分家”的现象。各个领导在他们的政策领地几乎拥有排他的权力，而且，每一位分管领导的周围都围绕着一些官僚部门①。从跨部门协调的角度看，分管机制推进突发事件跨部门协调的优势是同一个分管领域的部门之间比较容易协调，劣势是跨越分管领域的部门之间协调难度较大。在日常状态下，提高部门之间应急协调能力，要立足分管机制，注重应急管理协调机制与政府领导分管机制的衔接，避免应急协调机制与分管机制产生“张力”，减少部门之间的应急协调成本。

（三）导入交叉任职机制

在治理体系中，人、制度、机构是基本要素，要提高治理的协同性，除了机构整合、制度协同外，人事协同配置也是重要的方式。我国在应急管理实践中引入了人事交叉任职机制来提高部门、机构之间的协同性。这是我国国家治理中提高内部协同性的创造和创新，也是我国作为单一制国家人事配置的独特优势。比如，2020 年 2 月，国务院决定，任命周学文为应急管理部副部长，兼任水利部副部长。应急管理部与水利部之间的交叉任职，有利于促进应急管理部门与水利部门在防汛抗旱中的应急协调。机构改革以后，应急管理部门和水利部门在防汛抗旱等方面有许多职责交叉、重叠，面对自然灾害的挑战，须建立高效的协调机制，实现职责有机协调。

部门之间交叉任职（兼任）机制的协调优势是，在不整合机构、不调整职责的前提下，实现部门之间业务的整合；劣势是，对任职人员的素质和能力要求高，相当于“一个人做两份工作”。交叉任职机制适用场景仅在极少数情况下适用，太多的交叉任职会造成人事管理的混乱。

相对来说，日常状态下行政性应急协调机制侧重于跨部门、跨层级

---

① 马骏．中国公共预算改革：理性化与民主化．北京：中央编译出版社，2005.

的协调机制建设，对促进政府与社会协同、跨区域协同的日常机制建设贡献较少，这方面应进行改善，比如，在日常协调机制建设中嵌入政府与社会协同的机制，便于突发事件发生时，与社会力量实现有效对接；在日常协调机制建设中考虑跨区域协同机制或平台建设，便于突发事件发生时，有效地进行跨区域协调与指挥。

二、优化“战时”应急协调机制

日常状态即“平时”的应急协调机制是基础，突发事件发生后即“战时”的应急协调机制是关键。“战时”的应急协调机制要体现“战时”的需求和特点。当突发事件发生时，与“平时”协调的科层化特点不同，大量的协调需求产生在自然灾害、安全事故等事件发生的现场。

（一）前方：现场指挥部机制

突发事件现场就是“战场”，突发事件协同治理的关键要聚焦现场指挥，实现各方力量有机协同。突发事件发生后，要强化统一指挥和综合协调，做到上下内外结合，对上要有报告、对下要有行动、对内要有联动、对外要有发布。成立指挥部来进行综合协调和指挥，有利于集中分散化的各种力量和资源，统一组织、协调、指挥应急处置工作。要根据事件响应的级别，由更高层级的首长担任直接领导，为跨地区、跨部门调动应急力量和资源提供组织基础。

从实践来看，由于事件突然发生，各方力量紧急赶往现场，第一时间的现场协调与管理往往存在“混沌”的困境，主要表现为：第一，各方力量启动应急预案和响应，先后到达现场，但第一时间第一现场的指挥权难以确定。第二，现场各方力量信息共享和行动协调性较低；参加救援各单位人员任务不够清晰、职责不够明确，缺乏完成任务的一致性目标；各部门决策程序不同，缺乏顺畅有序的沟通渠道；救援的进度参差不齐；由于没有建立统一的信息交互中枢，缺乏信息汇总、分析与交互机制。第三，应急资源与保障力量紧缺，现场管控乏力。

> **被访者——某县主要负责人：**突发事件发生后，现场应急管理存在不少不可控因素：（1）领导原则性的批示指示多，到现场的领导多；（2）下级担心问责，想办法推责；（3）舆情因素。

针对以上问题，**第一，要优化第一时间现场指挥机制。**要规定第一时间第一现场的应急指挥权归属，并对大规模和复杂的突发事件现场应急指挥权的归属、指挥权的交接程序做出明确规范。第一时间第一现场指挥权的确定对于提高现场指挥协调联动能力具有重要的“先手棋”作用。目前，已有地方探索实施突发事件现场指挥员制度。例如，2014年，广东省印发了《广东省突发事件现场指挥官制度实施办法（试行）》。

第二，优化现场指挥部组织机制，实现各方力量的协同整合。要建立系统化的现场应急指挥组织机制，实现各方力量在统一指挥协调下，采取响应行动。比如，美国建立了规范化的现场突发事件指挥系统（Incident Command System，ICS)，见图 7－4。2013 年，四川“4・20”芦山 7.0 级地震救灾中，指挥系统实现了联合。抗震救灾指挥部与四川省军区抗震救灾指挥部合署办公[①]，地点设在芦山县城，在指挥部旁也有中央和地方单位的现场指挥部，比如中国地震局地震现场指挥部，四川省公安厅抗震救灾前线指挥部，雅安市公安局前线指挥部，等等。

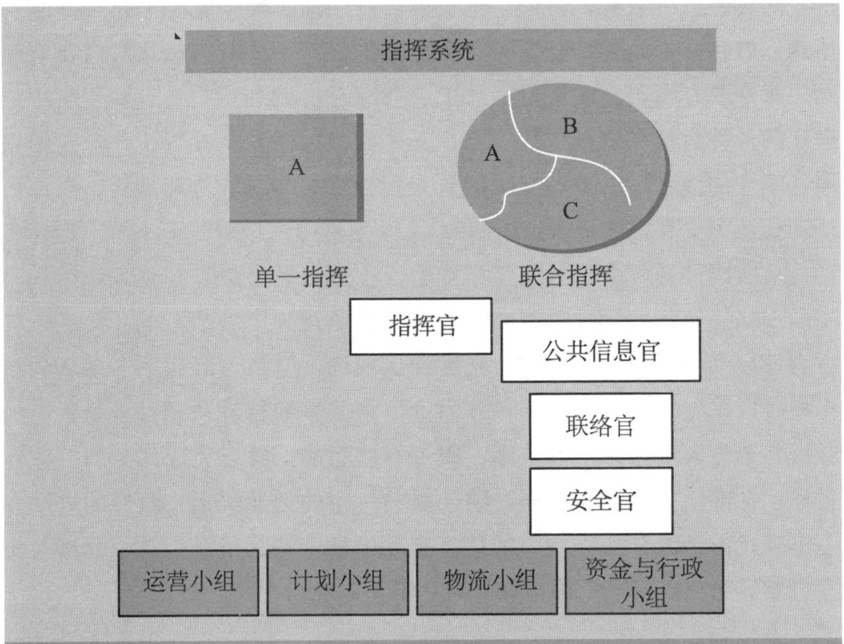

图 7－4　美国现场突发事件指挥系统

① 4 月 20 日，地震发生当天，成都军区抗震救灾联合指挥部成立，地点为距离芦山县城 1 公里处，统筹军区内陆军、空军、武警等力量救灾，具体救灾由和省总指挥部合署办公的四川省军区指挥部执行。

系统化的现场指挥机制并非要遵循日常行政等级化原则，而是要坚持科学有效的原则，注重发挥属地的作用。2007 年 3 月 31 日晚，一辆液化石油气运输车满载着 23.5 吨液化石油气在穿过北京西五环主路石景山区衙门口桥下时（22：37），由于车高超过桥体（限高 3 米），安全阀被切开，液化石油气泄漏。一旦遇火爆炸，其威力相当于 200 多吨 TNT 炸药，情况万分危急。9 个小时后，次日早晨 7:03，液化石油气泄漏被成功处置。方法很简单：用强磁性堵漏设备扣在泄漏口，使液化石油气停止泄漏，但过程曲折，其中，事故现场由谁统一指挥，各部门七嘴八舌，迟迟无人拍板，耗掉 1 个多小时，最后成立由石景山区领导为总指挥的现场总指挥部。

（二）后方：突发事件应急领导小组或指挥部机制

除前方成立现场指挥部外，后方也应根据突发事件大小成立各级、各部门的应急领导小组或指挥部。2020 年 1 月 25 日农历正月初一，中共中央政治局常务委员会召开会议决定，党中央成立应对新冠疫情工作领导小组，在中央政治局常委会领导下开展工作。党中央向湖北等疫情严重地区派出指导组，推动有关地方全面加强防控一线工作。从党中央成立领导小组及其派出的前方指导组来看，中央对抗击新冠疫情工作的重视前所未有。

主要领导干部要处理好前方现场指挥机制与后方指挥机制的关系。一方面，面对重大突发事件，主要领导第一时间到现场能起到重要的作用，包括：稳定人心、鼓舞士气，打破协同应对的障碍，动员和调动更多资源。另一方面，主要领导也不能忽视对后方的指挥和领导。重大突发事件发生后，后方物资、交通等保障仍然需要强化协调联动，要“瞻前顾后”，统筹兼顾“前方”和“后方”。

（三）对口支援机制

对口支援机制是我国在重大突发事件应急救援实践上的制度创举，得到国际社会的关注和认可。该机制萌生于古代封建政权应对自然灾害中，省对省的救灾扶持在清朝盛行，主要以粮食救助为主①。新中国成立以来，尤其是改革开放以来，对口支援机制在应对重大突发事件中逐渐成形和推广，经历了从“一方有难，八方支援”的理念倡导，到突发

① 沈文伟，黄月珍．中国灾区重建对口支援政策之分析：以汶川地震为例．浙江工商大学学报，2012（4）．

事件应急区域互助，再发展到区域发展互助（对口支援新疆、对口支援西藏）等递进式的发展过程。对口支援实质上是一个中国特色的“控制性多层竞争”过程①。控制性特征体现了对口支援属于行政指导性协调机制的范畴。对于参与对口支援的地区而言，在上级行政指导下，围绕应急救助、区域救助展开竞争。对于援助地区和被援助地区而言，对口支援机制有效地丰富了被援助地区的应急资源，实现了区域突发事件应急协同。在新冠疫情防控中，对于疫情严重的湖北地区，国务院再次启动 2008 年汶川大地震时的对口支援机制，19 个省（区、市）参与支援湖北②。

被访者——某省物资储备机构负责人： 跨区域应急协同的难点在于区域之间的利益协调问题。在公共突发事件风险防控和应对中，难免会牺牲个别区域利益来维护整体利益，例如此次疫情防控中对武汉率先实行封控措施，武汉市就承受了巨大的压力。个别需要做出牺牲的区域政府可能会出现抵触情绪，造成工作的被动。应建立各区域政府协同应对的长效机制，形成“一方有难，八方支援”的生动局面，减轻区域政府思想压力，方便统筹协调。

被访者——某省地级市党委办公室工作人员： 跨区域应急协同的难点在于利益的统一。区域政府更多会从有利于本地的角度考虑，趋利避害。要发挥高一级协调议事机构（指挥部）的作用，明确分工、压实责任，让大家心往一处想，劲往一处使。

（四）上下交叉任职（兼任）机制

面对重大突发事件，引入交叉任职（兼任）机制是超常规的人事配置的“非常之举”，有助于促进组织内部层级应急协同。 例如，在新冠肺炎疫情防控中，中央决定，国家卫健委副主任王贺胜任湖北省委常委，兼任省卫健委党组书记、主任。在 2012 年什邡群体性事件处置和应对

① 钟开斌．控制性多层竞争：对口支援运作机理的一个解释框架．甘肃行政学院学报，2018（1）．

② 新冠疫情防控对口支援有 19 个省（区、市）参与，支援并非“一对一”，其中既有两个省（区、市）支援一个湖北地市的情况，也有一省包揽三个地市的情况。具体安排是：重庆、黑龙江支援孝感，山东、湖南支援黄冈，江西支援随州，广东、海南支援荆州，辽宁、宁夏支援襄阳，江苏支援黄石，福建支援宜昌，内蒙古、浙江支援荆门，山西支援仙桃、天门、潜江，贵州支援鄂州，云南支援咸宁，广西支援十堰，天津支援恩施，河北支援神农架林区。

中，中共德阳市委决定，中共德阳市委常委、副市长左正兼任中共什邡市委第一书记，中共什邡市委书记李成金协助左正同志工作。交叉任职（兼任）机制是我国突发事件协同机制中的一个新现象。

（五）规划和设计应急救援战区机制

我国国家治理和应急管理具有超大规模特征。我国国家疆域辽阔，区域之间突发事件风险和类型差别较大，区域之间风险与应急管理能力也存在差异。在国家治理框架内，探索规划和设计应急救援战区，有利于在突发事件发生时，构建区域之间高效的救援互助协同机制，提高重大突发事件的应急响应、指挥、调度的协同效率。比如，借鉴解放军作战战区的概念，在西部经济欠发达地区的地级市建立起灭火和应急救援战区①。

第二节 发展治理主体自发性协调机制

在日常科层制治理体制下，不同部门和机构的协调主要是通过其共同的上级，这种协调方式是被动的，并暗含着一个前提是：突发事件已演化升级为较大突发事件形态，才能启动上级协调模式。在事前阶段或突发事件萌芽状态，应当鼓励治理主体自发自为地建立主动性的协调机制，将突发事件控制在萌芽状态。此外，常态条件下建立的主动自发性协调机制，可以在非常态条件下衔接运作，形成突发事件协同治理效能，实现有备无患。从强制性协调向自愿型协作、自主式协同转变，提高应急协调机制的稳定性、长期性和可持续性，是我国应急协调机制的发展走向②。我们采访了333位公务员，多数公务员表示：在突发事件防控与应对中，政府机构之间要建立具有实质功能的自发性协调机制，不能光靠外部和上级指导。治理主体自发性协调机制和有效的行政指导性协调机制，共同构成了复合型的中国突发事件协调机制。

一、构建“平时”自发性协调机制

积极构建治理主体自发性协调机制也要从“平时”做起，实现平战

---

① 申小滨．在西部地区构建地级市灭火与应急救援战区的设想．武警学院学报，2013（2）．

② 钟开斌．从强制到自主：中国应急协调机制的发展与演变．中国行政管理，2014（8）．

结合。日常状态下的自发性协调机制，为突发事件应急状态下的协调打下坚实基础。

（一）应急预案协同机制

作为应急管理体系的“龙头”，应急预案是针对可能出现的重大突发事件，为有效开展应急处置和救援、减少损失而预先制定的计划或者行动方案。应急预案虽然不是万能的，但是没有应急预案是万万不能的。经过2003年“非典”以来的长期努力，我国初步形成了纵向到底、横向到边的应急预案体系。及时启动应急预案已经成为社会应对突发事件的基本共识。在“平时”自发性协调机制建设中，要以预案机制为“龙头”，引领应急协调能力全面提升。

第一，以多方协同实战化演练为重点，提高应急预案协同性。首先，针对应急预案形式化的一般问题，要增强应急预案的操作性，让应急预案能够看得懂、记得住、管用，以突发事件情景构建引导应急预案建设。其次，重视应急演练与培训。开展具有实战性质而非形式化的演练，是检验应急预案质量和应急管理能力最好的方式，能够防止应急预案“束之高阁”“一发了之”“一定了之”。实践表明，应急演练能够有效提升危机事件的应对与管理能力。**第二，建立应急预案评估机制，提高应急预案的针对性、科学性、完整性、经济性和协同性。**以突发事件情景构建为背景，制定突发事件各方协同的评估指标体系，采用综合化的评估方法，对应急预案进行评估，增强和提高应急预案的协同性。**第三，构建应急预案协同的实施机制、执行机制，提高预案的协同性和执行性。**近年来，在地方一些区域联动机制中虽然纳入了应急预案，但在涉及队伍支援、装备支援、技术支援等利益问题时，并不按预案执行，以致预案成了摆设，影响机制效率①。

（二）联席会议机制

作为常态府际合作形式，联席会议机制在上级政府批准下，也可以作为“平时”自发性应急协调机制的重要构成。由治理主体自发建立的应急联席会议机制主要在行政体系内部运行，包括部门之间联席会议机制、部门与地方政府联席会议机制、地方政府之间联席会议机制等。比如，部门之间，应急管理部、自然资源部、统计局、气象局等部门建立

① 国务院应急管理办公室．跨区域应急管理合作机制建设调研报告．中国应急管理，2014（3）．

了自然灾害防治工作部际联席会议。2018 年 10 月，西藏昌都和四川甘孜境内发生多次山体滑坡，堵塞金沙江干流河道，形成堰塞湖，严重威胁下游安全，西藏自治区、四川省、应急管理部和西藏军区建立了联席会议制度，统一组织指挥协调堰塞湖滑坡事件的处置。不少地方政府的应急合作框架设计了地方政府联席会议机制，甚至建立了组织机构推动联席会议机制的实施。比如，北京、河北等相关省区市公安机关合作成立了区域警务合作指挥部等①。

应急联席会议机制的优势是：协调联系的部门和机构范围相对较大；"平时"与"战时"转换比较灵活，突发事件发生后，联席会议机制能为多部门联合会商、信息共享发挥积极作用；兼具行政指导性与自发性特征，更容易调动治理主体的积极性。

（三）契约合作机制

在联邦制的治理体制下，以美国为代表的发达国家注重通过签订合作契约，推动区域之间协同合作。美国颁布的《州际应急管理互助协议》（EMAC）以法律形式构建了一种跨州区域应急管理协作制度框架②，受灾州从其他州请求和接受援助的基本流程包括准备、启动 、请求、调配和补偿。

借鉴发达国家的契约合作机制，近年来，我国地方政府签订的应急合作协议逐步增多。以京津冀为例，2014 年以来京津冀应急协议在数量上呈现快速增长趋势③。上级部门也积极推进区域之间的应急合作。中国地震局印发了《全国地震应急区域协作联动工作方案（试行）》，推动华北、东北、华东、中南、西南、西北地区地震部门签订区域应急联动协议④。

应急合作的契约机制正由区域政府之间向部门之间、政府与企业之间、政府与新闻媒体之间拓展。2018 年 12 月，应急管理部与中央广播电视总台签订战略合作备忘录，强化在应急管理领域的合作。2019 年 2 月，应急管理部与中国气象局签署合作框架协议，共建应急管理与气象监测预报预警服务联动机制。2019 年 6 月，际华集团与应急管理部消防救援局签署战略合作服务协议。2019 年 12 月，应急管理部与中国民用航空局

---

① 国务院应急管理办公室．跨区域应急管理合作机制建设调研报告．中国应急管理，2014（3）．

② 吕志奎，朱正威．美国州际区域应急管理协作：经验及其借鉴．中国行政管理，2010（11）．

③ 吕孝礼，郭君，徐浩，等．京津冀跨区域应急府际协议：结构、类型及变迁分析．甘肃行政学院学报，2018（6）．

④ 同①.

签署建立应急联动工作机制的协议，强化应急联动交通保障，推动应急救援航空体系建设工作。

应急契约合作机制在推进各方合作中的优势是：合作形式显示度较高；治理主体可借助契约形式，强化双方的信任。有研究表明，在事前阶段，应急管理组织成员之间通过签订合作协议积累了组织间的契约型信任，比没有或很少有此类工作关系的情况更能提升协同绩效①。应急契约合作机制也存在一定的局限：突发事件的发生，往往打破日常状态的设计和考虑，合作约定容易被突发状态和要求所打破，实际的应急执行力面临不确定性挑战较大。契约机制适用的主体通常是两个，如果面临更多的部门和机构，对应急契约机制的挑战较大。相较于行政指导性机制，契约机制主要是自发性机制，应急契约合作机制的权威性和约束性相对较低。在调查问卷中，针对突发事件防控与应对，签订合作契约在政府内部协同合作机制中的有效性评价是最低的。

（四）"平时"政府与社会力量自发性协调机制

在政府与社会协同机制构建上，要注重强化"平时"自发性协调机制建设。只有在日常状态下政府与社会力量建立起有效的协同机制，突发事件发生后，政府与社会协同才会更加顺畅。

在事前阶段，政府风险防控机构与社会风险一线单位建立自发性协调机制，有利于强化政府风险辨识和预警能力。在突发事件中，社会上许多单位是一线风险从业力量，是第一时间的风险感知者、发现者，政府风险防控机构在平时要建立与它们的紧密协调机制。以公共卫生风险防控为例，政府卫生和疾控机构要与一线医院建立有效的协调机制。可通过下沉式或嵌入式政府机构人员人力资源配置，提高及时掌握分析公共卫生风险的能力。下沉式或嵌入式政府机构人员人力资源配置，有利于促进第一时间上报卫生风险，从微观上落实防治结合的协同理念，改变疾控与医疗"两张皮"的困境。比如，美国医院急诊科都配有疾控中心专家，任务是在急诊室随时发现新的异常病例，建立起一种敏感度很高的疫情监测系统。

基层在"平时"应自发地与社会组织等社会力量建立协同合作关系。从我国应急救援力量看，基层尤其是乡镇应急力量严重不足。当突发事

① 赵玲．跨界危机应对中组织协同绩效的影响因素与作用机制分析：基于两起海洋溢油事件的比较案例研究．风险灾害危机研究，2019（1）．

件发生后，尽管有外部社会力量的参与，但协调外部社会力量会产生新的协调成本和时间成本。现在很多社会公益组织愿意参与社会救援，在很多村子里，也有社会力量愿意主动发挥作用，贡献钱物甚至房子，供救援培训演练。有些村子里成立了类似小协会、小联盟的组织，来承担培训的费用①。机构改革后，应急管理部具有负责“统筹应急力量建设并在救灾时统一调度”的职能。在正式制度运行上，可通过完善社会组织认证机制建设，强化政府与社会组织的协调。

被访谈者——南方某县应急管理局领导：社会力量参与应急管理的难点有：无有效组织与牵头单位，社会力量参与途径不畅；社会参与力量不足，水平参差不齐，大部分不具备相应应急能力；应急救援补偿机制不健全，社会力量参与积极性不高。

二、构建“战时”自发性协调机制

相对于上级行政主体，地方和属地在应急过程中具有贴近公众、掌握公众应急需求和偏好等优势，突发事件发生时，在影响大局利益和公共利益的情况下，应鼓励和支持建立“战时”自发性协调机制。

（一）“守望相助”的互助、互救机制

在突发事件发生后，自发地进行互助、互救，能发挥治理主体的能动性，降低突发事件的负面影响。

第一，区域互救机制。在不影响突发事件风险防控和应对大局的前提下，地方政府可以针对自身需要解决的突出应急问题和障碍，积极作为、联合行动。这种主动性、自发性的互救相比被动的、依靠上级的救助行动更快，效果更加贴近区域应急需求。在2020年新冠疫情防控中，由于各地相继启动封控、隔离、设卡措施，管控人流，也间接导致货物流通受到影响。2月12日，江苏沿江五个市（苏州、无锡、常州、南通、泰州）率先行动起来，联合发文，要求切实做好疫情防控期间的物资运输保障工作。

第二，社会公众自发性互救机制。《孟子·滕文公上》有语：乡田同井，出入相友，守望相助，疾病相扶持。中华文化中有“守望相助”的传统。面对重大突发事件，村、社区等微观层次启动自组织机制，与他组织机制协同发挥作用。在新冠疫情防控中，不少农村自发组织青壮年、

① 本刊综合．1+1>2 发挥应急资源的整体战斗力：新时代应急协同管理工作研讨会纪实．中国应急管理，2019（7）．

退役军人以及年轻党员等组成志愿者服务队，协助村干部摸排发热病人，宣传疫情防控知识。

被访者——某机关工作人员：公民有义务参与突发事件应对工作。为了鼓励公民参加突发事件应对工作，公民在参加应急救援工作或者协助维护社会秩序期间，其在本单位的工资待遇和福利应不变。对表现突出、成绩显著的公民，由县级以上人民政府给予表彰或者奖励。进行表彰和奖励，对于激励和动员广大群众在突发事件发生时积极配合政府采取应急处置措施，积极参加应急救援工作，有着积极的作用。

（二）社会组织自发性应急协调机制

重大突发事件发生后，许多社会组织涌入灾区，必然会产生组织失序的负面问题。强化对灾区社会力量的协调，既要依靠政府的协调安排，也要发挥社会组织自身的能动性，鼓励和支持社会组织自发建立应急协调机制。比如，在2013年四川雅安地震救灾中，多家基金会联合成立了基金会救灾协调会，引导社会力量与官方一起协同救灾，先后参与了雅安地震、鲁甸地震和尼泊尔地震等救灾工作。在新冠疫情防控中，多个社会组织启动了“抗击新冠疫情社会组织协作网络”。

在社会组织自发性应急协调机制的基础上，政府要搭建好与社会组织协同的平台机制。在问卷调查中，社会组织受访者在被问及在突发事件风险防控与应对中，社会组织与政府协同合作的难点有哪些时，多数受访者选择“沟通协调不畅”（见图7－5）。在应急状态下，建立与社会组织的沟通协调机制是非常必要的。2013年，四川雅安芦山地震后，众

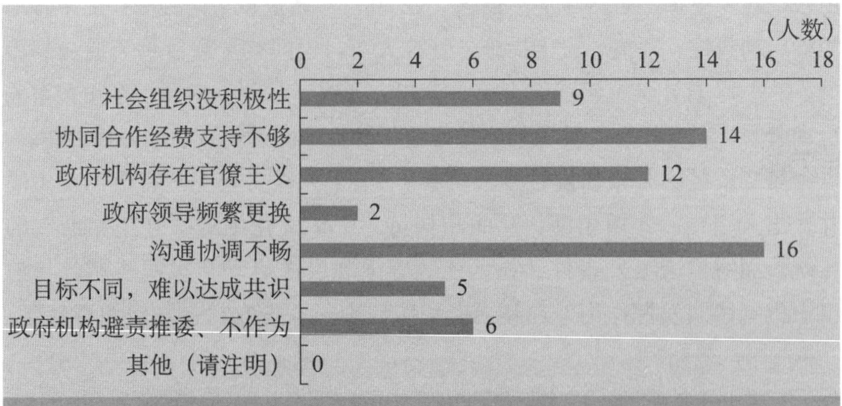

图7－5　突发事件风险防控与应对中社会组织与政府协同合作的难点

多社会组织和社会力量涌入灾区，一度造成灾区“生命通道”堵塞。为协调广大社会组织和志愿者有序参与抗震救灾和灾后重建，雅安市建立了全国首个抗震救灾社会组织和志愿者服务中心。中心为入驻的社会组织提供免费办公场所，建立了完善的定期交流、多元化协同、开放式服务、项目化运作等工作机制，实现了社会力量“帮忙不添乱”、政府与社会组织协同治理的良好格局。

> **被访者——某省地级市党委办公室工作人员：**社会组织有独特的资源，能发挥一定的作用，但一定要听从统一指挥，避免帮倒忙、搅乱局。建议指挥部下面设立协作组，整合各种社会资源，统一调度指挥，确保力气用在正确的地方，拳头打往正确的方向。

第三节 推进协调机制扁平化、制度化、法治化

突发事件风险防控与处置的协调机制在解决“从无到有”“由少到多”的基础上，要实现“从有到优”。这就要求以问题为导向，对突发事件协调机制进行有效治理。

一、推进协调机制扁平化

从纵向层面看，各级政府建立的协调机制是基于政府层级结构建立的，具有日常行政组织鲜明的等级性特点。等级性在遭遇重大突发事件时，往往影响上下的协调性。面对突发事件，尤其是重大突发事件，应建立跨越等级的同步直报机制，促进协调机制扁平化。例如，在煤炭安全生产事故应对中，地方各级应急管理部门的管理权限是不同的。煤炭安全生产发生大事故后，企业需逐级上报，才能让更高级的应急管理部门介入，调动更多的资源，但这往往耽误救援黄金时间。针对煤炭安全生产事故，可以建立省一级大区域协调机制，分级报送与省一级报送兼顾，提高层级协调联动效率。

面对重大自然灾害，突发事件协调机制要与属地机构实现有效衔接。在新冠疫情防控中，除了武汉市和湖北省的指挥部外，在国务院层面上还有一个联防联控机制，实战指挥体系有好几个层级，也产生了新的一

类协调成本①。2020 年 2 月 24 日上午，武汉市新冠疫情防控指挥部发布《关于加强进出武汉市车辆和人员管理的通知（第 17 号）》，宣布因保障疫情防控、城市运行、生产生活、特殊疾病治疗等原因必须出城的人员以及滞留在汉外地人员可以出城，但要坚持错峰出城、分批实施，适时安全有序原则。三个半小时后，指挥部再次发布通告，宣布此前发出的“部分人员可以出城”的通告无效，将严格离汉通道管理，严格人员管控，严防疫情向外输出。事后查明，此事是因内部工作流程缺失而造成的，17 号文件系市指挥部下设的交通防控组未经指挥部研究和主要领导同志同意而发布的（由武汉市一名副市长直接签发）。

二、推进协调机制规范化、制度化、法治化

不少公务员受访者在访谈中体会到，机构之间的协调工作很多时候要用私人关系来推动。这种现象表明，日常协调规范化、制度化程度有待提高。

要建立制度化（最高形式是法治化）的应急协调机制，降低个体工作协调成本，提高协调效率。针对部门间协调制度化，有专家学者呼吁要制定出台政府部门间关系法或关系条例等法律法规，对部门之间协作配合的权利、义务做出明确规定②。从党的十七大提出“健全部门间协调配合机制”，到党的十九届四中全会提出“健全部门协调配合机制，防止政出多门、政策效应相互抵消”，可以看出，政府在制度建设层面一直在推进部门协调配合机制建设。针对突发事件，要在政府部门协调配合机制框架下，进一步推进突发事件协调机制的制度化和法制化。比如，今后在完善修订《突发事件应对法》及突发事件的专项法律法规时，要对应急部门协调配合机制、区域协调配合机制、条块联动机制、社会协同参与机制等做出规定，对应急协同合作中权责分配、运作规则、处置程序、技术标准、保障经费等进行机制和制度设计。

重点要健全军地协调机制，并推进其法治化。在突发事件协同治理中，军地协同是不可忽视的重要协同关系。面对重大突发事件（地震、洪水、公共卫生事件等），军队的参与、协同在应急过程中起着非常重要的作用。目前，在突发事件应急过程中，军地协调的主要问题是军地协

---

① 薛澜：疫情恰好发生在应急管理体系的转型期．吉林劳动保护，2021（1）．

② 陶希东．跨界治理：中国社会公共治理的战略选择．学术月刊，2011（8）．

同程序性机制不健全、军队应急指挥权归属不明确。以汶川地震为例，在救灾初期，各级指挥协调机构齐集都江堰，指挥协调一度混乱，直到2008年5月14日，中央军委授权成都军区组建抗震救灾联合指挥部，统一指挥调度在灾区的所有军区、武警、特警和消防与专业救援队伍，混乱局面才得到改善①。要进一步健全军地协调机制，优化法治保障。

第四节 着力加强应急指挥体系建设

作为应急管理的“大脑”和“神经中枢”，应急指挥体系承担着突发事件先期处置、信息接报、启动响应、组织指挥等职责，扮演着信息枢纽和指挥处置枢纽的重要角色，在现代化应急管理体系建设中具有重要的地位。2018年应急管理部的组建，使应急指挥体系在新的应急管理体制中得到系统性重构、整体性提升。从国情看，人口规模、国土规模、经济规模叠加下的超大治理规模是我国国家治理体系和治理能力现代化建设的基本特征之一，也是我国应急管理体系和能力现代化建设的基本特征之一。在超大规模治理条件下，应急指挥区域跨度大、指挥协调范围广，涉及多部门、多区域、多层级、多主体，进一步加强应急指挥体系建设，成为当前和今后构建中国特色应急管理体系的一个重要课题。

一、推进应急指挥体系综合化、协同化

应急指挥是突发事件紧急状态下的指挥活动，对突发事件应对相关部门、相关地区、相关单位具有较高程度的综合化、协同化要求。新组建的应急管理部整合了以往分散于11个部门13个不同领域的应急管理职责，应急指挥、应急管理综合化程度显著提升，突发事件应急处置的合力显著增强。新的应急管理体制为应急指挥体系综合化、协同化发展奠定了坚实的组织基础、管理基础。但从公共突发事件的发展趋势看，自然灾害、事故灾难、公共卫生事件、社会安全事件衍生性特征增强，融合性、混合性和复杂性进一步增强。要满足“全灾种、大应急”的应急管理发展需求，必须构建更加综合化、协同化的应急指挥体系。

---

① 宋劲松，邓云峰．中美德突发事件应急指挥组织结构初探．中国行政管理，2011（1）．

（一）推进应急指挥部门内部综合化、协同化

从应急管理部组织机构看，承担应急指挥功能的机构有应急指挥中心和议事协调机构（国家防汛抗旱总指挥部、国务院抗震救灾指挥部、国务院安全生产委员会、国家森林草原防灭火指挥部、国家减灾委员会）。现有应急指挥体系主要是一种统分结合、平战结合的运行模式，应急指挥中心承担日常综合应急指挥功能，专业议事协调机构承担单一灾种的指挥协调功能。在"全灾种、大应急"的应急管理发展趋势下，应进一步加强应急指挥中心建设，提高应急指挥体系综合化、协同化水平。一是厘清应急指挥中心、专业议事协调机构在应急指挥中的职责定位，厘清综合协调指挥与专业协调指挥的职责定位，运用清单化管理机制，分清指挥职责归属、指挥职责主次关系。在此基础上，健全应急管理部门内部指挥协调机制，推进部门内部应急指挥机制的综合化、协同化。二是厘清上下应急指挥权责关系，自下而上探索推进基层应急指挥机制的内部整合。在上下指挥权责关系上，中央层面应侧重动员协调，地方层面可更多承担具体决策指挥职能①。按照上下同构的理念，地方和基层建立了许多具有指挥协调功能的机制（指挥部、委员会、小组等），应急指挥职责的重叠交叉现象在基层体现突出。应利用应急管理部门组建整合的契机，从乡镇、市县自下而上因地制宜、试点推进，逐步探索将安全生产委员会、森林防火指挥部、防汛防旱指挥部、减灾救灾委员会、防震减震委员会整合为应急管理委员会，在应急管理委员会下设安全生产、森林防火、防汛防旱、减灾救灾、防震减震等专业委员会。在2021年河南郑州"7·20"特大暴雨灾害应急指挥中，郑州市设置了防汛抗旱指挥部、城市防汛指挥部、气象灾害防御指挥部、突发地质灾害应急指挥部等4个指挥机构，办公室分别设在应急局、城管局、气象局、资源规划局；防汛抗旱指挥部下又设了防办、河湖水利防办、城防办、黄河防办4个办公室，分别设在应急局、水利局、城管局、黄河河务局，应急指挥机构重叠、职能重复、工作重合，这就导致在灾害应对过程中，防汛抗旱指挥部没有实际的指挥系统、指挥机制、指挥能力，失去统一指挥，大家都管但都没有管到位②。三是加强各级应急指挥中心机构建设，更好发挥应急指挥中心的综合协调指挥功能。专项议事协调机制运行历史长，形成了成熟的指挥协调机制；

---

① 薛澜，彭宗超，钟开斌，等．中国公共卫生应急指挥体系探析．中国工程科学，2021（5）．

② 国务院灾害调查组．河南郑州"7·20"特大暴雨灾害调查报告．2022.

相比而言，应急指挥中心的指挥协调机制建设还需强化。在应急管理体系中，应急指挥的本质是应急决策，应急决策指挥是应急管理的核心职能。只有在决策指挥核心职能上体现出更高程度的综合化、协同化，才能推动形成统一指挥、专常兼备、反应灵敏、上下联动、平战结合的中国特色应急管理体制。

（二）提高应急指挥体系跨部门综合化、协同化水平

机构改革后，应急管理部门整合了自然灾害、事故灾难、公共卫生事件、社会安全事件四类突发事件中近两类突发事件的应急管理职能。在新的应急管理体制下，“全灾种、大应急”的应急管理发展趋势还需要应急指挥体系提高跨部门的综合化、协同化水平。一方面，健全常态化联合指挥机制，加强与公共安全突发事件指挥协调机制的协调联动（包括政法系统平安建设的指挥体系、公安系统主导的110指挥联动体系等）。在互联网信息化发展新时代，公共突发事件不可避免地衍生出网络舆情风险，自然灾害类突发事件应急指挥、安全生产类突发事件应急指挥都与公共安全指挥协调密不可分。另一方面，加强与公共卫生事件指挥协调机制的协调联动。在公共卫生应急指挥中，跨部门联防联控取代政府应急指挥成为常用模式①。要总结我国新冠疫情防控“联防联控机制”的运行经验，促进公共卫生事件指挥协调机制与应急管理部门内部指挥协调机制的协调联动，完善我国公共卫生突发事件应急指挥体系。此外，针对重大突发事件，要加强跨军地、跨区域、跨行业联合应急指挥机制建设。

二、推进应急指挥体系规范化、制度化、标准化

习近平总书记对国家治理体系和治理能力进行了明确定义：国家治理体系是在党领导下管理国家的制度体系，国家治理能力则是运用国家制度管理社会各方面事务的能力②。因此，推进国家治理体系和治理能力现代化的核心是实现“制度之治”。作为国家治理现代化的重要组成部分，应急管理体系和应急指挥体系现代化建设也应遵循“制度之治”的总方向，不断增强制度供给，强化制度体系建设。从脆弱性理论和韧性

① 钟开斌．国家应急指挥体制的“变”与“不变”：基于“非典”、甲流感、新冠肺炎疫情的案例比较研究．行政法学研究，2020（3）．

② 习近平．切实把思想统一到党的十八届三中全会精神上来．人民日报，2014-01-01.

理论看，制度缺失、制度供给不足，往往会产生脆弱性，从而导致管理风险；强化制度建设，能够提高治理体系应对突发事件挑战的韧性。作为应急管理体系的“中枢”，应急指挥体系必须高起点、高标准、高质量强化制度建设，引领应急管理体系、国家治理体系增强应对突发事件风险挑战的制度韧性。

（一）加强应急指挥配套保障制度建设

我国应急指挥体系是超大规模国家治理体系中多层级、宽领域的一个有机系统。应急指挥体系还需要建立统一、高效的应急指挥制度，才能有效处理“上、下、左、右”的条块应急关系，发挥整体效能。首先，要强化国家层面应急指挥协调的制度建设、法治建设。习近平总书记指出：要坚持依法管理，运用法治思维和法治方式提高应急管理的法治化、规范化水平①。从指挥实践看，在“于法无据”的情况下，应急指挥者的决策行为往往陷入进退两难的困境，容易延迟应急决策。在应急法治保障建设中，应突出应急指挥的关键核心作用，强化应急值守、信息报送、协调指挥、预警发布、会商研判等环节的制度化、法治化保障。比如，在《突发事件应对法》全面修订中，应加强对应急指挥相关条款的关注与修订。其次，及时把应急指挥实践的好经验上升为制度安排。要总结突发事件应急指挥实践中的经验做法，对于具有普遍性、可推广性的做法予以确认，并形成制度安排。习近平总书记强调，要紧密结合应对风险实践，查找工作和体制机制上的漏洞，及时予以完善②。从突发事件风险应对与处置，到相关制度的改进与优化，是达成应急管理“无急可应”理想境界的必然要求，也是应急管理现代化的必然趋势。最后，积极推进应急指挥体系建设的地方、基层试点试验，从局部改革试点获取全局性制度建设的经验。大国应急管理体系建设像大国国家治理一样，应重视试点机制，降低制度改革的试错成本，然后基于试点试验的实践成果，形成制度性成果，变分散化的试点改革“盆景”为制度建设“风景”。

（二）打造标准化的应急指挥体系

纵观发达国家应急指挥体系建设实践，标准化是现代应急指挥系统建设的基本原则之一。美国在突发事件应急指挥上建立了标准化的事故

---

① 习近平在中央政治局第十九次集体学习时强调 充分发挥我国应急管理体系特色和优势 积极推进我国应急管理体系和能力现代化．中国应急管理，2019（12）．

② 习近平在中央党校（国家行政学院）中青年干部培训班开班式上发表重要讲话强调 年轻干部要提高解决实际问题能力 想干事能干事干成事．中国应急管理，2020（10）．

应急指挥系统，体系化提高应急实战能力。发达国家均在 20 世纪七八十年代制定了适合自己国家应急管理体制的应急指挥体系标准①。从我国一些地方的实践看，有的地方在应急指挥过程中还欠缺标准化，应急指挥容易变成临场指挥，应急管理现代化水平有待提升。一是要推进应急指挥体系“硬件”的标准化。从软硬件配备、生活保障措施配备等方面，指导应急指挥体系建设的标准化、规范化。二是要推进应急指挥体系“软件”的标准化，从指挥术语、指挥行动方案、信息管理、调度等方面入手，提高应急指挥的标准化水平。应引入国家标准化管理机制，在应急指挥实践基础上，形成更多的国家或省级应急指挥标准、应急指挥保障标准。三是要推进现场指挥部的标准化建设。针对不同类型的突发事件，建立规范化、标准化的现场指挥部机制，包括现场指挥部的基本要素、现场指挥部的基本职责、现场指挥部的基本流程、现场指挥部的基本流程等。四是要推进地方各级总体指挥部的标准化。按照突发事件大小，除国家层面外，地方相应成立总体指挥部，负责突发事件指挥协调。在指挥体系标准化过程中，也要强化总体指挥部的规范化和标准化，健全制度安排，处理好总体指挥部、现场指挥部、专项指挥部等各种指挥机制之间的关系。

三、提高应急指挥体系数字化、专业化水平

随着人类社会向高风险社会发展，各类公共突发事件易发、多发。相较于传统突发事件风险，现代突发事件风险的复杂性明显增强。有效处置和应对现代突发事件，必须提高应急指挥体系的专业化水平，以应急管理专业化、应急指挥专业化的确定性应对突发事件的不确定性。应急管理部门组建后，在政府层面，我国有了专门从事应急管理的专业职能部门，应急管理、应急指挥专业化水准显著提升。面对构建现代化应急管理体系、现代化应急指挥体系的目标，应进一步突出专业化特征，提高应急指挥体系数字化、专业化水平。

（一）坚持数字赋能原则，强化应急指挥平台建设

信息是应急决策指挥的基础和依据，应急指挥体系的有效性在很大程度上取决于应急信息获取的有效性。在互联网信息技术发展日新月异

---

① 宋劲松，邓云峰．中美德突发事件应急指挥组织结构初探．中国行政管理，2011（1）．

的条件下，应急指挥体系建设具有难得的时代条件。习近平总书记指出：要适应科技信息化发展大势，以信息化推进应急管理现代化，提高监测预警能力、监管执法能力、辅助指挥决策能力、救援实战能力和社会动员能力①。应坚持科技赋能、数字赋能的原则，以应急指挥平台建设为重点，加强数字化、智能化应急指挥体系建设，最大程度解决应急处置存在的各方信息不对称问题。首先，按照有效性原则，推进应急指挥数字化平台建设。伴随着数字政府建设的推进，应急管理有关部门、地方初步搭建起了具有指挥功能的数字化应急指挥平台。与应急指挥的需求相比，平台支撑应急指挥的有效性尚需提升。其次，按照协同性原则，打通各类应急指挥平台、应急信息平台。在应急信息化、数字化建设中存在不平衡、不充分现象，“信息孤岛”仍然存在，影响了数字化应急平台效果的整体性发挥。应强化信息共享，建立具有高综合程度、高整合程度的应急指挥信息平台，实现应急指挥“一张图”。最后，按照经济性原则，避免出现应急信息平台重复建设。在数字政府建设中，对应急管理、应急指挥信息平台建设进行统一规划、统筹谋划，减少重复建设，实现应急指挥信息平台建设低成本、高效益。

（二）提高现场应急指挥的专业化水平

现场指挥是应急指挥体系的“神经末梢”，是决定应急指挥体系效能的基础和关键。提高应急指挥体系的专业化水平，必须把立足点放到现场应急指挥体系建设上。2011 年 3 月 11 日，日本东北部海域发生里氏 9.0 级强烈地震，引发海啸及福岛第一核电站核泄漏事故。事后，日本国会福岛核电站事故独立调查委员会披露：首相办公室直接向东电总部和事故现场发号施令，使指挥陷入混乱。日本福岛核泄漏事故处置的这一教训表明，现场应急指挥在应急指挥体系中具有基础性作用，现场应急指挥的专业性必须得到保障。

首先，在应急处突能力建设中，要加强对领导干部应急现场指挥能力的培训和教育，强化科学指挥、专业指挥的理念，提高领导干部的应急指挥专业化素养。2021 年河南郑州“7·20”特大暴雨灾害在应急指挥上的一个重要教训是关键时刻统一指挥缺失。在灾害应对中，2021 年 7 月 20 日 10：30，常庄水库出现重大险情后，市委市政府主要负责人和 3

① 习近平在中央政治局第十九次集体学习时强调 充分发挥我国应急管理体系特色和优势 积极推进我国应急管理体系和能力现代化．中国应急管理，2019（12）．

位副市级领导都赶赴现场，有的撞在一起，有的困在路上。由于缺乏前后方、点和面上的统一指挥安排，关键时刻无市领导在指挥中心坐镇指挥、掌控全局，这就导致名义上有指挥部，但没有领导坐镇指挥，应急处置的全局统筹指挥能力大大削弱。国务院郑州“7·20”特大暴雨灾害调查报告指出：领导干部不知道关键时刻自己的职责是什么、岗位在哪里、如何发挥领导作用，认为到了一线就是尽职了，就没有责任了，出了事都往点上跑、打乱仗，结果抓了点丢掉面，有的到了现场也不能发挥作用，解决不了问题，还失去了对全局工作的统一领导。要总结正反两方面应急案例的经验教训，加强应急指挥理论研究，发展应急指挥学，为应急指挥体系专业化发展提供坚实的理论支撑。其次，采取“人脑”与“电脑”相结合的原则，加强现场应急指挥专家库建设、案例库建设，提高现场研判和指挥的专业化水准。最后，加强对应急救援专业力量的指挥协调机制建设。综合性消防救援队伍是开展现场应急指挥的专业救援力量。在机构改革后，综合性消防救援队伍与地方应急管理部门存在一定的协调障碍和壁垒。应建立健全指挥协调机制，充分运用各类消防救援的专业化力量。地方应培育和发展专业化的应急救援类社会组织，建立健全政府购买公共服务机制，强化社会力量对应急指挥的保障与支撑。

（三）加强应急指挥专业人才队伍建设

现代社会，人力资源是第一资源，人力资源也是应急管理体系建设、应急指挥体系建设的第一资源。加强人力资源建设、人才队伍建设是专业化应急指挥体系建设的重要方向。首先，按照“专业事由专业人做”的原则，培养专业化应急指挥人才。目前，专业化应急指挥人才相对缺乏。在应急管理人才培养中，应突出应急指挥人才的培养，造就一批专业化、高水平的现代应急指挥人才。比如，在高校应急管理学科建设和人才培养中，重点突出应急指挥专业人才和研究方向。在人才使用上，严格制定标准，选拔应急指挥专业人士到应急指挥机构岗位上担当重任。其次，加强对应急指挥工作人员和指挥干部的教育培训。目前，靠经验进行应急指挥的问题相对突出，应急指挥人员的专业化理论和知识尚需进一步提升。针对应急指挥工作的业务需求，应开展任前培训、在职培训等专业化培训，提高应急指挥人员的专业化素养，着力解决应对重特大突发事件的本领恐慌问题。最后，加强应急“指挥长”“指挥员”队伍建设，推进应急指挥队伍的专职化。应急指挥工作任务重、劳动量大，应建立相应的激励保障机制，提高岗位吸引力。

第八章 培育协同治理行为，提高自主性协同

从行动者角度看，协同治理的最终实现要具体化为个体的协同行动。在公共价值导向下，组织层面的激励机制、协调机制，离不开有效的协同治理行为。协同治理行为是组织制度安排和价值驱动的产物，反过来也影响和塑造着组织内部的体制机制设计。在政府治理中，组织间的协同合作已成为公务员管理活动的常态经历。对美国联邦政府高级管理人员的问卷调查显示，92%的受访者近期有协同合作的经历①。

第一节 构建协同型领导

许多重大突发公共事件案例表明，领导力对于优化应急响应和管理是至关重要的。比如，2005 年，在造成 1 800 多人死亡的美国卡特里娜飓风灾害应对中，理论界的批评集中在各级政府缺乏领导力②。

"9·11"事件现场指挥官乔·菲佛认为：一个真正的领导者在灾难事件中不仅要对事件进行管理，还要联络、协调和统筹，在处理紧急事件时，能够把不同方面的决策者聚到一起，共同商讨策略，能够统筹协调多方资源，尽可能高效地完成任务。

一、多方协同进行风险辨识与评估

风险辨识、评估与预判是防范突发事件风险的前提，把握风险走向

① O'LEARY R，GERARD C. Collaboration across boundaries，insights and tips from federal senior executives. Washington：IBM Centre for the Business of Government，2012.

② WAUGH J R W L，STREIB G. Collaboration and leadership for effective emergency management. Public administration review，2006（6）.

是谋求战略主动的关键。管理者要常观大势、常思大局，科学预见形势发展和隐藏其中的风险挑战，对于重大风险有见微知著的能力，“草摇叶响知鹿过”，“松风一起知虎来”，“一叶易色而知天下秋”。1 165 位调查问卷受访者在被问及 2020 年新冠疫情暴露的我国公共卫生安全与应急管理的短板有哪些时，他们的前三位选项是：前期风险预警失效、前期风险研判失效和应急保障物资不足（见图 8－1）。

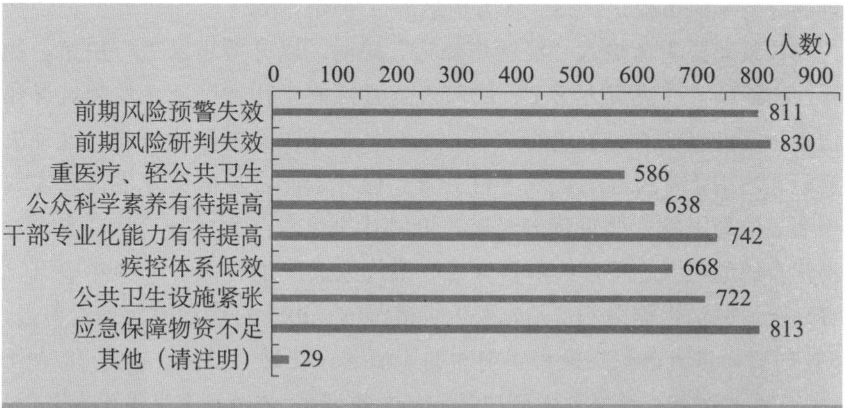

图 8－1　2020 年新冠疫情暴露的我国公共卫生安全与应急管理的短板

被访者——西部某县县委书记：属地对大事小事都应该高度重视、认真研判。这里有一个难题：群众认为政府的权力是无限的，但事实并非如此，政府并不能拥有无限权力。没有事的时候说政府没有用，有事的时候都找政府处理。

建立健全协同风险辨识与研判机制，提高协同风险辨识与评估能力。相比而言，政府管理者大多数比较重视事中、事后的积极应对，而不太注重事前风险防治。2014 年 12 月 31 日 23 时 35 分，正值跨年夜活动，因很多游客、市民聚集在上海外滩迎接新年，黄浦区外滩陈毅广场东南角通往黄浦江观景平台的人行通道阶梯处底部有人失衡跌倒，继而引发多人摔倒、叠压，致使拥挤踩踏事件发生，造成 36 人死亡、49 人受伤。分析踩踏事故发生的原因，其中重要的因素是没有对地址变更①做风险评估、人流量监测与充分预警。要健全重大政策风险评估机制、重大项目风险评估机制、重大活动风险评估机制，在此基础上，提高多方参与

① 外滩灯光秀与往年相比发生重大变化，地址从外滩改为外滩源，缺乏地址调整风险评估，调整信息并未有效传达给受众，众多游客依然前往外滩。

的协同风险辨识与评估能力。

二、多方协同进行科学决策

在政府科层组织中，管理者面临时间和环境压力，依靠有限的信息通常做出有限理性的决策。当遭遇超越日常事项、日常紧急事件的重大突发事件风险时，有限理性决策就可能难以做到科学，这就需要突破传统的封闭式决策模式，整合各方信息进行协同决策。

决策者要避免陷入“经验依赖症”陷阱，以开放思维进行决策。在科层组织中，在决策方法上，决策者通常倾向于在自己熟悉的领域寻找信息，凭借以往的经验进行决策，这必然形成决策的路径依赖。这种决策模式适用于常规性的突发事件处置，但对于非常规的突发事件就表现出明显的局限性。严重依赖经验，可能让决策者产生过分自信现象，对潜伏着的危机置之不理、麻痹大意，最终酿成严重后果。2013 年中石化青岛管道漏油爆炸案例，是先发生管道漏油，由于对泄漏事故处置不当，8 小时后，进入市政暗渠密闭空间的原油遇火花爆炸燃烧，造成 62 人死亡、136 人受伤。该案例对于决策的一个教训是，“经验主义害死人”，现场处置人员根据以往的经验，事故研判为一般漏油事故，从而忽视了现场作业风险。

决策者要避免陷入“群体思维”[①] 陷阱，善于听取多方意见。1986 年 1 月 28 日上午 11 时 39 分，美国挑战者号航天飞机由于右侧航天飞机固体助推器 O 型环碎裂，导致燃油泄漏，引发航天飞机爆炸解体，7 名宇航员罹难。在发射前夕，橡胶垫片制造厂家工程师提出，室外温度低于设计标准，不同意发射；但当时主持经理说，以前在如此低温条件下也成功发射过，没有出现问题。此事未报告给上级。经罗杰斯委员会调查发现，美国国家航空航天局（NASA）组织文化与决策过程中的缺陷与错误是导致这次事件的关键因素。

在危机决策中，领导者要听取不同意见，进行协同决策，避免陷入“群体思维”陷阱。从管理学角度看，协同决策的主要方法有：允许每人表达不同意见和独立观点；引入外部专家，挑战群体观点和群体决策；把整个团队分成若干小组，分别进行分析；让成员轮流提反对意见，激发理性决策。

---

① 早在 20 世纪 70 年代，美国心理学家詹尼斯就提出了“群体思维”这一概念，用来解释美国外交政策的一系列重大失误。其基本思想是，思维相近的人们构成相对封闭的群体，信息源重复狭窄，思路互为强化，因此走进死胡同，丧失远见能力。

在事前风险研判和危机决策中，决策者要吸纳一线社会力量的“软情报”，注意甄别谣言和不同意见。在风险研判和决策中，管理者重视社会面的“软情报”，可为科学决策提供尽可能充分的信息。在新冠疫情前期预警中，如果管理者重视一线的医务工作者的警告信息，前期风险预警就能更有效。有问卷受访者指出，要让专家、专业人士有发言权和决策权。

第二节　强化公共冲突管理

社会安全突发事件，是我国突发事件风险防控与应对的重要类型之一。以群体性事件为代表的公共冲突，影响社会秩序和社会稳定，对突发事件治理能力构成重要挑战。针对群体性事件，公共管理者要有公共冲突管理能力，善于管理公共冲突。

一、群体性冲突事件及其生成机制

群体性事件是指有一定人数参加的，通过没有法定依据的行为对社会秩序产生一定影响的冲突事件（不一定有共同目的，但有基本行为取向）。群体性事件可以划分为直接利益型冲突事件（邻避运动等）、无直接利益型冲突事件（又称泄愤类事件）、权利追求型冲突事件、价值追求型冲突事件（环保运动等）、权力追求型冲突事件等。

基层群体性事件为什么会发生？基于社会燃烧理论①和社会学价值累加理论②分析群体性事件发生的因素，主要有四个：“燃烧材料”，即社会情绪的产生、渲染与汇聚；“助燃剂”，即社会不良舆论；“点火温度”，即敏感事件的引爆点；“灭火剂”失效，政府应急机制失效（见图 8－2）。

---

①　社会燃烧理论是运用自然燃烧原理，将社会的无序、失稳和动乱与燃烧现象进行合理的类比，由中国科学院牛文元教授提出。该理论把群体事件比作烈火，起因包括以下三个缺一不可的环节：（1）具备充分的燃烧物质，即情绪流，也就是普遍的社会不满情绪；（2）助燃剂，即意见流，也就是社会不满情绪被赋予的集体认同感；（3）引爆点，即行动流，就是有看似偶然的突发事件，或非主流意见领袖的煽动。

②　社会学家斯梅尔塞的价值累加理论认为，集群行为的产生都有一个确定的模式，可以把集群行为在发展的每一阶段理解为“追加价值”，其后才有最终产品，即集群行为的出现。决定集群行为的六个具体因素是：结构性助长、结构性压抑、普遍的信条、突发因素、行动动员、社会控制机制。

“燃烧材料”（可燃物） “助燃剂”（氧气） “点火温度”（引爆点） 灭火剂失效	自然燃烧	社会情绪 舆论意见流 事件行动流 政府应急机制失效	群体事件

图 8-2 基于社会燃烧理论的群体性事件生成因素

二、健全群体性公共冲突管理机制

（一）优化治理理念，减少公共冲突风险源

群体性事件的发生是偶然性与必然性、主观性与客观性的统一。从“燃烧材料”来看，群体性事件背后的本质原因是社会风险的长期积累。

> **被访谈者——中部某县县委书记：** 群体性事件的发生具有深刻的原因：一是长期积累的社会矛盾，包括党政矛盾、干群矛盾等，这些矛盾导致有些人唯恐天下不乱；二是政府应急不充分，没有敏感性，层层拖，媒体没有引导好。

管理者在地方治理过程中要优化治理理念，坚持以人民为中心的发展思想，树立正确的政绩观，在抓好经济建设的同时，抓好社会建设。比如，瓮安事件发生前，瓮安经济发展与教育发展不同步，教育投入严重不足。应尽量消除产生公共冲突风险的结构性因素，包括关注弱势群体、推进以人为中心的城镇化（强化公共服务）、缩小贫富差距等。

（二）第一时间响应，避免偶发事件助推事态升级

面对偶发事件，管理者要第一时间响应，果断决策，避免染上“哈姆雷特症”，贻误时机。危机决策的“哈姆雷特症”是指，在危机决策中，领导者倾向于只是想象和思考，不采取行动，特别是不做出关键决策，犹豫、拖延，最终错过最佳决策时机。

> **被访者——西部某县县委书记：** 对于由政府造成的群体性事件，属地负责人要第一时间到现场，发挥化解作用。群体性事件肯定复杂，事件发生后不及时解决，等各级领导来处理，突发事件的发生都是这样拖出来的。

在公共冲突管理中，要科学区分旁观者、参与者，防止旁观者向参与者转化。群体性事件参与和围观人数由少到多，是一个逐步发展和演化的过程。群体性事件中聚集的群体按照与事件的紧密度由内到外可以

分为：当事人及其关系人，具有感同身受心理的围观者，具有道义感的情绪围观者，情绪感染者。要注重对群体心理的分析，防止围观群体逐步介入冲突，扩大事态（见图 8-3）。

图 8-3　围观者介入群体性事件和公共冲突的过程

（三）强化信息发布，营造积极的舆论环境

在互联网新时代，管理公共冲突和群体性事件的环境发生了深刻变化，正逐步从线下转移到线上，线上与线下共同形成群体性事件管理的舆论环境。有的突发事件，社会舆情比事件本身的冲击更大，如果管理者对网络舆情处理不够及时，就会滋生不利的舆论环境，助推事件升级演化。“当真理还在穿鞋，谣言已走遍天下”。事件发生后，政府信息发布不够快、不够新、不够权威，就会导致社会谣言传播，引起人群情绪宣泄。政府对网络舆论、新媒体舆论引导和管理的缺失，信息发布滞后、社会舆论引导不当与事件处置不当并存，易形成叠加效应，持续扩大事件的影响。面对突发事件，管理者应积极应对媒体，改变日常工作中的不做不说、只做不说、先做后说等传统模式，边做边说，优化线上线下舆论环境，消除次生舆情的滋生和蔓延。

（四）加强社会治理体系建设，提高治理韧性

群体性事件和公共冲突的发生，也有作为“灭火剂”的应急机制和社会治理机制失效、社会治理体系存在脆弱性的因素。在常态条件下，要健全应急机制和社会治理机制，增强社会治理体系的韧性、弹性和抗逆力。风险管理和安全科学理论研究表明，脆弱性是现代系统性事故和危机的风险源，是事故发生的原因，也是可控要素。许多系统，包括一般系统、大规模系统及超大规模系统，都表现出可能产生系统事故的脆弱性特征[①]。社会系统也不例外。

在社会应急机制上，健全公共冲突的第三方干预机制。在不少的非

① 莱昂纳德，休伊特，王宏伟．理解和应对系统事故风险．国家行政学院学报，2011（2）．

直接利益冲突中，往往出现“政府被殃及”或“第三方失守”的现象。由于不作为或不当作为等原因导致政府“引火烧身”，成为新的事件冲突方，形成旁观者效应，政府第三方角色失守。要破解这样的困境，需要领导者健全第三方干预机制。

国际公共冲突理论研究表明，冲突解决不能依靠强制手段压服，进行第三方有效干预是解决冲突的科学办法。对于非政府原因造成的公共冲突，领导者要扮演好社会公共冲突的第三方角色，调解公共冲突。对于政府作为当事人或与政府相关的公共冲突，政府要善于通过第三方途径有效化解矛盾和冲突。对于基层矛盾和纠纷，要发掘基层社会治理中的资源和力量，进行第三方化解。比如，发挥村民自治组织、基层党组织、传统社会资源（比如村规民约、德高望重人士等）等的第三方调解作用。

在减少社会系统脆弱性的基础上，加强基层党组织建设，提高组织力。组织优势是我国进行社会治理的最大优势，要加强基层党组织建设，以党建引领社会治理，提高社会治理能力。瓮安事件发生前，瓮安县 23 个乡镇 247 个村，仅有党员 12 129 人，党员队伍中，居然有黑帮“玉山帮”的成员。事后，瓮安县吸取“6・28”教训，大力加强党建工作，社会治理成效显著。同时，加强法治社会建设，提高公众对公共冲突的抵抗力。不少群体性事件也反映出有的公众法治意识缺失，在“不闹不得，小闹小得，大闹大得”的不良心态驱动下，产生过激和不当行为，不利于事态的有效控制和解决。

此外，在公共冲突管理之外，也要强化应急过程的冲突管理。突发事件风险防控和处置过程与日常管理过程一样，不可避免地会产生机构冲突、个人行为冲突、心理情绪冲突等问题。公共管理者要关注各方应急过程中潜在的冲突或摩擦行为，采取适当方式，化解应急过程中的行为与心理冲突。在新冠疫情防控中，封控对于遏制疫情的效果是显而易见的，与此同时也不可避免地对民众的心理行为产生影响。要密切关注防疫对公众的心理影响，进行心理干预和情绪疏导。

第三节　加强信息沟通与舆论引导

随着全媒体时代的到来，政府应对突发事件也需要借助媒体做好应急沟通和信息发布。在信息化高度发达的互联网时代，突发事件应急管理既要做得对（科学应对与处置），也要说得对（有效沟通和引导），两者缺一不可。在“只做不说”“沉默是金”的传统管理理念下，对外沟通与信息发布缺失，必将导致事态的影响进一步扩大，甚至形成次生舆情事件。有的事件形成的社会舆情比事件本身的冲击还大。有效的应急沟通与信息发布能够为应急管理行为提供良好的社会舆论支持。

一、突发事件风险感知的“心理台风眼效应”

从心理学上看，公众对突发事件实际风险的感知存在“心理台风眼效应”①。这种“心理台风眼效应”与风险作为客观存在而发生扩散的涟漪效应有显著差异。客观上的风险涟漪效应主要指，风险扩散从风险源的发生地向四周扩散，距离风险源越远而风险越小，风险源发生地风险水平最高，周围风险水平呈现一圈一圈降低态势。通常认为，人们对突发事件的风险认知和判断是接近于客观的风险发展水平的，即也呈现涟漪效应。

理论界针对公众风险认知的科学研究表明，与实际风险的涟漪效应相反，公众对重大突发事件的风险感知和判断呈现“心理台风眼效应”②。“心理台风眼效应”体现在公众对多种类型突发事件的风险感知中，包括自然灾害、公共卫生事件、群体性事件等。中国科学院心理研究所课题组在汶川地震中调查发现，越接近震中的个体心理反而越平静。在新冠疫情防控中，也侦测到了“心理台风眼效应”，即“远离”武汉的民众，他们感知到的武汉疫情的风险水平显著地高于“接近”武汉的民众知觉到的武汉疫情的风险水平；处在“心理台风眼中心”——武汉的受测者，他们对疫情中心风险水平的估计反而相对是最低的（最风平浪静）③。

在邻避类群体性事件中，也存在邻避项目建设地公众与邻避项目周

① 许明星，郑蕊，饶俪琳，等．妥善应对现于新冠肺炎疫情中“心理台风眼效应”的建议．中国科学院院刊，2020（3）．

② 中国科学院心理所李纾团队对该现象进行了命名。所谓“心理台风眼效应”（psychological typhoon eye），指的是越接近风险中心区，个体的心理越平静，风险知觉水平越低。产生该效应的机制有：获益判断（benefit judgment）、心理免疫（psychological immunization）、认知失调（cognitive dissonance）、体验-描述（the description - experience gap）等。

③ 同①.

围公众的“中心-外围”风险认知差异。分析不少邻避类群体性事件的抗议群体构成发现，最终上街抗议的公众主要不是邻避项目选址地核心区周围的居民，反而主要是距离选址地有一定距离的公众（或者是利益相关者，或者是高风险的认知和判断者）。

应急管理者对突发事件信息沟通不及时、不到位等内外部因素，放大了“心理台风眼效应”。

二、坚持线上线下“双处置”，降低风险感知差异

在自媒体飞速发展的互联网新时代，危机管理既要做得对，也要说得对，两者缺一不可。事件处置与舆情处置要同步进行。从实践来看，有的事件形成的社会舆情比事件本身的冲击更大。为此，做好应急沟通和信息发布，是领导干部应急管理能力建设的重要内容。

1. 快速及时、持续滚动

在第一时间进行应急沟通，及时发布事件的权威信息，是掌握舆论主导权的关键。信息发布和沟通是否及时直接决定了危机事件的舆情走向。首先，在高度发达的信息社会，依靠封锁消息，搞“后发制人”几乎不可能，不能采取“鸵鸟政策”。其次，不及时发布信息，保持沉默，为谣言的产生和传播提供了空间，可能造成谣言满天飞。在“先入为主”的作用下，人们总是愿意相信第一时间听说的情况，容易产生“当真理还在穿鞋，谣言已走遍天下”的现象。国务院办公厅印发的《关于在政务公开工作中进一步做好政务舆情回应的通知》要求，对于涉及特别重大、重大突发事件的政务舆情，最迟应在 24 小时内举行新闻发布会。人民网舆情中心还总结出了“黄金 4 小时”原则。作为危机管理者，要第一时间发声，与谣言赛跑，做事件的“第一定义者”。

> **被访者——东部某市市委书记：**群体性事件的信息发布要做到以下三点：第一，要及时发声、发声有度，第一时间发布信息。第二，突发事件既要关注当事方，又要警惕相关者。第三，对于敏感事件，要疏导化解。

在移动互联网和自媒体工具蓬勃发展的条件下，突发事件的应急沟通、信息发布要坚持“分秒必争”。在信息不完整的条件下，要采取分阶段、滚动式的新闻和信息发布模式，变“结论式”发布为“滚动式”发布。政府要主动设置议题，引导媒体舆论议程，争取和掌握舆论主导权。

2. 真诚坦率、真实准确

危机事件发生后，对待媒体要真诚坦率，避免同媒体发生冲突。《财富》杂志主编谢尔曼说："向媒体宣战，虽然听上去很诱人，但却是一场根本无法打赢的战争。"不能对媒体采取封锁策略。媒体是政府与公众进行危机沟通的平台，要采取真诚坦率的态度，主动为媒体提供获取信息的机会，引导舆论走向。如果媒体没有从正规渠道获取信息，就很可能把从非正规渠道得来的不准确信息披露给公众，造成信任危机。要积极回应舆论的核心关切，避免陷入"自说自话"无效回应的怪圈。

准确地提供真实情况是捍卫政府公信力的重要保障。无论什么情况，政府都不能误导、欺骗公众。要坚持公开透明，不能向社会隐瞒实情，要保障公众的知情权，防止产生舆论次生灾害。有一个著名的谣言传播公式是：谣言＝事件的重要性×事件的模糊性÷公众批判能力。如果向社会提供的事件信息越少、越模糊，就越能产生谣言。在应急沟通中，要抓住舆论关注的要点和公众情感的痛点，直面问题关键，"多一些干货、少一些套路"，让沟通回应"有营养""有价值"。

3. 以人为本、客观公正

应急沟通要坚持以人为本，体现人文关怀。在危机事件中，公众处于恐惧和慌乱之中，最需要的是人文关怀。要把生命和情感关怀放在第一位，做到以情感人。要将心比心，化解公众焦虑情绪，寻求情感共鸣，产生同频共振。在信息发布中，要体现出足够的人文关怀。在实践中，有的舆情应对虽然合法合理，但被吐槽"冷漠""不够人性化"。因此，信息发布要有"温度"，塑造温情形象。有的危机事件信息发布，只注重讲述事件经过、采取的措施及成绩，缺少对死亡者、受伤者的关心和同情，缺少对弱势群体的关爱，无助于减少公众对事件的恐慌和焦虑。

政府要坚持客观公正的立场发布信息，不能带有偏见。但是政府作为当事方，单独出面来保障公正性是不够的，甚至因为说得越多、言辞越激烈，越可能产生负面效果。因此，要善于借助第三方人士说话。比如，借助权威主流媒体、权威专业机构、专业人士等第三方发布信息。

4. 口径一致、留有余地

危机事件发生后，与媒体和公众进行沟通的最大问题是各个部门各说各话，莫衷一是，相互矛盾，造成公众的困惑、猜疑和恐慌，甚至引发新的舆情危机。为避免沟通混乱，要统一口径对外进行信息发布。要建立新闻发布会制度，"用一个声音说话"，其他人员要避免擅自对媒体表态。首先，快速确定新闻发言人，让新闻发言人参与或列席决策会议，由新闻发言人进行统一的授权信息发布。其次，快速召开新闻发布会。新闻发布会后，要对媒体报道进行跟踪研判，完成舆情分析简报，便于新闻发言人调整发布策略。当有大批记者进行聚集采访的时候，还要成立临时的新闻中心，方便记者发稿。此外，要推进各地区、各部门协作发布，增强发布的统一性。

被访者——某市新闻媒体工作人员：影响新闻媒体与政府协同的因素主要是沟通不畅。政府部门需要第一时间知会媒体，媒体从头开始介入。媒体如果发现相关舆情信息，也需要第一时间告知政府部门。双方需要保持即时沟通，而不是一个只管处理事件，一个只负责发新闻通稿。应建立协同机制，媒体全程介入；联合宣传部门，加强形势研判；遵循新闻规律，避免简单通告；做好跟踪报道，及时公布于众。

在新闻发布方式上，要坚持快报事实、强调态度、慎报原因、慎下结论的原则，对于尚未调查清楚的原因和结论，要做到谨慎、留有余地。在新闻发布内容上，要适度承诺，但不过度承诺。如果过度承诺无法兑现，可能面临更大的舆论压力。在新闻发布制度上，要不断完善新闻发言人制度。突发事件中的新闻发言人不仅仅是一个人，而是一个团队、一种制度。

第九章 推进政社应急协同，促进社会化协同

应急协同行为的实现除要培育领导干部的协同以外，还应推动政府与社会协同。在社会端，社会公众的应急素养及其应急依从行为，为政府与社会的应急协同构建了良好的行为基础。在政府端，推进应急管理社会化改革，为政府与社会的应急协同提供了必要的制度基础和合作契机。

第一节 社会端：强化社会应急协同行为

从行为上看，面对突发事件，有效的社会协同离不开政府提供基础条件，尤其是政府要公开应急信息。如果应急信息公开不够，社会就难以掌握真实情况，社会协同行为会面临失效的风险。

一、推进政府应急信息公开

政府应急信息公开是保障公民知情权的需要，也是政府与社会协同应急的需要。只有掌握一定的突发事件风险信息，社会公众才能自发地采取避险行为进行防范。在调查问卷 1 163 名受访者中，当被问及“公众配合应急活动需要政府提供的条件有哪些”时，选择最多的前三项是政府信息公开、政府要有公信力、发放必要的应急物资，1 105 人认为信息公开是需要政府提供的重要条件（见图 9－1）。在社会组织受访者中，当问及“在突发事件风险防控与应对中，能促成社会组织与政府有效协同合作的因素有哪些”时，选择最多的也是政府信息公开（见图 9－2）。有问卷调查受访者指出，畅通的信息发布，要有有效的上传通道。

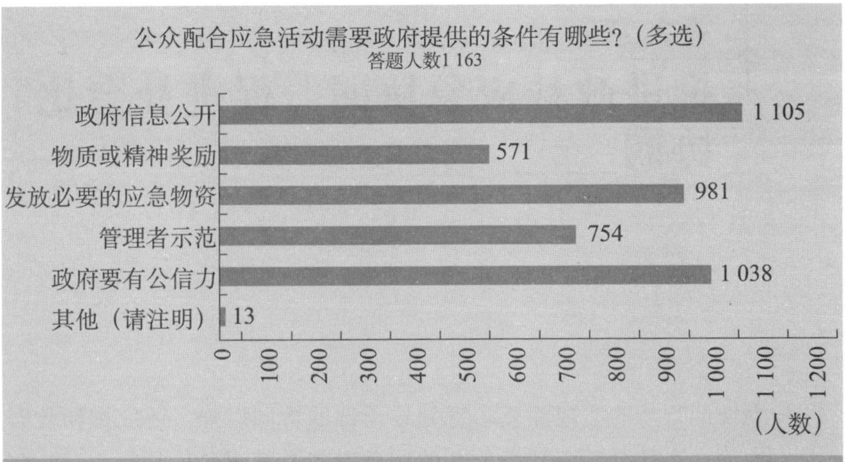

图 9－1　突发事件风险防控与应对中公众配合应急活动需要政府提供的条件

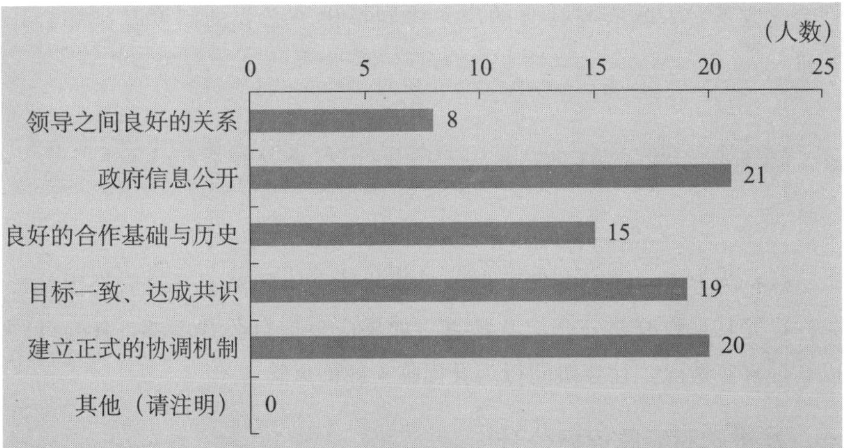

图 9－2　突发事件风险防控与应对中促成社会组织与政府有效协同合作的因素

政府在信息公开的同时，要注意保护公民个人隐私。在新冠疫情防控中，有的地方将确诊或疑似患者的姓名、身份证号、家庭住址、手机号码等情况公之于众，明显侵犯了公民的隐私权。比如，2 月 19 日，山西晋城的史某某将包含患者及密切接触者相关个人信息的报告发至该村微信群，造成 32 名密切接触者的个人信息被泄露。

被访者——某市新闻媒体工作人员： 媒体与政府协同的困难有：信息公开不及时，寄希望于捂住；处置时机不准确，总是在无法收拾时才痛下决心出重拳；善后事宜不规范，老是“大事化小、小事化无”式地不闻不问。加强新闻媒体与政府应急协同应该做到：政府和媒体交朋友，有效利用媒体工具，正确对待各种声音，有针对性地策划规模性报道，建立畅通的舆情通道。

二、引导公众的应急依从行为

鼓励公众的自救互救行为。突发事件发生后，公众作为突发事件的“第一反应人”，进行自救和互救是减少突发事件损失最有效、最经济和最安全的办法。1976 年唐山大地震被埋压群众 63 万人，其中有 80%、48 万人通过自救互救获救；2008 年汶川大地震被救出 8.7 万人，其中 7 万人是自救互救获救，军队救出约 1 万人。目前，我国公众的危机应对知识比较匮乏，参与自救互救等危机应对的经验也比较少。2018 年 11 月 3 日 19 时，一辆重型半挂载重牵引车行经兰海高速兰临段一处 17 公里长下坡路段时，因车辆制动失效，与前方收费站排队的多车相撞，造成 31 车受损，15 人死亡，44 人受伤。从发生的原因看，挂车驾驶人第一次行经该路段，制动失效后车速加快，惊慌失措，错过了收费站上游最后一个紧急避险车道，失去了风险自救的机会。政府在日常状态下，要向社会公众普及自救互救知识，提高公众自救互救能力。

> **被访者——某市机关工作人员：**在公共突发事件风险防控和应对中，政府与公众协同的进一步优化方向是：政府在公共突发事件应对中，要正确引导公众参与突发事件的处置，做到“不信谣、不传谣”；公众要服从当地人民政府及其有关部门发布的决定、命令；企业有义务参与公共突发事件应对工作，要在政府的领导下参与公共突发事件的应对；企业应当服从人民政府发布的决定、命令，配合政府采取应急处置措施，做好本单位的应急救援工作，并积极组织人员参加所在地的应急救援和处置工作。

新冠疫情发生后，公众对突发事件的参与意愿、配合意愿增强。在问卷调查问及对“疫情发生后，公众更加有意愿配合、响应政府的应急管理活动”是否赞同时，表示非常赞同的占 46%，平均值为 8.64（见图 9－3）。有问卷受访者指出，要提高全民应急参与相关意识教育和素质教育，有很大一部分群众没有这方面的意识或者意识淡薄，影响突发事件的协同应对。借助疫情对公众应急协作的积极推动作用，政府要强化科普，提高公众的风险协作应对意识和自救互救能力。

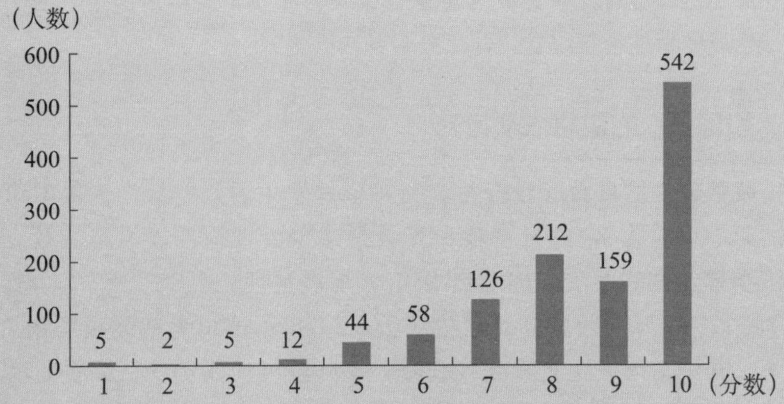

最小值	最大值	平均值	标准差	方差	样本量
1	10	8.64	1.67	2.78	1 165

图 9－3　疫情发生后，公众更加有意愿配合、响应政府的应急管理活动

此外，在协同治理行为上，要加强对应急管理制度的落实和执行，提高执行力。有问卷受访者认为，我国现有应急管理制度和法规已经比较完备，后面可再加以完善，核心是落实，不能浮在行政管理的文件和汇报材料里。在国家治理现代化场景下，治理能力本质上是执行力，突发事件协同治理能力本质上也是协同执行力，对于已经建立的协调制度，治理主体要遵守执行，不能让协调制度在突发事件发生后形式化。

被访者——某市机关工作人员：在疫情防控中，很多社区自发组建微信群、工作小组，一些志愿者主动为隔离业主和孤寡老人买药送饭，邻里之间轮流采购配送生活物品，彼此携手筑起“家园防线”，不仅增加了居民对社区工作的认同感，而且催生了居住共同体的社群意识。这种自上而下的联防联控与自发自觉的群防群控相互支撑、互为补充，形塑了疫情防控的共治之善。

第二节　政府端：推进应急辅助性职能向社会转移

政府与社会的协同治理行为，不只体现在个体行为层面，更体现在政府组织与社会力量的协同性组织行为层面。政府与社会的协同性组织行为除了在突发事件应急活动中的合作以外，还需要有常态的、制度化的活动。近年来，我国在行政体制改革实践中开始推进政府职能向社会转移，为政府与社会协同应急、政府与社会协同风险治理提供了制度性渠道。

一、为什么要推进政府职能社会化转移改革

政府职能社会化转移改革是把政府承担的辅助性、技术性职能（非核心职能）转移给专业社会组织或社会力量的改革。从功能上看，政府职能社会化转移改革具有转变政府职能、促进多元协同共治、提高公共服务质量等多重功能。从条件保障上看，政府购买公共服务为政府职能社会化转移改革提供了制度性财政保障。近年来，随着政府购买公共服务项目的发展和基层治理改革创新的推进，政府职能社会化转移改革开始在基层得以实施和推广。政府职能社会化转移改革有以下意义：

（一）推进政府治理、基层治理现代化的需要

改革开放以来，推进政府职能转变既是我国行政体制改革取得的重要经验，也是行政体制改革追求的长期目标。早在 1988 年的国务院机构改革方案中就明确提出：转变政府职能是机构改革的关键。自此以后，1993 年、1998 年、2003 年、2008 年、2013 年、2018 年等历次机构改革都明确提出要转变政府职能。2013 年 2 月，习近平总书记在党的十八届二中全会第二次全体会议上指出，必须下更大决心、以更大力度推进政府职能转变。2013 年 3 月，《关于国务院机构改革和职能转变方案的说明》强调政府职能转变是深化行政体制改革的核心，要重点推进职能转移、职能下放、职能整合、职能加强。自此以后，政府职能转移成为政府职能转变的重点工作。在这样的背景下，广东、浙江、江苏等地先后进行了政府职能社会化转移的改革实践。2015 年，中共中央办公厅、国务院办公厅印发《中国科协所属学会有序承接政府转移职能扩大试点工作实施方案》，推进政府相关科技职能有序转移给中国科协。政府职能社会化转移改革在多地和相关行业实施。

（二）培育专业化社会组织、推动社会协同共治的需要

党的十九届四中全会指出，坚持和完善共建共治共享的社会治理制度，建设人人有责、人人尽责、人人享有的社会治理共同体。在社会治理体系中，社会组织是沟通政府与企业、公民的重要桥梁纽带。在社会治理过程中，各类行业协会、商会、社团等社会组织在经济社会活动中

扮演着重要角色，为公众参与社会治理提供了多样化的机制和平台。政府职能社会化转移改革有利于为社会组织提供参与社会治理的制度化渠道，进一步发挥社会组织在社会治理中的功能与作用，实现社会协同共治。

（三）满足人民群众日益增长的高质量公共服务的需要

进入新时代，人民群众日益增长的美好生活需要与政府有限的公共服务供给存在矛盾，这是推进政府治理现代化面临的基本问题之一。要解决这个矛盾，需要在供给侧发力，进一步拓宽公共服务的供给渠道，提高公共服务质量。在传统政府治理体制下，公共服务供给单一、成本相对较高。政府职能社会化转移改革有利于构建多元化的公共服务提供机制，能够逐步解决当前公共服务领域存在的供给不足、成本过高、服务质量和效率不高、均等化水平较低等问题，更好地保障和改善多样化的民生需求。

二、推进应急辅助职能社会化转移的探索与实践

2015 年 12 月，浙江省政府办公厅公布《关于推进政府职能向社会组织转移的意见》，在全省范围内推进政府职能向社会组织转移。2016 年 1 月，温州市人民政府办公室印发《推进政府职能向社会组织转移工作若干制度（试行）》。作为全国首个“镇改市”，浙江省温州市龙港在撤镇设市后，依托历史包袱轻、“船小好调头”的独特优势，谋划了“一张清单转职能”改革，将其与“一枚印章管审批，一支队伍管执法”改革同步推进，高起点构建现代政府治理体系。

2020 年，龙港市推出向社会进行职能转移的项目共 154 项，转移主体涉及 9 个党政大部门。9 月 18 日，进行了政府职能向社会转移改革第一期集中签约仪式，共计 27 项转移项目签约，承接主体 22 家（其中社会组织 10 家、院校 1 家、企事业单位 11 家），以辅助性、技术支撑性业务为主。转移领域覆盖监督评估、行业管理、统计分析、养老助残、社会救助、社区矫正、安置帮教、宣传培训、科研、检验检疫等方面。转移项目集中签约代表着龙港市政府职能向社会转移迈出步伐。10 月底至 11 月中上旬，“环保管家”“安全管家”两个标志性的重点转移项目已完成财政预算审核，并进行公开招标，定于 12 月初完成签约工作。对照年初的部署，“一张清单转职能”改革实现了重点推进与全面铺开，形成了良好的发展势头，有力地支撑了“大部制、扁平化、低成本、高效率”

总体改革任务的落地见效。

（一）应急领域职能社会化转移改革及其成效

实施“安全管家”项目，推进应急辅助性职能转移。作为重要的政府职能，应急辅助性职能转移在政府职能转移改革中具有重要的地位和作用。一方面，从安全监管的对象看，龙港市在册生产经营单位约 2.5 万家，工业企业约 6 000 家，企业量大面广，小微企业普遍存在安全意识不足、安全素养不够、安全技能缺乏等问题，安全风险很难得到有效管控，发生事故的概率较大。另一方面，从监管力量上看，由于龙港实行扁平化管理体制，没有乡镇（街道）层级，应急管理局安全监管人员人手不足，仅是其他县市区的 1/10。实施职能转移，可以弥补政府监管方面存在的短板，强化化解企业安全风险的能力，提高企业安全风险隐患排查水平。

2020 年，龙港市重点打造“安全管家”项目，把小微企业基础信息的排查摸底、分类登记等应急与风险管理辅助性职责纳入转移职能范围。目前，“安全管家”已全面入园入企开展工作，共分为 3 个网格，每个网格由 1 名注册工程师牵头，组成 6 人“安全管家”团队，开展“安全管家”服务。依托“安全管家”项目，龙港市大力推进企业安全生产社会化服务工作，目标是到 2020 年底小微企业园社会化服务覆盖率达 50%以上，2021 年底小微企业园社会化服务覆盖率达 100%。“安全管家”政府职能向社会转移项目在提高地方应急管理能力方面发挥了积极的作用，主要表现在：

第一，有利于破解企业底数不清、信息不全难题。通过职能转移，引入专业安全生产社会化机构对市小微企业的安全生产状况进行全面的起底，把脉问诊，全面、深入、系统地掌握市小微企业的基本情况、安全风险、安全隐患、人员安全素养等情况，并通过持续的过程管理，精准施药，强健小微企业的安全身心。

第二，有利于破解中介机构业务不专、培育不够的难题。安全生产是一个复杂的系统工程，对专业技术能力要求很高，安全生产中介机构是安全监管重要的技术支撑力量。但中介机构特别是社会化服务机构由于准入低、监管松，其普遍存在真实技术人员配备严重不足、人员技术能力低下、内部管理混乱、缺少完善的过程控制、缺乏质量控制程序等问题。通过引入专业的安全生产社会化机构，不仅能真正发挥其应具有的技术支撑功能，而且还可以通过其引领、示范，规范安全生产中介机构的行为。

第三，有利于破解企业安全生产主体责任落实不力的难题。龙港市小微企业安全意识严重不足、安全生产管理能力普遍较弱，通过引入专业安全生产社会化机构，可以多层次、多角度、多方位地提出企业安全生产的要求，通过强监管倒逼企业主体提高安全意识，将安全意识内化于心、外化于行，逐步解决安全监管人员疲于奔命、夜以继日、提心吊胆，而企业主却不以为然、无动于衷，并经常为了效益，不顾安全风险、存在侥幸心理的问题，正本清源，压实企业主体责任。

第四，有利于破解安全生产各方参与不积极的难题。通过职能转移，可推行“安全生产协作互助”“行业协会（商会）自治”“园区物业自管”等模式，鼓励行业协会、物业、安全生产中介机构等多方参与企业的安全管理，开展安全生产互帮、互学、互查以及培训等活动，实现行业、企业间安全资源共享与互补，促使企业形成安全生产自我教育、自我管理、自我约束、自我服务机制，促进安全形势向好发展。

（二）应急领域职能社会化转移面临的挑战

作为基层改革创新的探索，应急领域职能社会化转移改革为社会力量参与应急管理提供了制度性的渠道。在实践中，应急领域职能社会化转移改革面临一些挑战。

首先是职能转移后的监管问题。在推进职能转移后，缺乏必要的监管机制，社会力量可能借助改革项目利用承接的辅助性职能获取利益。

> **某燃气协会：**协会承担的政府职能社会化转移改革项目是城市燃气行业监督、安全宣传及从业人员培训。主要的职责是：监督各个燃气企业，对发现的安全隐患进行整改；促进液化气行业的安全改革，更好地服务人民；深入各个广场小区，对广大居民进行有效的燃气安全知识的宣传；对从业人员进行安全教育培训，提高安全意识。在转移改革中，有部分组织机构会乱用手中的权力而产生不负责任的表现，在转移过程肯定会出现这种现象，这时就需要政府部门做好监督工作，倾听更多的声音，对于出现违规行为的组织机构进行惩罚甚至取缔。

其次是应急领域职能社会化转移经费和绩效的核定问题。不同于一般的购买公共服务，应急辅助性职能转移缺乏科学的经费核定标准和绩效评价标准。在转移改革中，往往对转移经费核定较低，难以维持社会力量的有效运行。

> **某社会应急救援队：** 我队主要承担的政府职能社会化转移改革项目是应急物资储备库保洁、安保巡查和沿江第一社区第三菜市场周边城市精细化协助管理、宣传。职能社会化转移改革项目的做法与成效是：应急物资储备库保洁、安保巡查做到每天保洁一次，巡查一次，按时完成规定事项，尤其是在配合沿江第一社区第三菜市场周边城市精细化管理中，连续 90 天，每天保持固定队员 12 名，从早上 7 点到 11 点，下午 2 点到 6 点。出动大喇叭宣传车一辆，8 小时不间断巡回播放宣传录音。在职能社会化转移改革中，与政府部门协同合作面临的困难和问题主要是：政府的支付财力太小了，社会组织无法支撑运行成本。比如，我队 90 天连续出动队员 1 080 人次，工作 8 600 余小时，沿江第一社区才支付给我队 3 万元费用。队员每天工作 8 小时，得到的工资才 27 元（我队还要支付税收和 90 天宣传车油费），队员勉强干完了 90 天就纷纷说不干了，实在太亏了。

最后，社会对社会力量承接政府辅助性职能还需要有一个接受的过程。社会习惯于政府直接提供应急服务。当政府把应急职能转移给社会力量时，社会服务对象对这种转移还没适应，社会公众遇到问题很多时候还是更愿意直接去找对应的政府部门。

> **某燃气协会：** 在我们向企业和居民提供服务的时候，往往需要花费很多时间和精力给他们一个解释，甚至需要多次对接才能建立起双方的信任。
>
> **某环保公益组织：** 在服务过程中企业对承接职能转移服务第三方的认可度差，质疑声多，需要政府部门进行大力宣传与引导。

第十章
运用数字技术，实现自动型协同

在互联网和数字技术新时代，越来越多的参与主体进入突发事件风险防控与治理体系中，突发事件协同治理比以往更加复杂；与此同时，突发事件协同治理比以往也更具条件。互联网、云计算、大数据、人工智能等新技术不断为破解协同治理各方的信息不对称、沟通不及时难题提供便捷条件，为公共突发事件协同治理赋能助力。在新冠疫情防控初期，疫情预警体系反应迟滞暴露了风险信息传递失灵的问题。在科层制政府治理模式下，疫情风险信息在条块、区域之间无法实现高效、精准传递。积极运用人工智能等数字新技术，能够增强政府风险信息处理、风险预警、风险预测的能力，降低政府治理的脆弱性，从而提高政府防控和应对突发事件的韧性，保障人民群众的财产和生命安全。

第一节　建设、运营多方协同的应急系统与平台

进入信息化时代，各级政府、各部门都比较注重运用“互联网+”推进工作改进与创新，建立起条块纵横交错的各类信息系统和平台。尽管地方政府大力推进统筹信息系统和平台，但受制于科层管理体制，政府内部信息“孤岛”依然存在。突发事件风险防控与应对所需信息是多层级和多部门的。运用信息技术，打通部门和层级壁垒，建设并运营多方协同的应急系统与平台成为互联网信息化时代突发事件协同治理的必然选择。

一、打造社会化、协同化的应急联动系统

在政府内部，对多部门信息系统与平台进行融合，建设互联互通的

应急联动系统。近年来，我国大力推进社会治理体系建设，提高社会治理智能化、信息化水平，不少部门都建立了本部门的信息系统。可以基于社会治理信息系统，强化组织领导，建设打通风险防治、应急处置的应急联动系统。系统整合最早、程度最高的是广西南宁，它在全国范围内率先对城市应急系统进行深度组合，成立城市应急联动指挥中心，所有市民应急电话首先被接入该指挥中心，然后指挥中心再按照应急电话的分类，指挥消防、救护、警务、交管系统采取行动。湖北孝感市将市政府应急指挥平台与城乡网格化管理信息平台、110 指挥中心、119 指挥中心、120 调度中心、防汛抗旱指挥平台、环保监测平台有机融合，统一指挥调度，解决了联动体制不顺、权威不够、协调不力等问题①。

> **被访者——某市机关工作人员：**上级部门与下级部门之间信息沟通需要对等。只有信息对等了，下级部门才能知道上级部门需要做的事、想要做的事，并且要明确细化每个部门的责任。

重点打造区域性应急联动系统，推进区域应急协同。目前，我国应急管理系统建设主要强调分级分部门建设，在分区域建设方面还需加强，从而解决跨区域突发事件的应急协调联动问题。比如，以城市群或经济圈为地理单位，构建区域性应急联动系统（下设分中心，联动有关单位和系统），突破城市行政区域限制，提高城市群或经济圈跨区域应急协调联动能力。

纳入专业应急救援力量，强化联动系统对专业救援力量的综合协调与指挥。目前，我国航空应急救援力量包括：军航救援力量（空军、陆军航空部队、海军航空部队）、应急管理部航空救援力量（南方航空护林总站、北方航空护林总站、森林消防局直升机支队）、交通部系统航空救援力量（救助飞行队）、公安部系统航空救援力量（警务航空队）、航空企业应急救援力量（公共运输航空企业）、社会航空救援力量（通用航空企业）。航空应急救援涉及多方主体，在既定的管理体制下，应当运用信息化的办法，强化专业力量的综合协调，避免多头管理。

推进应急联动系统向社会有效拓展，吸纳社会力量协同参与。实证研究表明，促进社会组织参与应急最重要的激励因素是获取有用的信息。目前，各级政府应急联动系统的协同范围主要在条块党政机构之间，缺少社会力量和单位的接入，双方应急共享不足。面对重大公共突

---

① 曹文正．湖北孝感应急联动机制建设的探索与实践．中国应急管理，2015（8）．

发事件，社会力量和单位的信息接入对于应急联动系统具有不可替代的作用。比如，新冠疫情防控指挥平台接入本地区社区、交通枢纽、重点企业、酒店宾馆、医院、学校、办公楼、商场、市场等人员密集场所疫情大数据，通过网格化管理，微调度平台，一旦出现情况能够快速预警、分析研判和科学处置①。2020 年 3 月 30 日，由济南站开往广州站的 T179 次客运列车，在湖南郴州境内发生脱轨侧翻事故，造成 1 人死亡，4 人重伤，123 人轻伤。事故发生的原因是连日降雨导致线路塌方，列车撞上塌方体。在事故发生前 11 分钟，有一位村民发现了铁轨上的塌方体，并拨打 110 报警，向列车挥衣示警，但未能阻止这场灾难。

在社会化介入应急联动系统方面，政府与社会组织在应急救援信息上隔绝程度高，制约了社会组织的协同参与。比如，遇险群众通过 119、110 等报警电话或登门提供的应急需求信息通常掌握在公安或消防部门手中，群众很少使用社会应急力量救援服务电话②。因此，欠缺专业化应急救援力量的基层应急联动系统建设要嵌入专业化的社会组织信息，定期向社会组织发布应急救援需求，并构建社会组织参与应急的申请、审核模块。

二、建设社会协同的应急物资信息平台

应急物资供给不足问题是突发事件应急通常面临的问题。随着改革开放以来的经济快速发展，我国应急物资保障和储备水平有了显著提高；但是无论是一些重大突发事件，还是一些小的突发事件，都反映出应急物资在突发事件状态下需求增大而保障供给存在严重紧张的问题。2008 年汶川大地震发生后，灾区严重缺帐篷；新冠疫情防控中，疫区口罩、防护服等物资短缺，有的地方在防控初期出现口罩“一罩难求”的紧张状态。在 2007 年北京西五环危化品事故应急救援中，简单的处置措施拖了近 9 个小时才实施，现场救援时间主要耽误在寻找不贵重但很关键的应急物资上，比如寻找接触卡车抱死装置的扳手用掉了 4 个小时，寻找刺破轮胎的利器用掉了 2 个小时。这些案例表明，应急物资保障是应急管理体系的“顽疾”，成为制约突发事件应急管理能力的瓶颈。

---

① 杨洋．基于新冠肺炎疫情视角的应急管理体系和能力建设思考．(2020-03-05). http://www.seie.com.cn/nd.jsp? id=341.

② 胡正凯．新的应急管理体制下社会应急力量的管理联动机制探索．中国应急救援，2019 (5)．

被访者——某省物资储备机构管理者： 应尽快建立大数据共享平台，提升政府部门信息化管理水平，提高工作效率。在此次疫情防控工作中，政府部门之间信息沟通不畅，重复统计、重复上报的矛盾较为突出。例如，小区居民身份信息社区已经通过技术手段收集，公安部门又要求小区居民再次填报，虽然统计口径要求有不同，但中间有大量信息属于重复填报，造成部分居民的不满。应建立大数据共享平台，减少重复性工作，减轻下级政府负担。

要构建全国统一的应急物资保障信息平台，推进应急物资储备各方协同联动，提升应急物资的供给能力。 我国应急物资储备体系结构包括政府应急物资储备、企业应急物资储备和家庭应急物资储备，储备方式包括实物储备、合同储备和生产能力储备等。随着突发事件态势的发展（从一般、较大、重大到特别重大），对应急物资的需求会从本地应急资源储备层面上升到区域应急资源储备层面，甚至国家应急资源储备层面（见图 10－1）。

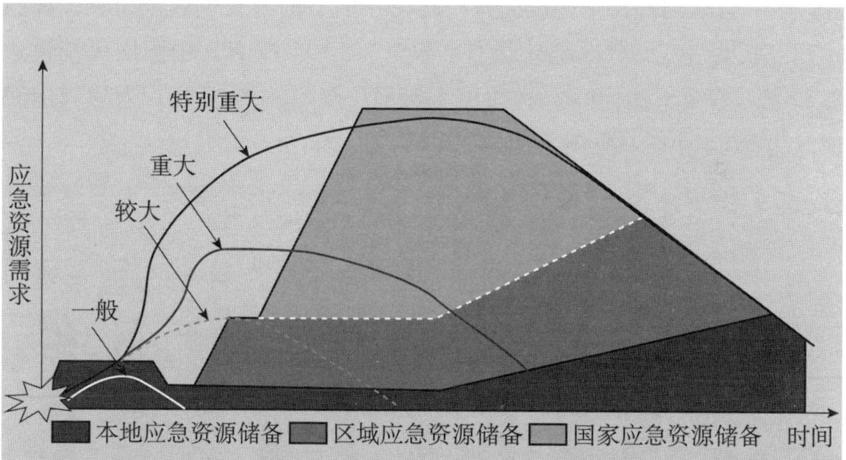

图 10－1　不同级别突发事件的应急资源需求与供给过程

资料来源：李湖生．各类突发事件应对异同及健全应急管理体系相关问题探讨．安全，2020，41（3）：10-17.

在应急资源供给和需求矛盾状态下，要强化政府自身储备体系建设，并利用社会物资储备，增强突发事件应急状态下的物资供给能力。但从政府储备看，我国应急物资分散在各个部门，联动性差，难以满足重大突发事件应急的整体性需求。在“分类管理”的应急物资管理体系下，国家应急物资储备与地方应急物资储备之间缺乏联动机制①。从社会化角度看，应急物资社会化能力不足，突发事件发生后，社会的应急物资资源没有得到有效调动。在加强政府应急物资储备体系建设、推进社会应急物资储备体系建设的同时，要利用信息化手段，建设统一的应急物资信息平台，提高应急物资的查找、调配和利用效率。

第二节　运用人工智能技术，推进协同应急智能化

当今世界，信息化技术发展日新月异，大数据、人工智能、区块链等技术的出现既影响着政府治理，也改变着应急管理。运用好新技术，可以为突发事件协同治理赋能、助力。线上已成为政府公共治理的重要“战场”，互联网普及率逐步提升，网民在网上的时长也逐步增长。根据中国互联网络发展状况统计调查，截至 2018 年 12 月，中国网民规模达 8.29 亿，普及率达 59.6%；我国手机网民规模达 8.17 亿；人均周上网时长为 27.6 小时（见图 10－2、10－3）。

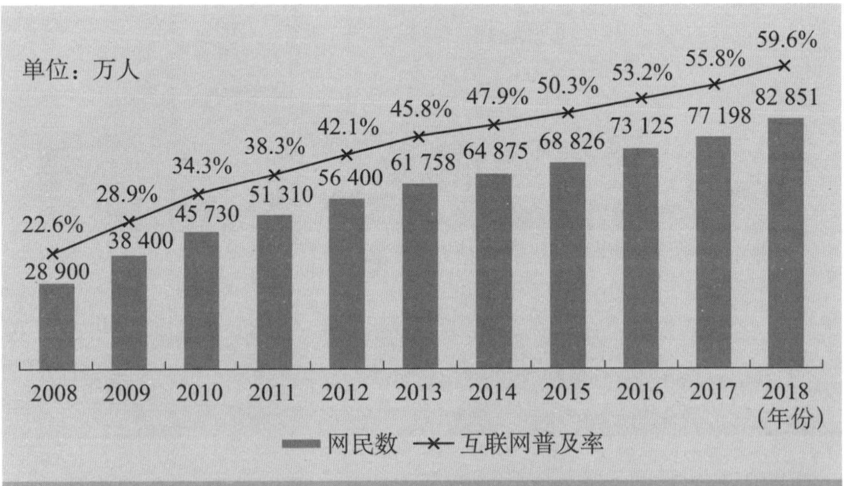

图 10－2　我国网民规模与互联网普及率

① 张红．我国应急物资储备制度的完善．中国行政管理，2009（3）．

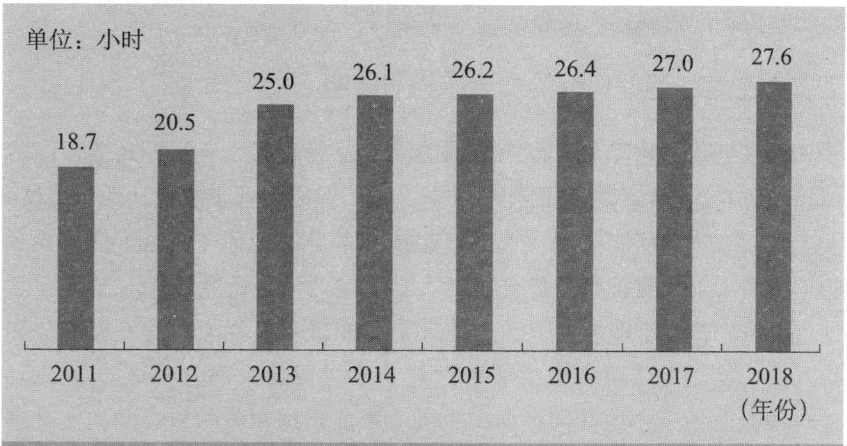

图 10-3　我国网民平均每周上网时长

一、人工智能技术对政府治理模式的影响

随着人类社会进入信息化时代，科技进步日新月异，政府治理模式也不断发生深刻变化，从最初的电子政府相继衍化为移动政务、开放政府、数字政府等（见表 10-1）。

表 10-1　人类社会各发展阶段及对应的政府治理模式

社会阶段	治理模式	表现形态	组织形态
前互联网时代	科层式治理	金字塔式组织结构，以管控为主	固态组织
互联网时代	网络治理	以电子政务为主要表现手段	固态组织
移动互联网、大数据时代	数字治理	以政务移动办理、便民一网通等为代表	半固态组织
人工智能时代	智能治理	以人工智能技术为代表，可以替代人员去感知、交互和辅助决策	液态组织

随着人工智能技术的应用，政府治理将进入智慧政府（也称智能化政府）时代。第一，政府治理在方式上表现为在人工智能技术支撑下实现智能化、整合化、个性化、交互化。智能政府治理的整合化方式必然促进科层式治理内部条块进一步协同；交互化方式必然促进政府与社会、公众之间进一步互动。第二，政府治理组织形态像商业组织变革一样，从“固态组织”走向“液态组织”，政府组织的柔性、协同性极大增强，政府治理依托智能化技术容易突破科层制组织的边界束缚，实现跨界协同。第三，在政府治理的结构上，人工智能技术助推政府治理结构从中

心化结构走向协同化、网络化的互动结构。

二、人工智能治理研究的发展态势与展望

纵观全球，随着人工智能技术的深入发展和广泛应用，人工智能治理相关研究逐渐兴起。在治理场景下，人工智能治理主要包括两个维度：人工智能影响和赋能治理、人工智能技术本身的治理。相对于理论界日趋丰富的人工智能研究态势分析，人工智能的治理研究还相对缺乏科学计量态势分析。治理视角下的全球人工智能研究呈现怎样的发展趋势和特点？中英文文献研究成果有哪些特点和差异？本部分尝试对 Web of Science 数据库、中国知网数据库中人工智能治理相关的核心期刊文献进行检索，运用科学计量和知识图谱方法，对人工智能治理相关的 5 000 多篇中英文文献进行比较分析。研究发现：第一，21 世纪初以来人工智能治理研究中英文文献大幅增长，这表明治理场景下人工智能理论知识生产正在全球兴起和发展。第二，人工智能的治理相关研究具有显著的自然科学与社会科学交叉的特点，创新“人工智能＋治理”的场景是理论研究发展的主要方向。第三，中英文文献的人工智能治理的聚类知识图谱具有明显差异，中文文献研究主要聚焦治理场景，英文文献研究主要聚焦传统管理场景。这些科学计量发现，对深化运用人工智能、推进治理创新的理论研究提供了启示。

本部分采用科学计量分析方法进行研究态势分析。科学计量分析方法是对科学研究文献与成果进行计量分析的科学研究方法。20 世纪 60 年代，“科学计量学之父”依据计量方法提出科学在量上的指数型发展规律①，科学计量作为科学研究的一种方法正式产生。1963 年，加菲尔德博士创立《科学引文索引》(SCI)，为科学计量的发展提供了数据基础。此后，依托科学数据库、各类软件分析工具，针对科学文献的科学计量学分析逐步成为科学研究、科学发展态势分析的一个成熟方法。国内外人工智能研究发展态势的论文基本上都采用了科学计量方法进行分析。在英文文献来源上，本部分数据采用科睿唯安公司的 Web of Science 数据平台，数据限定为 Web of Science 核心合集收录 SCI、SSCI 期刊文献（文献类型为 Article）。为提高数据库检索文献结果与人工智能治理相关研究结合的紧密度和代表性，文献检索统一采用“主题”字段进行检索，

① 普赖斯．小科学，大科学．北京：世界科学出版社，1982.

检索词采用“artificial intelligence”和“governance”、“artificial intelligence”和“government”、“artificial intelligence”和“policy”、“artificial intelligence”和“law”、“artificial intelligence”和“public”。文献检索日期为 2022 年 5 月 29 日（由于研究的时间单位是年，选择 2021 年作为终点年份），共计检索英文核心期刊文献 3 549 篇。在中文文献来源上，本部分采用中国知网学术期刊数据平台，文献类型限定为北大核心、CSSCI 核心收录的研究论文。为保障中英文文献分析结果的可比较性，文献检索统一采用“主题”字段进行检索，检索词采用“人工智能”和“治理”、“人工智能”和“政府”、“人工智能”和“政策”、“人工智能”和“法”、“人工智能”和“公共”。检索日期为 2022 年 5 月 29 日（2021 年为终点年份），共检索中文文献 2 824 篇。

（一）人工智能治理研究的分布与比较

1. 时间分布与比较

从人工智能治理相关文献发表时间来看，英文文献研究 2014 年左右开始增长，2017 年起呈现大幅增长态势，到 2021 年，英文文献研究成果达到了 1 329 篇/年（见图 10－4）。中文文献研究起步相对较晚一些，在 2016 年以后逐步增长，2018 年大幅增长，2020 年后，中文文献研究成果保持稳定，到 2021 年，中文文献研究成果达到了 692 篇/年（见图 10－5）。通过比较可以看出，中英文人工智能治理研究文献数量近年来随着人工智能的深入发展和应用都有显著提高，影响力也在不断增强。但相对英文文献的大幅增长而言，中文相关文献数量却呈现稳定发展态势。影响中英文文献数量增长差异的主要因素有：中英文文献发表的替代关

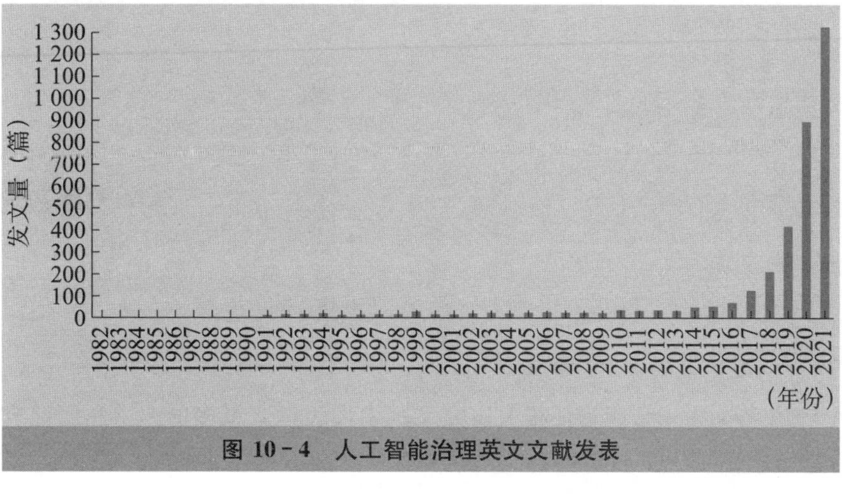

图 10－4　人工智能治理英文文献发表

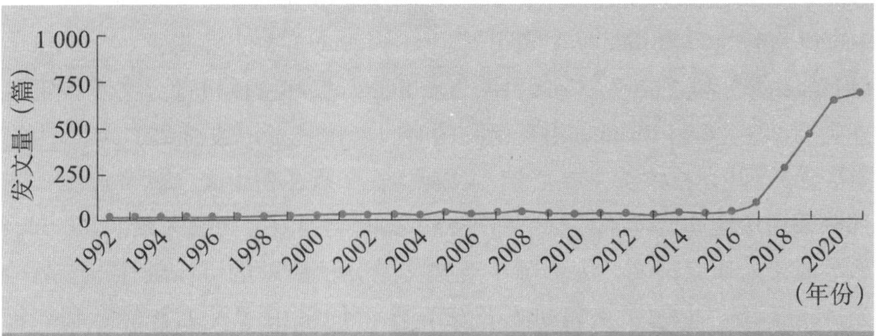

图 10-5　人工智能治理中文文献发表

系（在一流学科建设带动下，一部分国内成果以英文形式发表），国内人工智能治理研究可能尚未跟上技术应用和实践发展。

2. 国家地区分布与比较

在英文文献中，发表人工智能治理相关论文排名前十位的国家是美国、中国、英国、澳大利亚、加拿大、西班牙、印度、德国、意大利、韩国（见图 10-6）。美国、中国、英国三国发表的人工智能治理相关英文论文占比分别为 26%、21%、12%，论文发表数量占比均在 10%以上，美国、中国、英国在人工智能治理研究文献数量的领先地位，与其在人工智能研究文献数量的领先是同步的。如果加上国内的中文研究文献，我国人工智能治理相关成果规模在世界上应该是最大的。

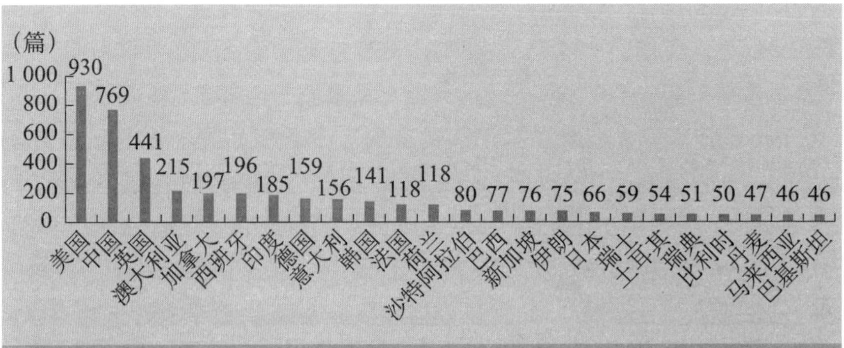

图 10-6　人工智能治理研究英文文献排名

3. 研究机构分布与比较

在英文人工智能治理相关研究文献中发表论文最多的大学和研究机构（前 10 位）有：欧洲研究型大学联盟、伦敦大学、加州大学系统、牛津大学、哈佛大学、中国科学院、斯坦福大学、伦敦大学学院、得克萨斯大学系统、法国国家科学研究中心，欧洲研究型大学联盟在英文相关研究机构中发表论文数量领先（见表 10－2）。人工智能研究是人工智能治理研究的基础，许多人工智能研究排名靠前的研究机构在人工智能治理研究中也处于前列。牛津大学、新加坡国立大学等机构虽然在人工智能研究中没有位列前 25，但在人工智能治理中位列前 25。在中文人工智能治理相关研究文献中发表论文最多的大学和研究机构有：清华大学、中国人民大学、武汉大学、北京师范大学等，清华大学在人工智能治理相关研究机构中发表论文数量领先（见图 10－7）。从中文文献发表单位的所在地来看，国内人工智能治理相关研究的知识创新地区和城市主要是北京、武汉、上海、杭州、南京等，中国科学院和有关重点大学是人工智能治理研究的关键行动者。

表 10－2 英文人工智能治理、人工智能相关研究机构与发表论文数量（前 10 位）

人工智能治理英文论文发文排名				人工智能英文论文发文排名			
排名	所属机构	论文（篇）	百分比	排名	所属机构	论文（篇）	百分比
1	欧洲研究型大学联盟	210	5.9	1	欧洲研究型大学联盟	1 584	3.8
2	伦敦大学	87	2.5	2	中国科学院	759	1.8
3	加州大学系统	70	2.0	3	加州大学系统	711	1.7
4	牛津大学	70	2.0	4	伦敦大学	559	1.3
5	哈佛大学	61	1.7	5	哈佛大学	530	1.3
6	中国科学院	51	1.4	6	国家科学研究中心	485	1.2
7	斯坦福大学	51	1.4	7	法国研究型大学	456	1.1
8	伦敦大学学院	41	1.2	8	伊斯兰阿扎德大学	422	1.0
9	得克萨斯大学系统	38	1.1	9	埃及知识库	393	0.9
10	法国国家科学研究中心	37	1.0	10	斯坦福大学	387	0.9

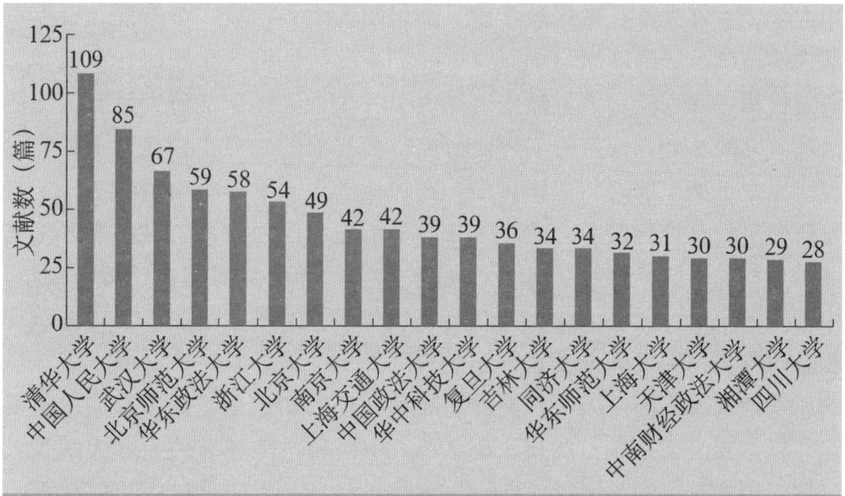

图 10-7　中文人工智能治理相关研究机构与发表论文数量（前 20 位）

4. 学科分布与比较

在英文文献中，研究相关人工智能治理最多的前五位学科领域是计算机科学、工程学、通信、科学技术其他主题、政府法律。在中文文献中，研究相关人工智能治理最多的前五位学科领域是自动化技术、计算机、行政学与国家行政管理、信息经济与邮政经济、中国政治与国际政治。从中英文文献的学科分布来看，人工治理的治理研究具有明显的科学与人文交叉学科属性，英文文献人工智能治理研究主要以科学学科为主，中文文献人工智能治理研究主要以人文社会科学为主。

（二）人工智能治理研究的前沿热点与比较

基于上述的中英文文献数据，本部分运用 Citespace 科学计量分析软件对这些文献的关键词分别进行共现分析、聚类分析、突变词分析，找出理论研究的关键聚焦点、知识图谱与未来的热点趋势。

1. 关键词共现分析和聚类分析

关键词共现分析是考察在文献研究中关键词共同出现的频次，关键词在文献中共同出现的频次越多，越能反映该关键词是研究的共同热点和共同趋势。本部分运用 Citespace 软件绘制了关键词共现知识图谱。

首先，从关键词共同出现的频次来看，在中文文献中，围绕在人工智能、机器人关键词周围频次最多的治理内容和主题是社会治理、政府治理、数据治理、国家治理、风险治理。这表明，这些方面的治理场景和治理任务是中国人工智能治理研究的主题。在英文文献中，围绕在人工智能、机器学习关键词周围频次最高的治理内容和主题是模型、管理、优化、网络等（见表 10－3）。我们发现，治理（governance）并未出现在英文文献高频关键词中，这表明在人工智能治理研究中，两者有明显的区别，不能简单等同使用。

表 10－3　中文、英文文献人工智能治理研究的关键词及出现频次（前 20）

	中文文献			英文文献		
频次排名	关键词	记录频次	年份	关键词	记录频次	年份
1	人工智能	909	2000	artificial intelligence	1 328	2000
2	机器人	196	2000	machine learning	359	2001
3	大数据	132	2015	model	242	2000
4	数字经济	62	2018	neural network	225	2000
5	算法	53	2002	system	214	2004
6	社会治理	40	2018	big data	197	2017
7	政府治理	36	2017	deep learning	197	2017
8	区块链	34	2018	learning (artificial intelligence)	160	2014
9	治理	33	2018	algorithm	126	2000
10	数据治理	32	2018	reinforcement learning	123	2008
11	路径规划	32	2007	manangement	118	2016
12	国家治理	25	2014	prediction	111	2013
13	智能化	25	2019	design	110	2001
14	全球治理	24	2017	classification	108	2002
15	学习	24	2000	framework	100	2012
16	智能时代	23	2019	technology	97	2017
17	智慧社会	23	2018	impact	92	2015
18	深度学习	22	2017	artificial neural network	91	2001
19	风险治理	22	2018	optimization	89	2012
20	机器学习	21	2011	network	84	2006

其次，从关键词聚类分析看，根据关键词聚类大小，本部分提取前十大关键词中英文文献聚类，分析和比较中英文人工智能研究聚类知识图谱。英文文献形成了十个大的知识聚类组团，从大到小依次为人工神

经网络、决策、未来工作、资源分配、法律、数据治理、风险因素、深度学习、学习、数据模型。在这些聚类中，排除技术性强的知识组团，治理视角下的人工治理理论研究知识图谱主要是决策、资源分配、法律、数据治理、风险因素。这些主题是英文人工智能治理相关研究形成的核心知识领域，体现着传统管理研究的场景特征。

在中文文献上，按照聚类大小，人工智能治理的中文理论研究形成的十个知识聚类（从大到小依次排列）是机器人、人工智能、学习、金融科技、治理、计算、技术治理、图像处理、数据治理、公众参与。在这些聚类中，排除技术性强的知识组团，治理视角下的人工治理理论研究知识图谱主要是技术治理、数据治理和公众参与。通过与英文文献的聚类分析比较，数据治理是中英文文献形成的共同的大聚类组团。

2. 突变词分析（趋势分析）

突变词是在一定时期内词频发生显著变化的词语或词组。对关键词的突变词分析可以反映学科研究的新兴研究热点。2000—2021 年，在人工智能治理相关的中文文献研究中，突变关键词有 25 个。2000 年左右出现，并持续受到关注的突变词有学习、决策系统、机器人、图像处理、知识工程等。2021 年，新涌现的突变词有政策工具、风险与政务服务（见图 10－8）。2000—2021 年，人工智能治理相关的英文文献研究中，突

图 10－8 人工智能治理相关中文文献的突变词（2000—2021 年）

变关键词有 28 个。2000 年左右出现并持续受到关注的突变词有专家系统（expert system）、模糊逻辑（fuzzy logic）、知识管理（knowlege management）、数据挖掘（data mining）、决策支持系统（decision support system）等。2019—2021 年，新涌现的突变词有法律（law）、人工智能学习[learning（artificial intelligence）]、神经网络（neural net）、监控（object detection）等（见图 10－9）。

前 20 位突变词

突变词	年份	强度	开始	结束
expert system	2000	6.63	2000	2019
fuzzy logic	2000	4.93	2001	2017
knowledge management	2000	4.54	2001	2017
data mining	2000	4.22	2002	2016
decision support system	2000	5.68	2003	2018
artificial neural network	2000	10.61	2007	2018
model	2000	6.35	2009	2017
ant colony optimization	2000	3.75	2009	2016
genetic algorithm	2000	5.25	2010	2018
algorithm	2000	8.36	2011	2018
multi-agent system	2000	6.24	2011	2019
system	2000	3.99	2011	2012
support vector machine	2000	4.99	2012	2018
optimization	2000	4.71	2012	2017
prediction	2000	6.65	2013	2017
learning(artificial intelligence)	2000	16.28	2017	2021
law	2000	4.92	2017	2019
neural net	2000	4.4	2018	2021
surveillance	2000	4.27	2019	2021
object detection	2000	3.94	2019	2021

图 10－9　人工智能治理相关英文文献的突变词（2000—2021 年）

（三）对人工智能治理研究的启示与展望

2018 年，习近平总书记在十九届中央政治局第九次集体学习时明确指出：运用人工智能提高公共服务和社会治理水平。2019 年，习近平总书记在《关于〈中共中央关于坚持和完善中国特色社会主义制度 推进国家治理体系和治理能力现代化若干重大问题的决定〉的说明》中明确指出，更加重视运用人工智能、互联网、大数据等现代信息技术手段提升治理能力和治理现代化水平。人工智能已成为我国推进国家治理现代化的重要手段之一，也是我国治理现代化研究的重要理论主题之一。在人工智能技术深入发展和广泛应用的背景下，中英文人工智能治理相关理论研究有了迅速发展，形成了各具特色的聚类知识图谱。这些理论研究态势对深化人工智能治理相关研究提供了启示。

1. 创新“人工智能＋治理”理论研究场景

中英文文献分析表明，人工智能治理相关研究具有自然科学与社会科学紧密结合的交叉学科研究特性。人工智能治理相关研究的发展需要不断创新和发展“人工智能＋治理”理论研究场景。首先，聚焦国内外理论知识图谱。比如，根据共现与聚类分析，英文文献研究可以围绕决策、资源分配、法律、数据治理、风险因素等主题，深化人工智能治理研究；中文文献可以围绕技术治理、数据治理和公众参与等主题，深化治理相关研究。其次，瞄准新的研究热点。比如，根据共现与聚类分析，英文文献研究可以围绕法律、人工智能学习、神经网络、监控等突变词开展热点研究，中文文献可以围绕政策工具、风险与政务服务等突变词开展热点研究。最后，拓展和聚焦人工智能赋能治理的实践新场景。实践是理论生成和发展的源头，人工智能治理理论场景的创新根本上取决于创新的实践场景。应针对人工智能技术自身治理、人工智能赋能治理，积极推进实践创新，为理论研究奠定坚实的基础。重点针对全球抗击新冠疫情实践场景中的人工智能技术治理，深化人工智能技术自身治理、人工智能赋能治理的理论研究。比如，在新冠疫情中，在人与人难以直接接触的条件下，运用人工智能技术（智能机器人进行核酸检测排查）能够显著提升政府治理、社会治理的能力。

2. 在文献指数增长规律中增强国内理论研究优势

我国开展人工智能治理相关理论研究具备显著的优势和丰富的需求。人工智能治理相关研究发展创新不仅需要具备人工智能科学技术基础，还需要丰富的人工智能治理需求、治理实践予以支撑。从第一个条件看，作为大国，我国大力发展人工智能技术，在技术方面拥有了较好的非对称竞争优势。当前，从人工智能研究发表的英文文献看，我国居全球第二位。从第二个条件看，党的十八届三中全会以来，我国大力推进国家治理体系和治理能力现代化建设，国家治理、地方治理、基层治理、行业治理、单位治理等各类治理场景创造了难得的人工智能技术应用需求。大力发展人工智能技术、推进国家治理现代化建设为人工智能治理研究创造了难得的机遇和条件。从人工智能治理英文文献数量变化趋势看，人工智能治理仍然属于新兴研究领域，文献数量变化体现着指数型增长规律。相比而言，中文文献数量保持稳定，还未显现出指数型增长规律。中英文文献数量动态变化的差异表明，在参与国际知识图谱的构建中，应加强国内人工智能治理的相关研究。首先，应鼓励和支持国内人工智能治理相关研究，更好服务推进国家治理现代化的需求。其次，应聚焦人工智能应用到治理中面临的基础性理论问题开展研究。根据调研，当前人工智能在社会治理、行业治理应用上还存在一些认识误区，影响了人工智能的治理赋能和治理应用。这些常见的认识误区主要包括：认为“人工智能会取代人类工作”，对人工智能产生抵触态度；治理主体对人工智能期望值过高；治理主体不愿意把真实数据交给人工智能处理；治理主体不愿意把行业经验交给人工智能学习；治理主体对人工智能应用机器学习的过程缺乏耐心；等等。从认识上解决制约人工智能治理的理论问题，有利于进一步丰富和拓展人工智能治理实践场景。最后，应结合中国本土化治理场景，创造更为丰富的本土化人工智能知识图谱、知识体系，把本土化的知识有效转化为全球性的知识，为全球人工智能治理相关研究做出积极的贡献。

三、人工智能对突发事件应急管理的影响

作为政府治理的重要内容，应急管理也会受到人工智能技术的驱动，走向智能化应急（智慧应急）时代。人工智能技术对突发事件的影响表现为：

第一，增强事前风险辨识、预警与感知能力，推动突发事件治理关口前移。人工智能技术可以帮助实现公共卫生风险辨识智能化。在新冠疫情中，人工智能技术可应用于各类公共场所（火车站、汽车站、地铁站、机场）等高密度人员流动场景下，辅助工作人员快速定位体温异常者。人工智能技术可以帮助实现安全生产风险辨识智能化。在企业生产安全监管中，运用人工智能技术能够实现现场作业全过程的实时监控，智能识别、预警生产中的各类技术场景化的安全风险（包括微信作业方式）。人工智能技术可以帮助实现自然灾害风险识别智能化。例如，天津市气象局科研团队对积水实时监测，利用人工智能自学习系统快速推算，分钟级自动监测城市内涝和道路积水。

有问卷调查受访者指出，突发事件应对要把信息化、智能化筛选识别与资源调配的作用发挥到极致。这次疫情，许多关卡及社区登记检查、管控手段原始，策略一天一变，应该有一套全民应急的智能化启动和管控的硬件系统和人员力量，实行真正的全国一盘棋。

第二，作为辅助技术和手段，提高了应急决策能力。突发事件发生

后，时间紧张、信息不充分的外在条件对管理者科学决策造成一定的限制。管理者应急决策需要更多的信息和经验支持。对案例进行分析是一个优化决策信息供给的重要方向。运用案例推理技术对以往发生的同类案例进行分析，找出有关的决策信息和经验，有利于科学决策。人工智能技术的新兴方向案例推理技术在应急决策中具有广阔的应用前景①。

> **被访者——某县应急管理局局长：**要鼓励应急物资智能化管理及预案数字化技术研究与应用，在事故状态下可帮助各职能部门快速进入应急状态进行响应，快速传达信息指令和准确调度资源。要强化统一领导原则，规范多重主体介入响应的权力关系。

第三，人工智能辅助辟谣，能优化应急信息发布与沟通。突发事件的发生往往伴随着谣言的滋生与传播，对应急信息发布和应急沟通造成干扰，有的谣言甚至造成线上网络舆情、线下紧张的状态。人工智能技术拥有深度学习机制，可以从源头上识别、控制谣言。比如，阿里巴巴发布了一项粉粹网络谣言和假新闻的 AI 技术——“谣言粉碎机”。

人工智能技术是社会接受最快的一种信息化、数字化新技术，在促进公共治理、协同治理上具有较快的广泛应用前景。作为一项科技创新成果，人工智能也是一把“双刃剑”。在发挥人工智能技术对应急的积极作用的同时，也要对其进行规制，避免其可能产生的消极作用。比如，算法推送可能影响应急公平性，放大传播风险。

技术进步是重大突发事件风险防控和应对的工具，而反过来看，重大突发事件也会促进技术的社会应用，推动社会生活、商业经营、政府治理实现数字化转型。在新冠疫情防控中，信息化技术发挥了不可替代的作用。长期来看，这种影响有可能从根本上促进我国政府、产业、企业和社会的行为模式转变，为我国经济社会的全面数字化转型带来新的机遇，推进全社会的数字化进程②。

---

① 黄超，佘廉．文本案例推理技术在应急决策中的应用研究．情报理论与实践，2015（12）．

② 吴静，张凤，孙翊，等．抗疫情助推我国数字化转型：机遇与挑战．中国科学院院刊，2020（3）．

第十一章 推进公共卫生风险协同治理

第一节 坚持底线思维，防范化解重大风险

习近平总书记在省部级主要领导干部坚持底线思维着力防范化解重大风险专题研讨班开班式上强调，各级要坚持守土有责、守土尽责，把防范化解重大风险工作做实做细做好。这一要求是在深入分析和准确把握当前外部环境的深刻变化和改革发展稳定面临的新情况新问题新挑战的基础上提出的，我们要从强化认识、提升能力、完善机制等方面着手，以钉钉子精神做实做细做好有关工作，坚决打好防范化解重大风险之战。党的二十大报告明确要求，健全公共卫生体系，提高重大疫情早发现能力，加强重大疫情防控救治体系和应急能力建设。

一、牢固树立底线思维，全面强化风险意识

增强忧患意识，做到居安思危，是我们党治党治国始终坚持的基本方针。习近平总书记指出，要善于运用底线思维的方法，凡事从坏处准备，努力争取最好的结果，做到有备无患、遇事不慌，牢牢把握主动权。当前，我国形势总体上是好的，但也面对着波谲云诡的国际形势、复杂敏感的周边环境、艰巨繁重的改革发展稳定任务。只有坚持底线思维，不断强化风险意识、忧患意识，才能在世界处于百年未有之大变局中赢得机遇、赢得挑战，实现中华民族伟大复兴。

管理学理论认为，风险是指突发事件发生的不确定性，对风险的判断主要取决于风险的发生概率和其可能造成的损失程度。实践中，管理者由于风险意识不强，容易产生过分自信的现象，陷入风险的认知误区，

最终导致重大风险发生。缺乏风险意识主要集中在两个方面：一是对发生概率小、造成损失巨大的重大风险事件（“黑天鹅”事件）缺乏警惕性；二是对发生概率大、未来潜在损失巨大的重大风险事件（“灰犀牛”事件）缺乏防范意识。这要求我们必须把风险意识提高到重要位置。

要始终对可能产生重大影响的“黑天鹅”事件保持警惕。党的十九大报告明确提出：“坚决打好防范化解重大风险、精准脱贫、污染防治的攻坚战。”作为“三大攻坚战”之首，防范化解重大风险是立足全局、着眼长远的战略性安排。站在新的历史起点上，我国发展既面临重大历史机遇，也面临不少风险挑战：有外部风险，也有内部风险；有一般风险，也有重大风险。对此，我们要常观大势、常思大局，清醒认识和高度警惕政治、意识形态、经济、科技、社会、外部环境、党的建设等领域的重大风险。在工作中，坚持做到“不忽视一个风险，不放过一个隐患”，对重大风险进行全面梳理和排查，抓住要害，找准原因，果断决策，有效处置。

要始终防范习以为常却蕴含重大风险的“灰犀牛”事件。经常发生的小事件常常被人们忽视，但其中往往蕴藏着重大风险。安全科学理论中的海恩法则认为，每一起严重事故的背后，必然有 29 次轻微事故和 300 起未遂先兆以及 1 000 起事故隐患。领导干部要善于从事物的征兆和苗头中发现其所蕴含的重大风险，从而严加防范和管理；要善于从习以为常的小事件中总结和分析，举一反三，防范重大风险。领导干部还须对突出矛盾保持责任意识，要去主动解决而不是回避推卸，努力做到发现在早、处置在小；要把握重大风险演变过程中量变与质变的关系，防止小风险向重大风险演化。

二、提高重大风险的预防和化解能力

风险总是与社会发展共生共存，这就决定了重大风险的防范化解能力已成为领导干部领导能力、执政能力的重要组成部分。我们既要有防范风险的先手，也要有化解风险的高招；既要打好防范和抵御风险的准备之战，也要打好化险为夷、转危为机的攻坚战。

要切实提升重大风险的预防和遏制能力，打好防范化解风险的有准备之战。东汉史学家荀悦在《申鉴·杂言》中说，对于风险要“防为上，救次之，戒为下”。新公共管理理论也认为，管理的目的不是花钱去“疗伤”，而是要善于花钱“预防”。要坚持关口前移，提升重大风险的预防和遏制能力，力争不出现重大风险，即使出现重大风险也能扛得住、过得去。在准备方面，重点要针对重大风险事件，事先制定和完善防范预案体系，做到有备无患。要按照重大风险情景—任务—处置能力的预案编制模式，强化防范重大风险的关键能力建设。

要切实加强重大风险的应对和化解能力，打好防范化解重大风险攻坚战。注重加强重点领域重大风险的防范和化解。在防范化解政治和意识形态领域重大风险上，持续巩固壮大主流舆论强势；加快建立网络综合治理体系，推进依法治网；高度重视对青年一代的思想政治工作。在防范化解经济领域重大风险上，主动平衡稳增长和防风险的关系，精准研判、妥善应对经济领域可能出现的重大风险；稳妥实施房地产市场平稳健康发展长效机制方案；加强市场心理分析，做好政策出台对金融市场影响的评估；切实做好稳就业、稳金融、稳外贸、稳外资、稳投资、稳预期工作。在防范化解科技领域重大风险上，完善国家创新体系，提高创新体系整体效能。在防范化解社会领域重大风险上，下大气力解决好人民群众切身利益问题，坚持保障合法权益和打击违法犯罪两手都要硬。在防范化解外部环境重大风险上，要加强海外利益保护，确保海外重大项目和人员机构安全，完善共建“一带一路”安全保障体系。在防范化解党的建设领域重大风险上，坚决打好反腐败斗争攻坚战、持久战。与此同时，要善于通过改革的方式防范化解重大风险。有的重大风险的形成主要源于改革的滞后。随着改革进入深水区和攻坚期，我们必然遭遇各类风险挑战，因此只有深入推进改革，才能从根本上防范和化解重大风险。

三、加强重大风险的防控机制建设

在强化认识和提升能力的基础上，领导干部履行和落实防范化解重大风险责任，还要依靠建立健全重大风险防范机制，推进重大风险防范工作制度化、规范化、高效化。

第一，着力建立健全重大风险研判机制。首先，建立完善的重大风险识别机制。风险识别是风险防范的第一步，主观的风险认知必须符合客观的风险实际，只有正确进行风险识别，才能做出科学的风险判断。因此，必须基于风险事实，对风险性质、发生概率和严重程度做出准确的判断。其次，建立完善的重大风险数据平台支撑机制。在方法上，要坚持定性和定量分析相结合，运用大数据等现代信息技术，构建重大风险的信息基础数据库，实现各类风险信息的采集、整合和共享，提高研判的信息化水平。再次，建立完善的重大风险监测与预警机制。运用大数据技术和手段，重点针对经济和金融、社会、国防等领域，建立重大风险监测与预警平台。最后，建立完善的专业化重大风险研判机制。广泛吸收专家、媒体和公众参与，经过多元主体研讨、协商、比较、权衡，消除重大风险认知偏差，提高重大风险研判质量。

第二，着力建立健全重大风险评估机制。“不治已病治未病，不治已乱治未乱”。对于重大风险防范的理想境界是事前防范与控制，通过强化事前评估与管理，防患于未然，力争风险发现在早、防范在先。风险评估与管理是降低重大风险发生可能性的重要手段。要建立完善重大风险的评估和管理体系，从源头上消除和减少风险；同时，建立健全涉及广大群众切身利益的重大公共决策风险评估机制。重大风险的产生既有外在因素，也有内在因素。在内在因素中，决策不当或失误往往容易造成重大社会风险，这种社会风险具有原生性、高度关联性、长期潜伏性等特征。因此，从制度层面要把风险评估列入重大行政决策的法定程序，要能从风险评估结果中找到排除、防控和化解重大风险的方法和举措。

第三，着力建立健全重大风险防控协同机制。重大风险的发生和演变往往会打破常态管理中明确的专业化分工界限，出现跨地区、跨部门、跨层级、跨主体的现象，这就决定了重大风险的防控与治理需要更有效的协同机制予以支撑，促进各方面相互沟通、相互配合、共同行动，形成风险防控合力。要注重加强各地区、各部门的信息共享机制、沟通协作机制、组织领导机制建设，改变“铁路警察各管一段”的分散化、碎片化管理方式，实现跨地区、跨部门的重大风险防控有机协同联动。要注重强化社会参与和社会协同机制建设。社会力量在重大风险治理中具有明显的治理优势，要充分发挥社会力量的作用，建立有序的参与机制，实现单一的政府风险管理模式转变为多元参与的风险防治模式。

第四，着力建立健全重大风险防控责任机制。重大风险的防控责任不仅是针对某一层级组织和领导干部，各级组织和领导干部都有责任抓好风险防控工作。重大风险的防控要坚持一级抓一级、层层抓落实的原则，建立有效的责任机制，确保重大风险防控机制建设的落地和实施。要明确防范化解重大风险的领导责任，从上至下，形成完整的责任链，实现重大风险“无缝隙”防范化解。

第二节　我国重大公共卫生风险治理的制度优势

面对突如其来的新冠疫情，在以习近平同志为核心的党中央的坚强领导下，我国国家治理体系正发挥着无可比拟的显著制度优势。立足长远，在我国国家治理体系和治理能力现代化建设过程中，要提升重大公共卫生风险治理能力，进一步把制度优势转化为治理效能，满足人民群众日益增长的安全和健康需求。我国国家制度和治理体系是集中力量办大事的好制度。党的十九届四中全会系统总结了我国国家制度和治理体系的显著优势。其中，集中力量办大事的显著优势，不仅体现在建设重大工程、举办重大活动等常态事项方面，还突出地体现在应对重大突发事件等非常态事项中。2003 年抗击“非典”，2008 年应对汶川特大地震，都说明了我国具备有效应对重大突发事件无可比拟的制度优越性。

一、开展重大公共卫生风险治理的制度优势

（一）抗击重大公共卫生风险的制度韧性

依托集中力量办大事的显著制度优势，我国治理体系拥有应对重大公共卫生风险的强大制度韧性。现代风险管理理论认为，风险的大小不仅取决于发生概率大小和造成损失多少等两个传统因素，还取决于社会系统的脆弱性程度。韧性是脆弱性的反面，提高治理体系的韧性，可以有效降低社会系统的脆弱性，进而降低和控制风险总量。从理论上看，提高制度和治理韧性是现代风险管理的创新路径。在党的坚强领导下，我国集中力量办大事的制度优势能够集中来自政府、市场和社会等多方面的力量，形成了相互联系、相互协同的稳定制度结构。集中力量办大事的制度优势不断增强重大公共卫生风险治理所需的制度韧性，不断增强社会应对重大风险的制度免疫力和抵抗力。

（二）对冲重大公共卫生风险的制度力量

依托集中力量办大事的显著制度优势，我国治理体系拥有应对重大公共卫生风险的强大制度威力。突如其来的重大公共卫生风险不仅破坏性强、扩散速度快，而且呈现出明显的跨部门、跨层级、跨区域、跨国

界等跨界性特征，传统的分散化应急管理模式往往难以奏效。只有依托集中力量办大事的制度优势，才能在短时间内打破条块分割、区域分割，实现全国一盘棋，形成战胜重大公共卫生风险扩散的战斗力，赢得最终的胜利。我国的制度和治理体系是与疫情赛跑、赢得胜利无可比拟的条件和保障，也是打赢疫情阻击战的制度信心所在。

面对新型疫情，党中央集中统一领导、统一指挥，进一步发挥和放大了我国的制度和治理优势。要增强制度自信，增强制度执行力，用制度威力应对重大突发公共卫生事件的挑战。在疫情发生后，中央高度重视、强力部署，公众对政府应急管理的有效性评价增高。问卷调查显示，在疫情发生前，问卷受访者对政府应急管理能力评价平均值为7.41；在疫情发生后，问卷受访者对政府应急管理能力评价平均值增长到了8.17（见图11-1、11-2）。

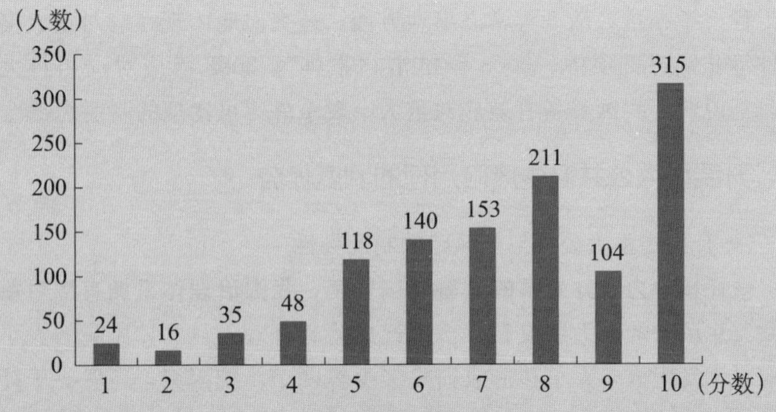

最小值	最大值	平均值	标准差	方差	样本量
1	10	7.41	2.30	5.27	1 164

图11-1　疫情发生前政府的应急管理能力有效性评价调查

二、提高重大公共卫生风险治理能力的路径

制度体系和治理体系的优势是应对重大公共卫生风险的静态“物理基础”。在治理实践中，还要提高重大公共卫生风险治理能力，把制度优势转化为治理效能，不断催生出动态的“化学反应”。基于公共管理、应急管理和风险管理的理论，结合新冠疫情防控的经验和教训，我们认为

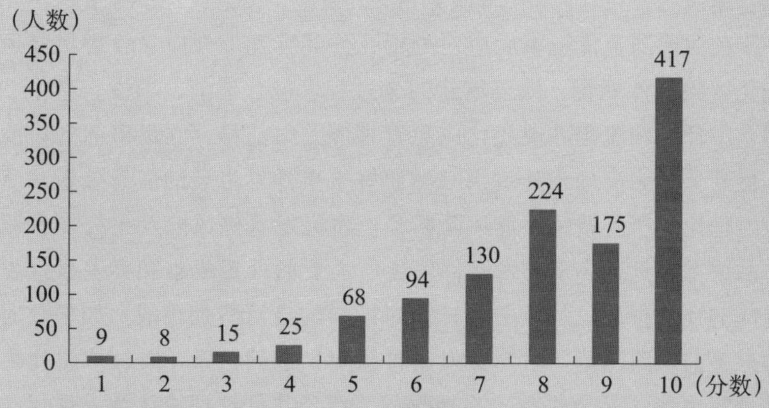

最小值	最大值	平均值	标准差	方差	样本量
1	10	8.17	1.95	3.80	1 165

图 11-2　疫情发生后政府的应急管理能力有效性评价调查

提升重大公共卫生风险治理能力的主要路径有：

（一）立足源头治理，控制风险源

突发事件和危机事件的本质是风险，公共卫生突发事件的本质就是公共卫生风险。应急管理理论认为，应急管理的最高境界是无急可应、无危可救。这就说明应急管理是一个全过程管理，它不只是事发后的应急处置和救援，还包括事前的风险管理、预防和准备。

一方面，从根本上提高公共卫生风险治理能力，要从源头入手，聚焦风险源，控制产生重大公共卫生事件的风险源。加快禁止非法野生动物交易、革除滥食野生动物陋习等相关立法，坚决取缔和严厉打击非法野生动物市场和贸易，从源头上控制重大公共卫生风险。

另一方面，关口前移，加强公共卫生和疾病预防控制体系建设，避免小病酿成大疫。公共管理理论认为，政府管理的目的是“使用少量的钱预防，而不是花大量的钱治疗”。在公共卫生风险治理方面，目前仍然存在“重处置、轻预防”“重治病、轻预防”的思想和理念，公共卫生风险预防在整个医疗卫生体系中呈现被弱化和边缘化的态势。公共卫生风险管理要关口前移，坚持底线思维，着力防范和化解重大公共卫生风险，做好事前的风险防控。在医疗卫生公共服务体系建设中，着力强化公共卫生和防疫服务体系建设。与一般医疗服务不同，公共卫生和防疫服务具有极强的公共性，政府要将其作为百年大计，加强对公共卫生和防疫服务的投入，加强对公共卫生和防疫服务相关的设施、设备和人才的投资。

事前风险防范优于事后应对处置。公共突发事件应急管理贯穿风险防范化解到事件处置、恢复重建的全过程，包含事前、事发、事中、事后等基本环节和流程。现代化应急管理应关口前移，立足事前的风险防范，做到从源头治理，其效果必然要好于事件发生后的应急处置。从成本收益理论分析，做好事前风险防范，将突发事件风险及早控制在萌芽状态的成本要远远小于突发事件发生所需要的处置成本和突发事件发生所造成的社会损失。从收益看，面对同样的疫情防控挑战，如果政府能够做好事前风险防范，阻断突发事件风险扩散的链条，能够取得比事后风险处置更多的社会收益、治理收益。新公共管理理论认为，现代政府应当是有“预见”的政府，应使用少量钱预防，而不是花大量钱治理①。应急管理理论认为，无急可应是应急管理的最高境界。坚持关口前移，加强事前风险防范是达成应急管理最高境界的基本方式。危机管理的“火山原理”认为，危机事件的发生像火山喷发现象发生一样，事前风险就是“火山”山体内的隐性“岩浆”，当风险达到高危状态时就会转化为危机事件。从这一原理看，事前风险防范从源头上消除了危机发生的隐性“岩浆”，降低了危机事件发生的可能性。

从我国疫情防控实践看，事前风险防范优于事后应对处置。在新冠疫情防控早期，武汉之所以没有控制住疫情的一个原因是：在疫情初期风险意识不足，没有及时出台防范措施。2020 年 1 月 24 日中午 12 点左右，作为疫情暴发的中心地湖北省才宣布启动重大突发公共卫生事件一级响应。相比而言，浙江在疫情初期强化了风险防范，1 月 23 日上午宣布启动一级响应，成为首个启动重大突发公共卫生事件一级相应的省份，及时阻断了疫情的蔓延。

从国别比较来看，中国疫情防控取得重大战略性成果的经验和西方国家新冠疫情防控不力的教训表明，对于新冠这样的全球重大公共卫生疫情，政府必须做好事前防范，及时果断采取措施，“赶早不赶晚”，迅速遏制疫情风险的蔓延和扩散。疫情发生以来，中国与主要发达国家疫情防控比较的一个显著差异是：在疫情初期，党和政府有较高的事前风险防范意识，果断采取有效措施，从源头上遏制住了新冠的大规模扩散

① 奥斯本，盖布勒．改革政府：企业精神如何改革着公营部门．上海：上海译文出版社，1996.

和蔓延。

为此，遵循预防为主的方针防控公共卫生突发事件，要做到：

第一，坚持底线思维，强化风险防控意识。党的十八大以来，以习近平同志为核心的党中央在工作中多次强调防范化解重大风险。2017 年，党的十九大报告指出，坚决打好防范化解重大风险、精准脱贫、污染防治的攻坚战。2018 年，习近平总书记在学习贯彻党的十九大精神研讨班开班式上强调：做到增强忧患意识、防范风险挑战要一以贯之。2019 年，习近平总书记在省部级主要领导干部坚持底线思维着力防范化解重大风险专题研讨班开班式上强调，提高防控能力着力防范化解重大风险。防范化解重大风险的工作和理论学习，加强了中国各级领导干部的底线思维以及防范化解重大风险的意识和能力。2020 年 1 月，中国将新冠肺炎纳入《传染病防治法》规定的乙类传染病范围，并对之采取甲类传染病的预防、控制措施。从牛津大学的疫情防控严格指数看，中国疫情防控严格指数在 2020 年 1 月就迅速提高到高水平，3 月，湖北首次新增确诊病例清零，中央政府和地方各级政府大规模防疫告一段落；而主要发达国家疫情防控严格指数在 2020 年 4 月才提高到较高水平。遵循以预防为主的方针防控公共卫生突发事件要求牢固树立底线思维，把防范化解风险放在公共卫生突发事件应急管理的首要位置，提高风险意识和忧患意识，防止麻痹大意、盲目自信。

第二，加强事前风险科学研判，强化风险隔离。首先，要迅速进行流行病学调查溯源，锁定风险源。例如，2020 年 6 月 11 日，北京疾控中心收到西城区首例确诊报告后，不到 22 小时就锁定“震中”新发地农产品批发市场。在信息报送上，实行“逢阳必报、逢阳即报、接报即查”，强化了上下级之间、政府与社会之间风险的信息沟通与共享。**其次，对确诊病例居住的小区迅速封闭至少 14 天，对密切接触人员进行隔离医学观察，对次级密切接触人员进行居家观察，有效将疫情风险阻断在萌芽状态。**相比而言，不少西方国家在风险隔离上相对乏力，主要采取自愿性居家隔离，而非强制隔离，容易造成疫情风险的传播和扩散。**再次，风险源的查找和风险隔离必须依赖核酸检测能力，把提高核酸检测能力作为风险研判能力提升的关键措施来抓。**新冠疫情发生以来，中国不断加强核酸检测机构的能力建设。从疫情发生到 2020 年 6 月，中国核酸检测机构从 3 月初的 2 081 家迅速增加到 2020 年的 4 804 家，检测能力从 3 月初每天的 126 万人/份提高到 6 月的 378 万人/份，提高了约 200%。大规模检测能力、检测组织能力在地区疫情防控中得到检验。2020 年 5 月，武汉 10 天全员免费检测 900 多万人，6 月，北京免费检测 1 100 多万人。2022 年 1 月，郑州在 6 小时内基本完成 1 000 多万人的核酸采样任务，24 小时内完成了全部检测任务。在政策上，中国新冠肺炎治疗全部免费，核酸检测纳入医保报销，有效提高了社会对疫情风险防控的配合度和接受度。**最后，加强风险信息的报告和沟通。**信息是风险研判的基础和依据。遵循以预防为主的方针防控公共安全突发事件要坚持“早发现、早报告、早控制、早解决”的原则，及时报告风险信息。

第三，加快推进疫苗研发和接种，提高社会对疫情风险的抵抗能力。疫苗是进行事前风险防范的有力武器。中国成功研发出了新冠肺炎疫苗，并大规模投入使用。从目前的疫苗接种国别比较看，中国疫苗接种规模和水平已领先于全球主要发达国家。牛津大学数据库显示，截至 2021 年 11 月 19 日，中国完成疫苗接种人口的比例已达到 74.5%，高于意大利、澳大利亚、法国、英国、德国、美国等国家，远远高于全球 41.5%的平均水平。疫苗的接种，对阻断新冠病毒传播、防止重症的发生等起到重要作用。在较短时间内疫情得到控制，得益于我国较高的新冠病毒疫苗接种率。这表明，做好事前防范，还需要加强疫苗接种，强化个体对疫情风险的抵抗力。**遵循以预防为主的方针防控公共安全突发事件也要坚持提高社会对风险的抵抗能力。**比如，对于社会类突发事件，要强化社会公众的法治意识和信息沟通能力，提高社会对安全风险的抵抗能力；对于自然灾害和安全生产类突发事件，要强化社会公众的应急能力和应急意识，加强安全教育，提高社会公众的安全生产素质、自救互救能力。

（二）立足依法治理，阻断风险演化和升级

根据随着时间的推移对社会产生的破坏性程度，突发事件分为日常紧急事件（破坏性相对较低而且稳定）、突发性事件（破坏性较高但既定）和突变性危机事件（破坏性不确定，具有突变性）。重大公共卫生事件属于突变性危机事件，随着时间的推移，其破坏性、风险性具有突变增强的特征。

首先，要把握突变性事件的规律，抓住早期疫情防控的黄金时机，果断依法进行信息披露和风险预警。“时间就是生命”，要坚持发现在早、处置在小的原则，加强重大公共卫生风险的信息披露和预警机制建设，为控制事态发展赢得时间和主动。在风险研判和评估过程中，要加强专业化研判机制建设，吸纳一线的医生、专家参与风险评估和论证。其次，

面对风险的演化和升级，要果断依法实施重大公共卫生风险隔离，控制卫生风险的区域性扩散。“一根筷子易折断，十根筷子硬如铁”，重大风险的分割原理不仅在公共卫生事件中已有应用（比如，2003 年“非典”），在自然灾害等其他类型的风险治理中也有体现（比如，李冰修建都江堰水利工程把岷江一分为二，化害为利）。在重大卫生风险防控中，要坚持依法隔离、依法防疫的原则，依法应急，保障公民个人基本权利。

（三）立足系统治理，提高公共卫生应急管理能力

在现代公共管理活动中，突发事件的发生并不可怕，关键要立足系统治理，健全现代应急管理体系，做好长效应对。现代社会是一个高风险社会。无论是全球治理，还是国家治理、地区治理，都要正视和面对各类风险和突发事件的挑战，对风险和突发事件进行有效的治理。在风险社会背景下，国家治理体系和治理能力现代化是常态治理体系和治理能力现代化、非常态治理体系和治理能力现代化的统一，缺一不可。作为非常态的管理，应急管理是国家治理体系和治理能力不可或缺的重要组成部分。近年来，重大突发公共卫生事件呈现易发多发态势。2009 年至今，世界卫生组织定义为“国际关注的突发公共卫生事件”已有 6 起。面对新形势，要从新冠疫情中吸取教训，在国家治理体系和治理能力现代化的框架下，健全国家公共卫生应急管理体系。

一是健全统一的卫生应急物资保障体系。新冠疫情防控暴露出我国卫生应急物资储备体系和能力存在严重不足的问题。要优化布局、强化管理，提高卫生应急物资保障能力。在应急管理体系建设中，加强公共卫生类突发事件综合协调机制建设。2003 年“非典”后，我国开启了现代化应急管理体系建设进程。2018 年机构改革后，我国形成了综合化的应急管理体制。在《突发事件应对法》规定的四类突发事件中，自然灾害和安全生产事故等近两类由应急管理部管理，公共卫生事件由卫生健康部门管理，社会突发事件由公安、政法部门管理。要总结新冠疫情应对中联防联控机制的做法和经验，强化各级政府对公共卫生突发事件的综合协调机制建设。

二是加强医疗服务、公共卫生学科和人才体系建设。公立医院在重大疫情防控中发挥着主导作用。要加强公立医院建设，“公立医院不是多了，而是少了”，要发挥公立医院在重大公共卫生风险防控中的积极作用。要推进分级诊疗体系建设，降低传染病患者到大医院看病后形成的重大公共卫生风险集聚和生成的结构性条件。要大力发展卫生风险防疫相关科学和技术，强化重大公共卫生风险治理的技术支撑。要加强生物医学、预防医学、公共卫生等相关学科人才建设。对于疾控和公共卫生专业技术人才，要以公共卫生和防疫为导向，优化人才考核评价体系。公共卫生应急管理具有较强的专业性，在微观上要着重加强领导干部专业化的治理能力建设，尤其是要强化公共卫生相关部门、机构领导干部专业化能力，优化选人用人，让专业的人做专业的事。

（四）立足协同治理，凝聚卫生风险治理的磅礴力量

现代公共管理理论认为，面对复杂的、棘手的公共事务，推进政府体系内部、政府与外部社会和市场之间的协同合作，实现协同治理是公共治理创新之道。只有强化各方协同治理，才能整体性地、系统性地应对重大公共卫生突发事件的挑战。

治理重大公共卫生风险，要加强跨部门、跨层级、跨地区治理协同。重大公共卫生风险治理要争分夺秒抓住“黄金时期”，做好初期研判和预警。针对新冠疫情，钟南山院士指出，如果我们能够更好地协同合作，我们就能够更早地发现“人传人”。疫情风险研判和预警必须强化条块之间的协同合作（卫生部门和地方政府），实现各方从大局出发、协同发力，提高重大公共卫生风险治理的整体性、系统性和协同性。在重大公共卫生风险发生后的应对过程中，各地方要以区域应急响应、应急物资保障、应急信息共享等为重点，做好区域协同；围绕卫生风险发生后的经济社会问题，卫生部门、应急部门、交通部门、工信部门、人力资源和社会保障部门等要做好跨部门协同合作。

治理重大公共卫生风险，要加强社会协同。社会是重大公共卫生风险治理不可忽视的重要主体和力量。在应对重大卫生风险过程中，要坚持社会群防群治、群防群控。在拓宽社会组织参与渠道的同时，更要加强社会组织能力建设。比如，提高社会组织的透明度，将其纳入重大公共卫生事件应急体系之中，引导社会组织有序参与公共卫生应急管理。要建设人人有责、人人尽责、人人享有的社会治理共同体。在社会治理共同体建设中，要加强对公众的科普力度，用科学理性战胜恐慌，提高公众应对重大公共卫生风险的素质和能力。

要加强危机后的学习和总结，增强社会风险意识。一个聪明的民族从灾难和错误中学到的东西比平时要多得多。没有哪一次巨大的历史灾难不是以历史的进步为补偿的。应对重大公共卫生事件不能犯遗忘症、健忘症，要充分吸取教训，增强社会的传染性疾病防治意识，重大公共卫生风险意识、危机意识，提高重大公共卫生事件的应急配合度，避免出现疫情防控不配合现象。要加强社会公众健康和卫生素养、科学素养的教育，引导社会形成健康的生活习惯、卫生习惯。比如，在用餐习惯上，推行分餐制、公筷制；不吃野味，从源头切断野生动物交易的市场需求。要在全社会形成重视科学技术和创新，尊重人才、尊重医生的良好氛围，营造重大卫生风险治理的技术环境和社会环境。

第三节　推进公共卫生风险协同治理：多重、多任务委托-代理的视角

从事中、事后应急走向事前风险防治，是现代突发事件应急管理的发展趋势。面对不确定的重大突发事件，事后被动式的应急反应并非理想状态，理想的管理境界是做好事前的风险治理。事故灾难、自然灾害、公共卫生事件等突发事件往往经历孕育、发展、暴发和消亡的全生命周期。传统应急管理具有显著的“应急”特征，主要把工作放在突发事件发生后的应急处置上，是被动的管理活动。现代化的应急管理在过程上超越传统应急模式，强调从全生命周期看待应急管理。现代化的应急管理要注重源头治理，强调事前风险防治，实现无急可应、无危可救。作为突变型危机，公共卫生突发事件需更加注重事前的风险治理。“非典”和新冠疫情的前期处置表明，在事前阶段，公共卫生风险容易出现治理失灵现象。为什么会产生这样的现象？多重、多任务委托-代理关系提供了一个理论的解释视角。在多重、多任务委托-代理关系下，公共卫生风险信息不对称，地方政府产生了风险治理“逆向选择”和“道德风险”；代理人“重医疗、轻防治”，公共卫生风险防治目标模糊，公共卫生风险防治存在激励不相容现象。

一、事前公共卫生风险治理失灵现象

作为公共突发事件的重要类型之一，公共卫生突发事件具有易变性、突变性的风险演化升级特征，需要强化事前的风险治理。不同类型的公共突发事件的危害程度呈现不同的发展趋势。重大公共卫生突发事件属于突变性事件，随着时间的推移，公共卫生风险逐渐增长，直到演化为重大、特大公共卫生危机事件。如果在前期阶段采取有效的公共卫生风

险防控与治理，能够有效阻断公共卫生危机突变的风险链条，从而避免小病酿成大疫。

2003年“非典”后，围绕“一案三制”建设，我国启动了现代应急管理体系建设，突发应急管理体系初步建立。突如其来的新冠疫情席卷全国并在全球蔓延。我们一定要总结经验、吸取教训，要针对新冠疫情应对中暴露出来的短板和不足，健全国家应急管理体系，提高处理急难险重任务的能力。新冠疫情对于优化应急管理体系的教训是深刻的，集中表现在前期公共卫生风险治理的迟滞、低效上。而2003年“非典”前期的风险治理也同样存在迟滞、低效的现象。“两次踏进同一条河流”的教训表明，进一步强化事前公共卫生风险治理，推进关口前移，是优化我国公共卫生应急管理体系、提升公共卫生应急能力的紧迫任务。

二、国内外公共卫生风险相关研究文献综述

2003年“非典”以来，应急管理、公共管理理论界对突发事件应急管理体制机制进行了大量的研究。薛澜认为，2003年“非典”暴露了政府执政理念、管理体系、信息公开、综合协调和国际合作等方面的问题①。莫于川认为，“非典”危机管理实践提出的法制建设课题是公共应急法制建设②。曹丽萍从“非典”角度分析了突发公共卫生事件的信息公开③。近年来，国内外公共卫生突发事件时有发生，理论界也对公共卫生风险防控与治理开展了大量的研究。本部分所指的公共卫生风险是可能引发公共卫生突发事件的风险，主要是传染病发生风险。

（一）公共卫生风险评估和分析

胡国清等人采用分层抽样法随机抽取了4个省（市）作为调查样本，评估了我国突发公共卫生事件的风险识别、评价和缓解能力，认为风险识别、评价和缓解工作在我国的突发公共卫生事件管理中重视程度不够④。杨俭等人研究了“一带一路”背景下我国面临的传染病风险，认为下呼吸道感染、腹泻、结核、HIV感染、疟疾是沿线地区主要

① 薛澜．“非典”十年：公共治理体系变革．学习时报，2013-06-17.

② 莫于川．我国的公共应急法制建设：非典危机管理实践提出的法制建设课题．中国人民大学学报，2003（4）．

③ 曹丽萍．从“非典”谈突发公共卫生事件信息公开．中国公共卫生，2003（7）．

④ 胡国清，饶克勤，孙振球．我国突发公共卫生事件风险识别、评价和缓解能力的现状．中国医学科学院学报，2007（4）．

的传染病风险①。林炜炜等人选取北京、上海、重庆三个超大城市作为典型，分析 40 多年来中国城市公共卫生风险事件的发生、造成损失的整体情况以及风险演变特点②。陈秋玲等人认为，卫生资源和经济因子、婴幼保健因子和传染病控制因子是影响公共卫生风险最主要的因子③。

（二）公共卫生风险沟通的研究

从 2001 年的炭疽感染到 2003 年的“非典”，从 2005 年的禽流感到 2009 年的甲型 H1N1 流感，公共卫生风险的传播与沟通得到理论界的关注。李敏智以 2009 年甲型 H1N1 流感为例，以社会风险感知为视角，从公共卫生类信息管理、媒体报道和新媒体传播三个方面分析了突发公共卫生事件的信息传播机制④。毛群安等人分析了美国的公共卫生应急风险沟通体系和机制⑤。邱五七分析了公共卫生风险沟通的目的、前提、关键、效果及保障⑥。

综合分析现有研究，国内外对公共卫生风险研究主要以应用研究为导向，分析和评估公共卫生风险，研究如何进行风险信息沟通与传播，较少运用学科理论对公共卫生风险进行深入解释和分析，尤其是缺少管理学、经济学等基础理论的解释和分析。像对传染病的经济学分析才刚刚开始一样，国内对公共卫生风险的经济学、管理学分析正处于起步阶段⑦。本部分从委托-代理理论视角，对公共卫生风险治理失灵进行解释和分析，有利于进一步加强公共卫生突发事件应急管理的基础理论支撑，提出优化公共卫生风险治理的路径与对策。

三、公共卫生风险协同治理及其场景分析：多重、多任务委托-代理视角

公共卫生突发事件由事中、事后应急转向事前风险防治面临不

① 杨俭，王旸，王若溪，等．“一带一路”背景下我国面临的主要传染病风险及对策．医学与社会，2019（3）．

② 林炜炜，张栋．中国超大城市公共卫生风险的演进历程和应对策略．中国减灾，2020（5）．

③ 陈秋玲，黄舒婷，孔令超．基于“弓弦箭模型”的地区公共卫生风险测度与评价．中国安全科学学报，2010（10）．

④ 李敏智．突发公共卫生事件风险感知与信息传播机制分析：以 2009 年甲型 H1N1 流感为例．新闻知识，2012（11）．

⑤ 毛群安，解瑞谦，李志朋，等．美国公共卫生应急风险沟通体系和机制介绍．中国健康教育，2010（1）．

⑥ 邱五七．公共卫生应急管理风险沟通的思考．中国公共卫生管理，2018（1）．

⑦ 魏建．风险、预算、信息与有效预防：传染病预防的经济学分析．山东大学学报（哲学社会科学版），2004（6）．

少挑战，除风险具有的不确定因素、风险的性质（新兴风险，还是传统风险）等客观因素外，社会系统或治理体系自身因素也制约着风险治理的实现。从公共管理的角度看，风险治理存在着内生的“治理失灵”①。委托-代理理论（theory of principal-agent）为分析公共卫生风险治理失灵提供了一个理论视角。像企业管理一样，公共治理活动也是在委托-代理关系场景下进行和发生的，公共卫生风险防治行为受到委托-代理结构的影响，处于复杂的多重、多任务委托-代理场景。

（一）公共突发事件风险治理的委托-代理场景

公共突发事件应急管理也是一个委托-代理场景。在应急管理能力建设中，中央政府与地方政府存在委托-代理关系②。在大型灾害应急救灾中，中央政府、地方政府和灾民存在三方博弈③。通常而言，在应急管理活动中，中央政府是委托人，地方政府是代理人。这种委托-代理关系存在信息不对称。公共突发事件风险治理是突发事件应急的前置环节和前置活动，也是一个委托-代理场景。相对于突发事件发生后的应急信息而言，事前的风险信息更隐蔽，委托人与代理人之间信息更加不对称，代理人按照委托人的风险治理意图开展风险治理工作面临更多的挑战。

（二）公共卫生风险治理的多重、多任务委托-代理场景

相对于一般突发事件风险委托-代理场景，公共卫生风险治理场景具有三级的多重、多任务委托-代理的复杂性质。

1. 中央政府与地方政府：一级多任务委托-代理关系

在医疗和卫生服务提供中，中央政府与地方政府具有委托-代理关系。地方政府兼具中央政府代理人、地方公众代理人的双重代理人角色，向社会提供公共产品与服务，向地方公众提供医疗公共产品和服务。

2. 地方政府与卫生医疗机构：二级多任务委托-代理关系

在医疗卫生服务提供中，地方政府与医疗机构具有委托-代理关系。针对公共卫生风险治理，卫生医疗机构承担地方政府委托的医疗服务、公共卫生服务等多任务，选择什么任务，决定了卫生医疗机构的行为选

---

① 薛澜．这是一堂风险社会启蒙课．（2020-03-20）．http：//ccmr. sppm. tsinghua. edu. cn/cnews/947. jhtml.

② 阎俊爱，李晓．地方政府应急管理能力建设的激励机制设计：基于委托代理理论．物流工程与管理，2012（6）．

③ 张昊宇，陈安．应急救灾三方博弈模型研究．电子科技大学学报（社科版），2011（3）．

择。在防范公共卫生风险上，医院感染管理防控执行力较低①。

3. 卫生医疗机构与专业技术人员：三级多任务委托-代理关系

卫生医疗机构与专业技术人员具有委托-代理关系。对于医院等医疗卫生服务机构而言，这种委托-代理关系是多任务性质的，既有提供医疗服务的委托任务，也有提供公共卫生预防和健康服务的委托任务。在委托-代理关系中，有针对专业技术人员的研究表明，代理人在医疗服务中容易产生供者诱导需求，进而导致过度医疗与医疗费用上升②。不同于提供医疗服务产生的“道德风险”行为，技术人员在公共卫生风险治理中主要面临多任务的取舍。

四、治理失灵的理论解释框架：信息不对称-目标模糊-激励不相容

经济学理论认为，在委托-代理关系条件下，由于信息不对称，市场活动容易发生“逆向选择”“道德风险”，导致代理人隐藏信息、隐藏行为，不能有效实现委托人的目标。在多重、多任务委托-代理关系条件下，公共卫生风险治理失灵的原因有：

第一，地方对公共卫生风险信息的“逆向选择”与“道德风险”。

在多级委托-代理场景下，风险信息传递链条较长，只有代理人有效传递风险信息，才能实现委托人与代理人的信息对称，对风险进行科学研判。在公共卫生风险多重委托-代理关系中，地方政府是承上启下的关键环节，也是决定公共卫生风险信息走向的关键主体。多个重大公共卫生事件案例表明，作为代理人，地方政府对事前阶段的公共卫生风险信息具有屏蔽或隐瞒倾向，从而产生经济学中的“逆向选择”现象。比如，2003年“非典”时，作为地方，广东省至少在1月初就掌握了公共卫生风险信息，但2月初中央主管部门才知晓情况。2008年安徽阜阳“手足口病”发生时，阜阳市卫生部门有义务将“怪病”（初期并未确认）的发生报告给阜阳市政府，同时按照法律法规的规定也有义务向上级卫生管理部门报告；但是，事实上阜阳市卫生部门并没有同时向省级卫生部门报告，以致延误了“手足口病”的最佳控制时机③。新冠疫情初期，风险

① 黄慧敏，穆小苏，李亚楠，等．防范公共卫生风险的医院感染防控行为及其影响因素：基于扎根理论的探索性分析．中国医院管理，2019（5）．

② 陈晓阳，杨同卫．论医生的双重角色及其激励相容．医学与哲学（人文社会医学版），2006（2）．

③ 刘星．论我国公共危机管理过程中的条块协调机制．重庆：西南政法大学，2012.

研判失误也是出在风险信息传递链条上，作为代理人，地方对上报上级的风险信息进行了行政干预，也未及时披露给公众，影响了社会的风险预警、应急准备。

针对重大公共卫生风险防控，还可能发生隐藏风险防治行为的“道德风险”，致使事前公共卫生风险治理失灵。重大突发事件事前风险防治体现了一定的“风险大锅饭”特征。事件逐步升级到重大突发事件，中央政府最终承担风险责任，地方政府对事前重大风险防治的避险、治险动机不强。比如，重大自然灾害发生后，中央政府采取“兜底”机制①。强化事前风险防治，须通过制度设计消除“风险大锅饭”现象。

第二，多重、多任务代理人公共卫生风险防治目标模糊。

医疗服务、公共卫生预防服务是具有高度替代性、相关性的公共服务领域，也是多重代理人向社会提供的两种重要公共产品和服务。由于两种服务的收益差异逐渐拉大，作为多任务代理人，地方政府、医疗卫生机构、专业技术人员在工作中会进行行为取舍，即重视医疗服务，轻视公共卫生预防服务，从而对公共卫生风险防治形成“挤出效应”。

公共卫生预防服务具有极强的公共性，难以产生像医疗服务体系一样明显、可观的市场效益和经济社会效益，导致地方对公共卫生预防服务领域投入严重不足，主要财力投向医疗服务领域。据统计，2014 年，国家公共卫生专项任务经费的项目拨款为 5.29 亿元，到 2019 年，这笔预算下降到 4.5 亿元，同比下降 14.9%②。在卫生医疗机构方面，在医疗服务市场化改革下，医院主要以诊治看病为中心，向社会提供医疗服务，公共卫生风险防治被边缘化。在专业技术人员方面，专业技术人员的主要任务是提供医疗服务，公共卫生防治被弱化。由于报酬相对较低，公共卫生风险防治领域的人才向医疗及其他领域加速流失。据统计，疾控机构卫生人员占全国卫生人员的比重从 2009 年的 2.53%下降到 2020 年的 1.53%③。

第三，多重、多任务委托-代理场景的激励不相容。

在多重、多任务委托-代理关系条件下，委托人对代理人行为的激励供给不足，产生了激励不相容。一方面，在公共卫生风险防治与应急中，多重代理人面临激励扭曲。从激励性质看，目前主要的风险防治和应急

---

① 王焕强．人工智能时代下，应急管理体系的发展之道．中国公共安全，2019（11）．

②③ 专家献策：疫情暴露的公共卫生体系短板如何弥补．（2020-03-20）．http：//opinion. caixin. com/2020-03-09/101526057. html.

的激励方式是负向激励，即风险发生后对代理人进行问责，缺乏对风险防治行为的正向激励。负向激励主要是事发后的问责，对事前风险防治阶段的负向激励（问责机制）尚不明确。另一方面，代理人面临激励错位，公共卫生风险防治激励不足（弱激励），紧密相关的邻近业务——医疗服务有强激励。激励不相容，加剧了多重、多任务条件下委托-代理关系场景的信息不对称和目标替代，成为代理人公共卫生风险治理失灵现象形成的重要因素。

第四节 优化公共卫生风险协同治理机制设计

公共卫生风险治理是具有多重、多任务委托-代理关系的多元主体格局。传统单一主体的风险治理模式必然会加剧风险治理的信息不对称，导致治理失灵的困境。协同治理是实现卫生体系和服务能力现代化的可行路径①。

一、建立公共卫生风险协同治理的激励机制

如何实现多重委托-代理关系下公共卫生风险的协同治理，从而减少、避免公共卫生风险治理失灵现象，制度经济学、公共选择、信息经济学等的相关理论从激励机制的视角给出了答案。诺贝尔经济学奖获得者奥尔森认为，在集体行动中，要建立选择性激励，实现单个主体的利益最大化和集体的利益最大化目标一致②。诺贝尔经济学奖获得者哈维茨提出了设计相容性激励（incentive compatibility）机制，实现个体利益最大化目标与集体利益最大化目标的一致③。机制设计理论也主张在信息不完全及决策分散化等条件下，通过设计一套机制（规则或制度）来达到既定目标，相容性激励机制是机制设计理论的重要选项。

（一）建立地方公共卫生风险治理的相容性激励机制

代理人拥有私人信息、信息事后不可验证等，造成委托-代理关系条

① 王有强，李海明，王文娟．卫生体系和服务能力现代化的实现路径：基于协同治理视角．中国行政管理，2017（4）．

② 奥尔森．集体行动的逻辑．上海：上海人民出版社，1995.

③ HURWICZ L. The design of mechanisms for resource allocation. American economic review，1973（2）．

件下信息不对称的问题，成为委托人实现帕累托最优的主要障碍[①]。这是激励理论产生的原因，所以，激励机制设计首先要立足实现信息对称。

1. 建立避免隐藏公共卫生风险信息的激励机制

应下放公共卫生风险信息披露权限，增强地方公共卫生风险防控的应急自主权，强化地方公共卫生风险信息披露与预警的法治保障。新冠肺炎疫情前期防控表明，新发突发传染病适用《传染病防治法》防控措施的法定授权门槛过高[②]，要及时修订《传染病防治法》《突发事件应对法》等法律法规。要建立地方政府、卫生医疗机构及专业技术人员及时报告公共卫生风险信息的激励机制，对及时报告的提供奖励，对瞒报、漏报者进行惩罚。

2. 建立地方公共卫生风险防治行为激励机制

激励机制对地方公务员行为具有重要的引导作用，要引导地方政府加强公共卫生风险防治，须建立配套的绩效激励机制。地方政府，尤其是市县政府是突发事件风险防治的前沿阵地，要调动地方政府进行风险防治的积极性、主动性，防止出现“轻防治、重治疗”的突发事件“应急”的治理模式。目前，在地质灾害等领域，已建立事前风险防治的绩效考核机制。2011 年，《国务院关于加强地质灾害防治工作的决定》发布，要求地方各级人民政府把地质灾害防治工作纳入政府绩效考核，考核结果作为领导班子和领导干部综合考核评价的重要内容。要拓展地方政府风险防治绩效考核的领域，从地质灾害等现有领域向自然灾害、安全生产事故、公共卫生事件、社会安全事件等四大类型风险全面拓展。比如，新冠疫情后，亟须把公共卫生和传染病风险防治纳入地方政府绩效考核体系。在拓展领域的基础上，健全地方政府公共卫生风险行为的绩效机制。在地方政府预算管理中，根据公共卫生风险防治效果，确定地方相关的绩效激励机制。此外，推进公共卫生突发事件风险防治领域中央与地方共同财政事权和支出责任划分，科学界定中央与地方风险防治的权责，加快推进省以下风险防治财政事权和支出责任划分。

---

① 拉丰，马赫蒂摩．激励理论：第 1 卷：委托代理模型．北京：中国人民大学出版社，2002.

② 肖尤丹．新冠肺炎疫情对公共卫生应急法治的重大挑战及对策建议．中国科学院院刊，2020（3）.

（二）建立卫生医疗机构公共卫生风险治理的相容性激励机制

1. 优化报送公共卫生风险信息的激励机制

在新冠疫情前期处置中，基层医疗卫生机构风险信息在向上系统报送中由于地方行政干预出现迟滞。对于卫生医疗机构，要完善直报系统，缩短基层医疗机构向国家报送信息的传递链条，降低风险信息被屏蔽、被过滤的中间环节；运用大数据、人工智能、区块链等数字化、智能化技术，提高公共卫生风险信息报送数字化、智能化水平，减少卫生医疗机构及人员的填报负担。比如，基于电子病历直推的区域卫生信息平台的数据交换与管理模式，极大地提高了传染病报告效率，减轻了医务人员的工作量①。要逐步把非公立医院纳入网络直报系统，建立激励机制，积极引导非公立医疗机构开展风险信息报告。以天津市为例，天津市共有非公立医院 297 家，其中网络直报医院 26 家（约 8.75%），非网络直报医院 271 家（约 91.25%），但仅有 66.79% 的非网络直报医院开展传染病报告管理工作②。

2. 建立公共卫生风险防治行为激励机制

建立卫生医疗机构从事卫生风险防控的绩效激励机制。分类别建立疾控机构、传染病防治机构、医院的公共卫生风险防治绩效评价指标体系。基于绩效评价结构，建立卫生医疗机构从事卫生风险防控的经费激励机制。对于有效履行公共卫生风险防治职责的机构，要给予财政经费的奖励与支持。以医院为例，医院只能从医保经费获取治病的费用，而帮助患者进行健康管理所取得的绩效得不到经费激励。要建立医保结余奖励机制，鼓励医院帮助患者进行病前的预防和健康管理。同理，对于公共卫生风险防治，也要有相应的激励机制，调动医院从事公共卫生风险防治。对于专业化传染病防治医院，要确认其公共属性，改变传染病医院与普通医院相同的差额补助机制，建立全额财政经费保障机制。目前大多数传染病医院经济上仍属自收自支，财政补助一般占人员经费的 10%～30%③。

（三）建立专业技术人员公共卫生风险治理的相容性激励机制

基于多任务委托-代理模型，有学者提出通过激励机制设计对雇员在

---

① 孔园园，高桂玲，张清慧，等．基于医院电子病历直推的传染病疫情报告与管理信息系统的实践．疾病监测，2019（6）．

② 徐娜，刘军，夏卫东，等．天津市非公立医院传染病报告管理现状．职业与健康，2018（13）．

③ 张士侠．试析传染病医院面临的问题及原因．医院管理论坛，2009（9）．

正式工作之余的外部活动（outside activity）加以约束①。对于公共卫生风险防治的个体专业技术人员，应建立配套的激励机制，激发专业技术人员从事风险防控的积极性和主动性。

1. 优化上报公共卫生风险信息的激励机制设计

建立公共卫生风险举报人保护和激励机制。相对于政府组织而言，社会在感知风险上具有信息优势。应急管理部针对安全生产风险推出了社会参与的渠道，公众可以通过人民网“安全生产举报平台”、“12350”举报投诉热线、“96119”消防举报电话来举报身边的风险隐患。要在安全生产风险防治基础上拓展建立全方位公共卫生风险防治的社会参与和监督机制。比如，在重大公共卫生风险防控中，要建立一线医生参与的风险监督机制，为政府风险预警和研判提供充足的信息。

2. 加强公共卫生风险防治行为的激励机制设计

对于承担公共卫生风险防治技术研究单位（比如疾控中心），要优化专业技术人员考核机制，突出风险防治业务导向、实用导向，而非基础研究论文导向，实现专业技术人员个人发展与风险防治机构目标激励相容。建立专业技术人员从事公共卫生风险防治的绩效激励机制。有的医院专业技术人员将诊治患者视为唯一的职责，认为院内传染病的预防和控制不属于他们的职责范畴②。要通过绩效激励的方式，增强专业技术人员对公共卫生风险防治目标和任务的认识。

二、优化公共卫生风险协同治理的信息机制

信息机制是政府及有关部门在进行风险监测与辨识、风险信息报告、风险研判、风险预警过程中发挥信息保障功能和作用的系列制度安排，既包括政府内部信息报告机制，也包括政府向社会有效获取信息和及时披露信息的机制。及时获取充分、准确的信息，是敏锐察觉和有效控制公共卫生安全风险，避免小病酿成大疫的关键，也是实现科学防治的重要前提。通过对新冠疫情前期处置的分析可以看到，从疫情风险监测到风险预警发布的多个阶段，我国公共卫生安全风险信息机制都存在问题和不足。

---

① BENGT H，PAUL M. Multitask principal-agent analyses：incentive contracts，asset ownership，and job design. The Journal of Law，Economics，and Organization（special_issue），1991（0）.

② 李霞．医院传染病疫情报告中存在的问题及对策．吉林医学，2011（21）.

（一）公共卫生安全风险信息机制存在的主要问题

1. 风险监测和辨识阶段：对社会信息捕获不足

一是地方政府对公共卫生风险监测和辨识缺乏主动性。风险监测和辨识是防范公共卫生突发事件风险的首要环节，是把握风险走向、谋求主动预防的重要阶段。对于传染病之类的公共卫生安全风险，身处一线、具有专业知识的医护人员和专家易于最早获得信息并感知风险，地方政府主动加强与这些行政体系之外的社会专业化力量的联系，建立常态化的信息搜集和协同合作机制，就能及时获得风险信息，有效进行风险辨识。在新冠疫情暴发初期，武汉市部分医护人员内部早就肯定了人传人，而且陆续有医护人员感染，但由于当地政府缺乏主动的风险监测和辨识机制，这些信息未能及时进入地方政府系统的视野。

二是社会专业力量掌握的风险信息被屏蔽。地方政府对来自社会的风险信息进行了行政干预，采取了“内紧外松”的政策予以冷处理，甚至训诫“造谣者”。这些措施闭塞和屏蔽了来自社会的公共卫生风险信息，弱化了政府风险监测和辨识过程的信息供给。

2. 风险内部报告阶段：信息直报系统失灵

一是信息直报系统在地方行政干预下出现中断。2003 年“非典”之后，中央和地方财政共同出资 7 亿多元，建立了中国传染病疫情和突发公共卫生事件网络直报系统，病例信息可从医院直接报送到国家疾控中心。但在新冠疫情前期应对中，网络直报系统在地方干预下失灵 28 天。地方对医院的要求是，须经区、市、省三级逐级检测，依然判定为不明原因肺炎后，经省卫健委同意，才能进行病例信息上报，导致直报不“直”，错失防控风险的最佳时机。

二是信息直报系统的覆盖范围存在“盲区”。目前，我国公共卫生信息网络直报系统尚未实现对医疗机构的全覆盖，主要盲区是非公立医院。例如，天津市 271 家非网络直报的非公立医院中，仅有 66.79%的医院开展传染病报告管理工作，大量非公立医院未纳入网络直报系统，导致一些公共卫生安全风险信息可能遗失。

3. 风险研判阶段：条块信息共享不充分

对于新冠病毒这种突然出现的新型病毒的危害性，由于信息有限，即使是资深专业人士也很难在第一时间做出准确研判，因此相关部门和人员之间充分的信息共享非常重要。国家卫健委派专家组到武汉，在调查了解相关情况后，与地方相关部门和专家共同研判疫情风险。经过研判，有专家组成员对媒体表示，疫情整体“可防可控”。后来的疫情发展表明，这是一次重大的风险研判失误。从专家组成员的事后回忆来看，之所以出现误判，一个重要的原因是，地方未向专家组提供全面、准确的信息，特别是医务人员感染的信息。条块对疫情信息的掌握不对称，条块之间信息共享不充分，影响了专家组的风险研判，导致应对不够及时有力。

4. 社会预警阶段：地方信息披露不及时

传染病之类的公共卫生安全风险的防控高度依赖于公众及时采取适当的防护行动，因此，在不引起社会恐慌的前提下，早期社会预警非常重要。新冠疫情发生的“窗口期”，尽管当地政府从多个渠道获得了风险信息，社会上也已经有“传闻”，但地方政府始终没有向社会披露相关信息，延误了社会风险预警，导致市民们未能采取必要的预防措施。当地政府之所以没有及时向社会披露信息，一个重要原因是有关法律规定不完善。武汉市市长在接受央视专访时解释说，信息披露不及时，是因为根据《传染病防治法》，地方政府在获得疫情信息后，需要得到授权才能披露。《传染病防治法》第三十八条规定：“国家建立传染病疫情信息公布制度。……传染病暴发、流行时，国务院卫生行政部门负责向社会公布传染病疫情信息，并可以授权省、自治区、直辖市人民政府卫生行政部门向社会公布本行政区域的传染病疫情信息。”这一规定对公布传染病疫情信息的层级设定过高，可能迟滞风险信息披露。实际上，这条规定与《突发事件应对法》的相关规定并不一致。《突发事件应对法》第四十三条规定：可以预警的自然灾害、事故灾难或者公共卫生事件即将发生或者发生的可能性增大时，县级以上地方各级人民政府应当根据有关法律、行政法规和国务院规定的权限和程序，发布相应级别的警报。显然，两部法律对传染病这样的公共卫生事件信息发布主体的规定存在冲突。

（二）完善公共卫生安全风险信息机制的路径与策略

1. 构建风险信息捕获机制

一要建立健全公共卫生突发事件风险的内部人举报机制。在公共卫生安全风险治理中，建立健全一线专业人员参与的内部人举报机制（或“吹哨人”机制），可为早期风险辨识提供充足的信息。作为知情人、风险信息掌握人，医生等专业人士能及早发现公共卫生安全风险和隐患，及时“吹响哨声”，从而增强公共卫生安全风险辨识能力。一些发达国家在市场监管中通过立法的方式建立了“吹哨人”制度，比如，美国建立了《吹哨人保护法案》等较为系统的“吹哨人”（举报人）法律法规制度。近年来，我国在市场监管领域也出台了类似措施，但在公共卫生安全领域，尚未系统构建内部人举报机制。建议研究制定相关法律或政策，积极构建内部人举报机制，尤其要强化对内部人举报的保护与奖励，消除举报人提供信息的顾虑。比如，可研究制定突发重大传染病疫情举报人保护及奖励办法。

二要建立健全风险信息的社会参与机制和国际化监测机制。除内部人举报机制外，也要建立面向公众的社会参与机制、面向国际的全球风险监测机制，拓宽公共卫生安全风险信息的来源和渠道。为及早发现重大公共卫生安全风险隐患，可借鉴安全生产风险防治的社会参与做法，建立公共卫生安全风险举报平台，加强风险防治社会参与和监督。当前，人类社会进入公共卫生安全高风险时代，为及早发现并防范输入性公共卫生安全风险，推动构建人类命运共同体，应加强国际合作，推动建立国际化的全球重大公共卫生安全监测网络，广泛收集、科学分析、积极共享风险信息。

2. 健全风险信息共享机制

一要建立公共卫生风险研判条块会商机制。在公共卫生安全风险研判中，借鉴自然灾害、安全生产事故等领域突发事件风险研判中的条块会商机制模式，建立公共卫生主管部门和机构、地方政府、专业人士等共同组成的多方会商机制，搭建风险研判信息共享平台，减少信息不对称。运用数字化、智能化的技术手段，打造风险研判会商系统平台，提高条块风险研判、风险会商的质量和水平。

二要建立地方之间的信息共享机制。县级以上地方人民政府应与周边地区相应层级政府建立常态化的公共卫生安全信息交流网络和制度，及时共享传染病疫情等风险信息，以便在一地发现风险时，周边地区能及时采取防控措施，阻止风险扩散。

三要健全保障信息共享的问责机制。关口前移，在厘清突发事件应急管理职责的基础上，厘清事前公共卫生安全风险管理的条块职责。在风险研判和会商过程中，对不如实全面提供甚至蓄意隐瞒公共卫生安全风险信息的机构和个人，要进行问责；对于掌握风险信息而不及时通报周边地区的地方政府，也要有相应的问责制度，从而倒逼有关各方共享风险信息。

3. 完善风险信息直报机制

一要建立互联互通的公共卫生安全风险信息扁平化报送机制。公共卫生安全风险信息涉及卫生、应急、环保、市场监管、药监、海关等多个部门和领域。要强化相关部门公共卫生安全信息系统的对接和整合，建立互联互通机制，提高信息共享水平。要吸取新冠疫情前期直报系统失效的教训，建立扁平化的报送机制，缩减中间报送层级。建议赋予一线医院或科室网络直报自主权，对于发现可能发生传染病暴发、流行的，或不明原因群体性疾病等潜在突发公共卫生事件信息，可直接在网络直报系统中进行上报。改革国家传染病网络直报系统的管理结构，将各级疾控中心的分级管理模式改为国家部委垂直管理模式，减少和避免地方干预信息直报的可能性。应逐步把非公立医院纳入网络直报系统，积极引导非公立医疗机构开展风险信息报告。

二要推进公共卫生风险信息系统数字化和智能化建设。大力推进基层医疗机构信息化建设，补齐公共卫生信息化建设的短板。鼓励和支持医院运用信息化、数字化甚至智能化技术，优化风险信息填报，减少医疗卫生机构及人员的填报负担。比如，建立基于电子病历直推的区域卫生信息平台的数据交换与管理模式，可极大提高传染病报告效率，减轻医务人员的工作量。运用大数据、人工智能、区块链等技术，提高公共卫生安全风险信息报告的数字化、智能化水平。

4. 完善风险信息披露机制

一要降低风险信息披露主体的法定层级。修订《传染病防治法》等相关法律法规，授权县级以上地方各级人民政府为传染病暴发、流行时的信息披露、事件预警的发布主体。这样既可提高地方公共卫生风险预警的自主权，又可使《突发事件应对法》与《传染病防治法》中关于风险信息和预警发布主体的相关规定协调一致。

二要细化风险信息披露的有关规定。我国《传染病防治法》《突发公共卫生事件应急条例》等法律法规对疫情信息披露的部分规定存在一定的模糊空间。如《传染病防治法》多处强调“立即”报告，但“立即”具体是指几个小时还是几天，没有明确界定。建议借鉴资本市场风险信息披露机制，细化公共卫生安全风险信息披露内容、格式、准则等要求，使之更具可操作性。比如，在资本市场监管中，如果上市公司发生重大事项，通常都有明确的具体到交易日的信息披露时限要求。同时，要构建疫情等公共卫生安全风险信息披露问责机制，明确有关信息披露主体的法律责任。

三要建立非恶意风险信息披露的宽容机制，鼓励非信息披露义务人

的自愿性信息披露和舆论监督。公安机关针对非法定义务人披露风险信息的行为，要从信息发布者和传播者的主观恶意、是否发生严重后果等角度考虑，对非恶意风险信息披露，即使信息不够准确真实，也应给予必要的宽容。具有法定义务的信息披露人应对非恶意信息披露及时澄清，而不是采用限制和惩罚措施。媒体也是风险信息披露和社会预警的重要“吹哨人”。在强化舆论引导的同时，要建立对媒体非恶意风险信息披露的宽容制度，发挥媒体在风险信息披露和社会预警中的积极作用。

第十二章 加强区域环境社会风险协同治理

党的二十大报告明确指出，提高防范化解重大风险能力。作为环境风险的重要内容，环境社会冲突风险（又称环境群体性事件风险，以下简称“环境社会风险”）受到多种因素的影响和制约，既有来自环境污染风险本身的影响，也有宏观经济社会发展因素的影响。哪些因素与一个地区环境社会风险的影响具有显著相关性？我们基于安全科学和风险管理的“4M”理论①，建立环境社会风险影响因素分析模型，通过对2003—2015 年 31 个省级区域内动态面板数据的分析，得出实证研究结论：第一，环境污染、收入差距、教育因素与环境社会风险具有显著的正相关关系；第二，人均 GDP 增长与环境社会风险具有相对显著的负相关关系，人均 GDP 增长并不必然带来环境社会风险；第三，环境治理投入与环境社会风险的相关性不显著；第四，东部、中部、西部地区分区域看，环境社会风险影响因素在显著性和相关性上具有一定的差异。

第一节 环境社会风险及其区域差异

习近平总书记指出，防范化解重大风险，是各级党委、政府和领导干部的政治职责，要坚持守土有责、守土尽责，把防范化解重大风险工作做实做细做好。作为社会风险的组成，环境社会风险是环境领域发生社会冲突和不稳定事件的可能性和不确定性程度。从“三大攻坚战”角

① 日本学者西岛茂一对事故连锁反应理论进行了深层次分析和总结，提出事故发生的四大致因分别为人为（man）致因、设备（machine）致因、媒介（media）致因、管理（management）致因，并且将其命名为“4M”理论。基于“4M”理论，影响社会安全风险发生的主要四个因素是：人的因素、物的因素、管理因素、环境因素。

度看，环境社会风险的治理既是环境污染防治攻坚战面临的重要任务，也是防范化解重大风险攻坚战中社会风险防控的重要内容，具有复合性、艰巨性和紧迫性。近年来，我国环境重大群体性事件时有发生，在社会对环境问题高度关切的背景下，环境问题尤其是敏感性环境项目建设问题容易转化为社会群体性事件，环境社会风险防控、治理亟待关注和解决。

一、环境社会风险

现代社会是一个风险社会，与传统社会相比，现代社会的风险总量大大增加①。人类社会生活常常面临着经济风险、政治风险、环境风险等各类风险的挑战，防范和应对各类风险是政府治理的重要任务。作为环境风险的衍生形态和新型表现形式，环境社会风险是政府治理的新问题、新挑战。与环境污染风险相比，环境社会风险是环境风险在社会层面的延伸。随着人们环保意识的逐步觉醒，社会公众对环境项目及其风险的敏感程度也逐步提升，原有的狭义的环境风险概念逐渐呈现出广义化的发展趋势。环境风险不再只是技术层面上的环境污染风险，即项目建设过程中发生环境污染事故的可能性；更多意义上还体现着社会层面上的环境社会风险，即环境有关项目建设引发社会冲突或不稳定事件的可能性。现有的理论研究主要是研究环境风险，注重对环境风险发生的原因和影响因素进行实证分析，对环境社会风险研究较少。环境社会风险研究是当前环境治理和社会治理研究的新兴领域。

防范和化解环境社会风险，已成为新时代优化我国社会治理和推进生态文明建设的重要任务。一方面，从社会治理的角度看，防范和化解风险是新时代推进社会治理现代化的重要任务。社会治理不仅要关注已经发生的社会问题，也要防范可能发生社会问题的各类风险因素。另一方面，从生态文明建设的角度看，环境社会风险的存在和发生，挑战和影响着我国生态文明建设和美丽中国建设目标的顺利实现。我国环境冲突事件的发生，既形成了社会治理的不稳定因素，又阻碍了生态文明建设进程，因此，引发了理论界和实务界对防范化解环境社会风险的高度关注。2017 年 4 月，由中共中央组织部、环境保护部主办的防范与化解环境社会风险专题研究班在北京大学正式开班，专门研讨分析环境领域

① BECK U. Risk society：towards a new modernity. London：Sage Publications，1992.

引发社会风险的成因、特征及产生的影响。这表明，环境社会风险已经成为环境管理和治理的重要内容。凡事预则立，不预则废。如何把握环境社会风险的成因，从源头上加强环境社会风险治理，是摆在理论研究和实际工作者面前的重要课题。

二、环境社会风险的区域差异

在我国超大规模国家和巨型社会内部，环境社会风险具有明显的区域性特征。分析环境社会风险的区域性特征及其差异，是环境风险研究的一条重要路径。环境社会风险是环境冲突事件的前期阶段。现有研究对环境冲突风险的衡量主要采用环境冲突事件发生的事后方法进行，具有一定的合理性，但也存在对事前冲突风险衡量不足的局限。不可否认，区域内群众信访行为对公共冲突风险发生可能性具有表征作用。本章立足冲突事件发生的事前风险，以环境领域群众来信来访数量为环境社会风险的衡量指标。**结合现状，从区域分布来看，环境社会风险大小程度存在着显著的省际差异。**首先，从静态的绝对值看，各地区环境领域面临的社会风险水平是不一致的。环境领域的群众来信来访数量是环境社会风险水平的重要表征。一方面，从环境领域的来信总数看，2003—2015 年，省级环境来信平均最小值是西藏自治区，为 327 封；省级环境来信平均最大值是广东省，为 50 334 封。另一方面，从环境领域的来访总数看，2003—2015 年，省级环境来访数平均最小值是西藏自治区，为 130 人次；省级环境来访数平均最大值是湖南省，为 8 399 人次。其次，从动态的发展趋势看，多数省份环境社会风险总体呈现逐年下降的态势，但各地区环境社会风险发展的详细趋势也存在不一致现象，有的呈现直线下降态势（新疆维吾尔自治区等），有的呈现先曲线上升后下降的态势（河北省、河南省、浙江省等），有的总体保持平稳（湖北省等），见图 12－1。在静态和动态的省级差异背后，究竟是哪些因素导致了各地环境社会风险的差异呢？分析和研究导致环境社会风险差异的因素，有利于科学把握环境社会风险治理的重点，进一步防范化解和治理环境领域可能发生的社会风险。

第二节　环境社会风险的理论研究进展

作为新兴概念，环境社会风险的国内外直接理论研究较少，相关的

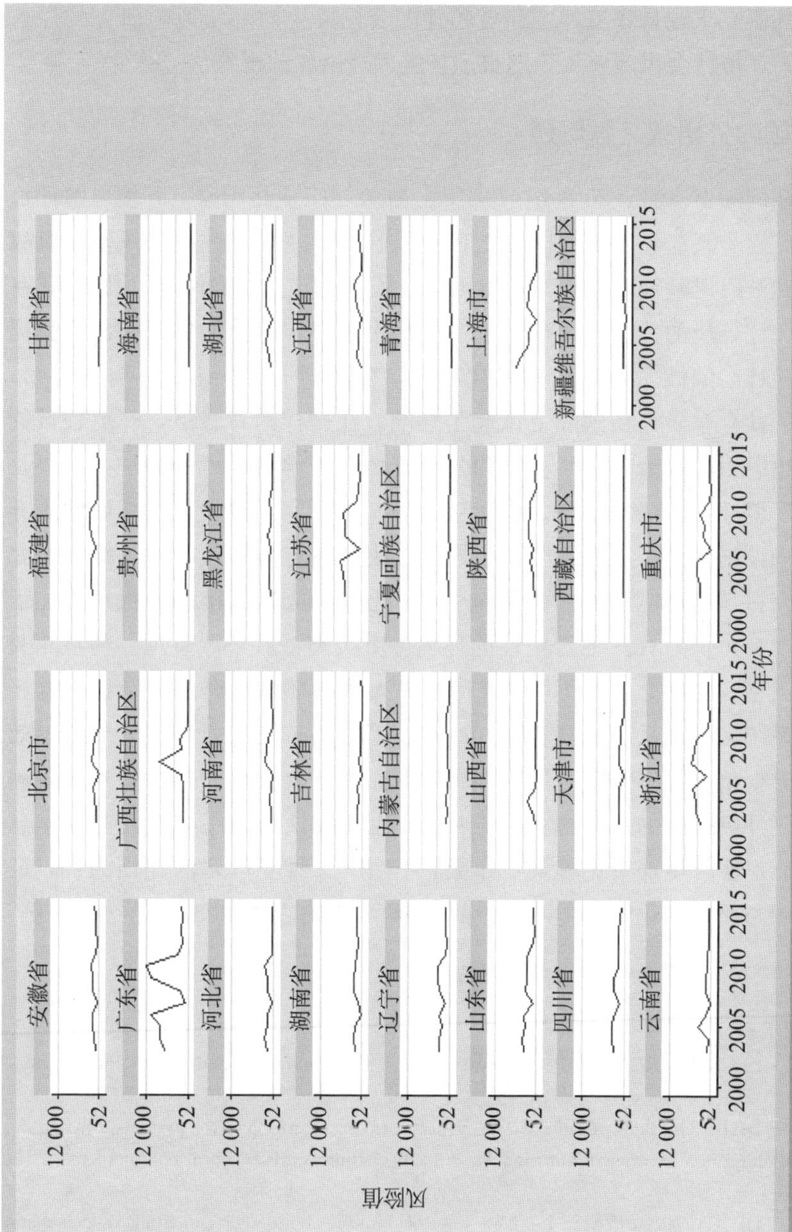

图 12-1　省级区域环境社会风险发展曲线图（2003—2015 年）

国内外研究主题是环境冲突研究。伴随着国际上对环境风险研究的深入开展，环境社会风险有关主题也逐步进入理论界的视野。

一、国内外研究文献概述

从国际上来看，20 世纪 70 年代，在发达工业化国家，环境风险评价和研究逐步兴起和发展。国际上环境风险研究主要关注技术风险、事故风险和健康风险等非社会类环境风险。从 20 世纪 90 年代起，国外研究开始关注环境的社会风险研究，主要集中于环境社会冲突研究。贝克提出风险社会的概念，并对现代社会风险变化进行了分析①。自此以后，风险的社会学研究在国际上掀起了热潮。在这样的背景下，环境领域的风险也吸引了政治学、社会学和公共管理学等学科学者的关注，主要是针对环境冲突、环境不平、环境正义等开展研究。迪隆以洛杉矶的废弃物处理设施为例，从公平分配、尊重、决策参与和社区能力等维度研究了公众科学与环境正义的关系②。奥博托等人从道德排斥的视角关注了环境冲突，认为有三种否定性的环境冲突类型：后果严重型、利益相关者嵌入型、自我介入型等③。维特默等人认为环境冲突的复杂性来源于生态系统和社会系统的联合体，冲突决策中的传统式效率提升或成本效益提升框架不能有效应对环境冲突的复杂性，合法性和信息管理应该被包含到冲突管理的工具选择标准中④。克雷文认为使用技术尤其是信息技术，对于环境冲突化解具有重要的作用⑤。雅罗以塞浦路斯为例，证明了参与路径在化解环境冲突中的功能⑥。威尔里希以水电站选址为例，

① BECK U. Risk society：towards a new modernity. London：Sage Publications，1992.

② DHILLON C M. Using citizen science in environmental justice：participation and decision-making in a Southern California waste facility siting conflict. Local environment，2017（12）.

③ OPOTOW S，WEISS L. New ways of thinking about environmentalism：denial and the process of moral exclusion in environmental conflict. Journal of social issues，2010（3）.

④ WITTMER H，RAUSCHMAYER F，KLAUER B. How to select instruments for the resolution of environmental conflicts?. Land use policy，2006（1）.

⑤ CRAVENS A E. Needs before tools：using technology in environmental conflict resolution. Conflict resolution quarterly，2014（1）.

⑥ JARRAUD N S，LORDOS A. Participatory approaches to environmental conflict resolution in Cyprus. Conflict resolution quarterly，2012（3）.

关注了能源-环境冲突①。德利吉安尼斯等人针对国家层面的能源环境冲突研究，从地方层面提出了一个可能的能源环境冲突研究框架②。

与丰富的国外环境冲突研究相比，我国的环境冲突研究刚起步，伴随着21世纪初环境冲突事件的发生而逐步发展。在中国知网数据库中，以环境冲突为题的论文有一些。林巍等人较早在国内关注环境冲突，提出环境冲突的分析与处理，是处理社会矛盾的一种新思路。林巍等人以有害废物处理设施选址为例，对如何处理公共设施选址中的环境冲突进行了探讨③。余伟京认为环境冲突产生的宏观原因包括：工业社会的发展范式，环境行为参与权的剥夺和环境利益分配的不合理，代际层次、国际层次、国内层次、企业层次上均存在环境问题转嫁的可能性④。张保伟从利益、价值与认知三维视域分析了环境冲突的形成原因⑤。严燕等人在风险社会治理范式下，将我国环境冲突的风险表现划分为现实风险和潜在风险⑥。常健等人研究了韩国环境冲突的历史，指出了韩国通过建立环境冲突管理体制，化解环境冲突⑦。在分析环境冲突发生的影响因素方面，国内的研究主要是定性的分析，对环境冲突影响因素的定量分析研究相对较少。

综合来看，现有国内外环境冲突研究为环境社会风险研究奠定了一定的理论基础。但现有环境冲突研究并不能替代环境社会风险研究，这是由环境冲突与环境社会风险的内涵差异决定的。环境冲突是已经发生的环境社会事件，环境社会风险是环境社会冲突发生的可能性，环境冲突是环境社会风险的外在现实表现形式。两者内涵上的差异，决定了环境社会风险的发生机理、影响因素与环境冲突的发生机理、影响因素具

---

① WILLRICH M . The energy-environment conflict：siting electric power facilities. Virginia law review，1972（2）.

② DELIGIANNIS，TOM. The evolution of environment-conflict research：toward a livelihood framework. Global environmental politics，2012（1）.

③ 林巍，刘春华，傅国伟．环境冲突分析及其应用：公共设施选址问题的分析与处理．环境科学，1995（6）.

④ 余伟京．论环境冲突的成因．西北农林科技大学学报（社会科学版），2003（5）.

⑤ 张保伟．利益、价值与认知视域下的环境冲突及其伦理调适．中国人口·资源与环境，2013（8）.

⑥ 严燕，刘祖云．风险社会理论范式下中国“环境冲突”问题及其协同治理．南京师大学报（社会科学版），2014（3）.

⑦ 常健，李志行．韩国环境冲突的历史发展与冲突管理体制研究．南开学报（哲学社会科学版），2016（1）.

有显著的不同。仅仅运用环境冲突的影响因素来分析环境社会风险的影响因素，是不全面的。比如，现有环境冲突研究主要从环境经济学、公共冲突等理论视角切入，缺乏从风险管理、安全科学等理论的视角分析环境冲突和环境社会风险。因此，在研究现有环境冲突发生的影响因素的基础上，分析环境社会风险发生的影响因素，对于优化环境社会风险研究具有基础性的理论意义。

二、理论假设

根据安全科学和风险管理的“4M”理论，影响环境社会风险的主要因素包括四个方面：技术因素、管理因素、人的因素、环境因素。这些因素对环境社会风险的影响表现为：

1. 技术因素（环境污染“物”的因素）

技术层面和物理层面的环境污染风险是产生环境社会风险的源头，是滋生环境社会风险的首要因素。在环境敏感性工程项目中，自身的固有风险属性是环境风险群体性事件的“燃烧物质”①。如果一个地区环境污染风险不存在，那么，社会领域环境冲突风险也会因为缺乏现实基础而消失。地区环境污染的频发，势必对居民赖以生存的土地、水、大气等自然环境造成破坏，影响地区居民的健康权、发展权，必然容易招致地区居民的反对，形成环境社会风险。田志华等人采用人均工业“三废”排放量研究环境冲突与污染的关系，他们的研究表明，人均工业废水排放1%，环境信访人数增加0.9%②。

理论假设H1：地区人均环境污染物排放越多，环境污染越重，引发环境社会风险的可能性程度就越高，环境污染与环境社会风险呈正相关关系。

2. 管理因素

有效的环境管理，是减少环境社会风险的重要途径。像燃烧现象中的“灭火剂”一样，有效的管理能够实现环境社会风险的防范和化解，让环境冲突事件不发生或少发生。反之，政府环境管理行为不当或不作为，容易助推环境社会风险的不断演变和升级，主要体现为在重大环境

① 郝豫．环境敏感性重大工程社会安全风险机理分析及量化模型研究．北京：中国地质大学，2018.

② 田志华，田艳芳．环境污染与环境冲突：基于省际空间面板数据的研究．科学决策，2014（6）．

项目中，信息不公开、公众缺乏沟通参与、环境治理力度不够等。沈一兵以我国十起典型环境群体性事件为例，研究了环境风险演化为社会危机的机理，认为风险转化因子大致可分为自然转化因子和人为转化因子两种，操作失误的管理因素与自然因素一起形成环境危机①。

理论假设 H2：政府对环境管理投入越多、环境管理力度越大，环境领域社会风险发生的可能性程度就越低，环境管理与环境社会风险呈负相关关系。

3. 人的因素（教育因素）

风险概念是客观性和主观性的统一。环境社会风险也是客观性与主观性的统一。人是环境社会风险的载体，环境社会风险的大小除客观因素外还取决于人的认知因素。郝豫在分析风险型环境群体性突发事件的致因时认为，人的因素（公众风险感知差异）是重要致因之一②。李小敏和胡象明在邻避冲突现象的研究中认为，认知因素，尤其是公众风险认知与专家风险认知的差异，是导致邻避现象的重要原因③。孙琳琳等人在分析邻避冲突管理时也认为，公众参与对于冲突管理具有极为重要的作用。从人的因素看，环境社会风险的可接受性，决定着个体对环境社会风险的承受度。个体对环境社会风险可接受程度越高，环境污染引发环境社会风险的可能性就越低。

理论假设 H3：地区人口受教育程度越高，对环境保护的需求就越高，环境社会风险的接受度越低，引发环境社会风险的可能性就越高，人口受教育程度与环境社会风险呈正相关关系。

4. 环境因素

（1）社会环境因素。作为复杂的巨系统，环境系统与社会系统之间是相互作用、相互联系的。地区环境社会风险的大小还受到其他社会风险的影响，环境社会风险与其他社会风险具有紧密联系和耦合关系。区域总体的社会风险水平的降低，有利于为减少环境社会风险提供良好条件。反之，区域总体社会风险的上升，会增大环境社会风险。郝豫在分析风险型环境群体性突发事件的致因时认为，社会系统环境失衡（社会

---

① 沈一兵．从环境风险到社会危机的演化机理及其治理对策：以我国十起典型环境群体性事件为例．华东理工大学学报（社会科学版），2015（6）．

② 郝豫．环境敏感性重大工程社会安全风险机理分析及量化模型研究．北京：中国地质大学，2018.

③ 李小敏，胡象明．邻避现象原因新析：风险认知与公众信任的视角．中国行政管理，2015（3）．

信任失范、社会心态失衡）是重要致因之一①。在社会环境中，收入差距和互联网舆论助推，是影响环境社会风险的两个重要因素。一方面，地区收入差距越大，环境领域诱发社会风险的可能越强。另一方面，在互联网时代，网络传媒建构着环境风险话语②。互联网越发达，环境社会风险越容易在网上传播和扩散，环境社会风险发生的可能性就越高。

理论假设 H4：地区收入分配差距越大，引发环境社会风险的可能性就越高，收入分配差距与环境社会风险具有正相关关系。

理论假设 H5：地区互联网越发达，引发环境社会风险的可能性就越高，两者具有正相关关系。

（2）经济环境因素。经济基础决定上层建筑，经济环境显著地影响着社会环境。随着地区经济的发展和收入的提高，居民的环保意识和环境需求势必逐步提升。党的十九大报告指出，中国特色社会主义进入新时代，我国社会主要矛盾已经转化为人民日益增长的美好生活需要和不平衡不充分的发展之间的矛盾。人民不仅对物质文化生活提出了更高要求，而且在民主、法治、公平、正义、安全、环境等方面的要求日益增长。海柯拉等人通过研究美国的环境冲突现象后认为，环境冲突是一个政策与制度的复合体，环境冲突可能性的增大受到经济增长等因素的影响③。田志华等人通过面板数据的实证研究表明，环境冲突是经济发展的副产品④。

理论假设 H6：地区经济发展水平越高，居民的环保意识就越强，引发环境社会风险的可能性就越大，两者具有正相关关系。

第三节　实证研究结果与政策启示

一、变量、测量指标及数据来源

本章采用 2003—2015 年中国国家统计局《中国统计年鉴》（中国统

① 郝豫．环境敏感性重大工程社会安全风险机理分析及量化模型研究．北京：中国地质大学，2018.

② 李艳红．以社会理性消解科技理性：大众传媒如何建构环境风险话语．新闻与传播研究，2012（3）．

③ HEIKKILA T，SCHLAGER E C．Addressing the issues：the choice of environmental conflict-resolution venues in the United States．American journal of political science，2012（4）．

④ 田志华，田艳芳．环境冲突是经济发展的副产品吗?：基于 1998—2013 年中国省级面板数据的分析．财经研究，2017（11）．

计出版社）的分省面板数据，选取全国（不含港澳台）31 个省、自治区和直辖市为研究对象，频率为年度，时间长度为 13 年。

1. 因变量

环境社会风险主要是指环境领域引发社会冲突甚至形成社会不稳定事件的可能性。当前，环境社会风险研究较少，本章主要采用环境冲突研究的指标——环境信访人数来衡量环境社会风险。田艳芳在研究中也使用环境信访人数作为衡量环境冲突的指标①。环境领域的来信、来访并非环境冲突、环境群体性事件，是居民对环境风险的公共表达，是发生环境冲突可能性的体现，在反映环境社会风险中具有科学性，与环境社会风险在内涵上具有很强的契合性。本章采用环境来信来访总量衡量环境社会风险，用 Risk 表示。

2. 自变量

（1）环境污染。现有环境研究的文献多数都采用工业“三废”排放量衡量地区的环境污染程度，因此，本章也采用工业“三废”排放量表征环境污染，即用工业“三废”排放量除以总人口，用 Pollution 表示。

（2）环境治理。田志华等人在研究环境污染和环境关系时采用环境污染治理投资总额度量环境治理水平②。本章也采用环境污染治理投资总额表征环境治理因素，用 Governance 表示。

（3）教育因素。受教育程度影响着人们对环境的需求，受教育程度越高，对环境需求越大。国内测度地区受教育程度的方法有：每万人中大学生的比例、6 岁以上人口受教育年限、人均受教育年限。本章采用大专以上的人数表征地区的教育因素，用 Education 表示。

（4）网络舆论。祁玲玲等人采用互联网上网人数研究环境信访与互联网普及程度的关系③。本章也采用互联网上网人数表征网络舆论强度，用 Networks 表示。

（5）收入差距。收入差距是形成社会风险的重要原因。本章主要采用城乡居民收入比表征收入差距，用 Inequity 表示。

---

① 田艳芳．财政分权、政治晋升与环境冲突：基于省级空间面板数据的实证检验．华中科技大学学报（社会科学版），2015（4）．

② 田志华，田艳芳．环境污染与环境冲突：基于省际空间面板数据的研究．科学决策，2014（6）．

③ 祁玲玲，孔卫拿，赵莹．国家能力、公民组织与当代中国的环境信访：基于 2003—2010 年省际面板数据的实证分析．中国行政管理，2013（7）．

（6）经济发展水平。多数研究均采用人均GDP衡量经济发展。在环境冲突研究中也是如此。比如，田艳芳在研究环境冲突与财政分权等关系时，采用人均GDP衡量经济发展水平①。本章也采用人均GDP表征经济发展水平，用GDP per capita表示。具体见表12－1。

表12－1　环境社会风险的各种影响因素变量说明

变量性质	变量名称	指标及符号	单位	数据来源
因变量（被解释变量）	环境社会风险	来信来访总量＝来访人数＋来信总数	个	2003—2015年国家统计局与环保部分省统计。通过EPS（Easy Professional Superior）数据平台获取
自变量（解释变量）	环境污染	工业“三废”排放量＝工业废水排放量＋工业固体废物产生量＋工业废气排放总量	万吨	2003—2015年国家统计局与环保部分省统计。通过EPS数据平台获取
自变量（解释变量）	环境治理	环境污染治理投资总额	亿元	2003—2015年国家统计局与环保部分省统计。通过EPS数据平台获取
自变量（解释变量）	教育因素	大专以上的人数	万人	2003—2015年国家统计局人口抽样调查数据，其中，由于数据缺失，2010年和2015年以前一年增长率为基数测算。通过EPS数据平台获取
自变量（解释变量）	网络舆论	互联网上网人数	万人	2003—2010年数据为国家统计局运输邮电业相关指标统计，2011—2015年数据为测算数据②。通过EPS数据平台获取

① 田艳芳．财政分权、政治晋升与环境冲突：基于省级空间面板数据的实证检验．华中科技大学学报（社会科学版），2015（4）．

② 互联网用户为拨号用户和专线用户的合计数，由于互联网上网统计人数指标到2010年截止，作者以2010年用户数增长比例为基数，测算出2011—2012年用户数；根据国家统计局2013—2015年发布的互联网宽带接入端口数，以2010年接入端口与用户数的比例为基数，测算出2013—2015年各省互联网用户数。

续表

变量性质	变量名称	指标及符号	单位	数据来源
自变量（解释变量）	收入差距	城乡居民收入比，农村居民为1	倍	2003—2015年数据为国家统计局农村社会经济调查司按当年价格计算。通过EPS数据平台获取
自变量（解释变量）	经济发展水平	人均GDP	元	2003—2015年国家统计局统计。通过EPS数据平台获取

3. 研究模型的建立

为了解决各影响因素变量单位不统一和取值大小不一可能带来的模型异方差问题，本章对各个变量进行了对数化处理。根据事故致因理论“4M”理论，在借鉴田志华、祁玲玲等人的研究模型①的基础上，设定如下计量模型：

$$LnRisk_i = A + B_1 * LnPollution + B_2 * LnGovernance + B_3 * LnEducation + B_4 * LnNetworks + B_5 * LnInequality + B_6 * LnGDPpercapita + C_i \quad (1)$$

$Risk_i$ 表示各省份中的 i 省份的环境社会风险量（$Risk1_i$ 表示各省份中的 i 省份环境社会风险量，$Risk2_i$、$Risk3_i$ 同理）；B_1～B_6 代表各个因素变量对环境社会风险量的弹性系数。以 B_1 为例，当环境污染增加 1 个百分点时，环境社会风险量将增加 B_1 个百分点。A 为常数项，C_i 为随机扰动项。

二、实证结果与分析

本书采用面板数据的方法，运用 STATA 软件进行描述性统计分析，得出的统计结果见表 12-2。

表 12-2　各变量的描述性统计分析

变量	观测值	平均值	标准差	最小值	最大值
Risk	403	15 938.97	18 202.65	52	121 080
Pollution	403	95 615.21	74 710.13	632	322 272

① 田志华，田艳芳．环境污染与环境冲突：基于省际空间面板数据的研究．科学决策，2014（6）；祁玲玲，孔卫拿，赵莹．国家能力、公民组织与当代中国的环境信访：基于2003—2010年省际面板数据的实证分析．中国行政管理，2013（7）．

续表

变量	观测值	平均值	标准差	最小值	最大值
Governance	403	164.626 3	174.098	0.2	1 416.2
Education	403	4 916.888	8 382.52	20	66 510
Networks	403	1 565.944	1 869.325	7	11 607.33
Inequity	403	2.998 834	0.615 539 1	1.85	5.61
GDP per capita	403	31 136.6	21 657.9	3 603	107 960.1

在计量模型分析前，我们进行了计量模型的数据检验：第一，进行多重共线性检验。由于各变量 vif 值远小于 10，排除解释变量之间由于存在精确相关关系或高度相关关系而使模型估计失真或难以估计准确的情况。第二，进行个体效应检验，确定是混合效应还是固定效应。由于固定效应 F 统计量的概率为 0.000 0，检验结果表明固定效应模型优于混合 OLS 模型。第三，进行 LM 检验，确定是混合效应还是随机效应。由于 LM 检验得到的 P 值为 0.000 0（Chi2=101.37），表明随机效应显著，随机效应模型也优于混合 OLS 模型。第四，进行豪斯曼检验，确定面板数据的固定效应与随机效应。为确定两种效应中的哪一种回归分析更合适，我们对方程进行了豪斯曼检验。豪斯曼检验结果表明，卡方统计值为 44.97，P 值=0.000 0，这说明研究采用固定效应模型分析更为准确，故舍弃随机效应模型（见表 12-3）。

表 12-3　混合效应、固定效应、随机效应的回归结果与检验

解释变量	混合效应模型	固定效应模型	随机效应模型
LnPollution	0.889 433 9*** (0.087 826 8)	0.778 102*** (0.221 954 6)	0.960 612 9*** (0.111 496 7)
LnGovernance	−0.050 159 3 (0.104 245 4)	0.058 013 1 (0.121 706 3)	0.006 492 7 (0.112 257 1)
LnEducation	0.285 351 6*** (0.061 145 7)	0.163 355 8** (0.063 823 5)	0.188 003 2** (0.060 722 3)
LnNetworks	−0.366 439 9*** (0.086 024 1)	0.018 565 1 (0.207 819 7)	−0.413 635 6*** (0.111 862 4)
LnInequity	−0.584 257 9 (0.374 280 7)	1.472 991** (0.733 240 4)	−0.296 926 3 (0.488 922)
LnGDP per capita	0.072 274 4 (0.153 892 7)	−0.761 637 5** (0.374 590 9)	−0.042 704 2 (0.200 059)

续表

解释变量	混合效应模型	固定效应模型	随机效应模型
C	−0.486 665 (2.059 73)	4.860 245 (3.292 337)	0.401 145 9 (2.495 868)
Obs.	403	403	403
F	78.52 (0.000 0)	16.24 (0.000 0)	212.62 (0.000)
LM 检验	Chi2=101.37 P= 0.000 0		
豪斯曼检验	Chi2=44.97 P=0.000 0		

注：表中回归系数下方小括号为回归系数的标准误差，*** 、** 、* 表示回归系数在1%、5%和10%的显著性水平下统计显著。

（一）整体计量结果

（1）环境污染与环境社会风险具有显著的正相关关系，假设 H1 成立。

经过固定效应、混合效应、随机效应等三种模型方程的回归分析，环境污染与环境社会风险都有显著的正相关关系。这些回归分析的显著性水平都在 1%以内，显著性水平非常高。本结论印证了环境污染与环境社会关系的常识性判断。根据固定效应模型的分析，环境污染每增加 1 个百分点，环境社会风险就会相应提高 0.77 个百分点。从散点图来看，各地区环境污染与环境社会风险具有线性的拟合关系（见图 12－2）。分

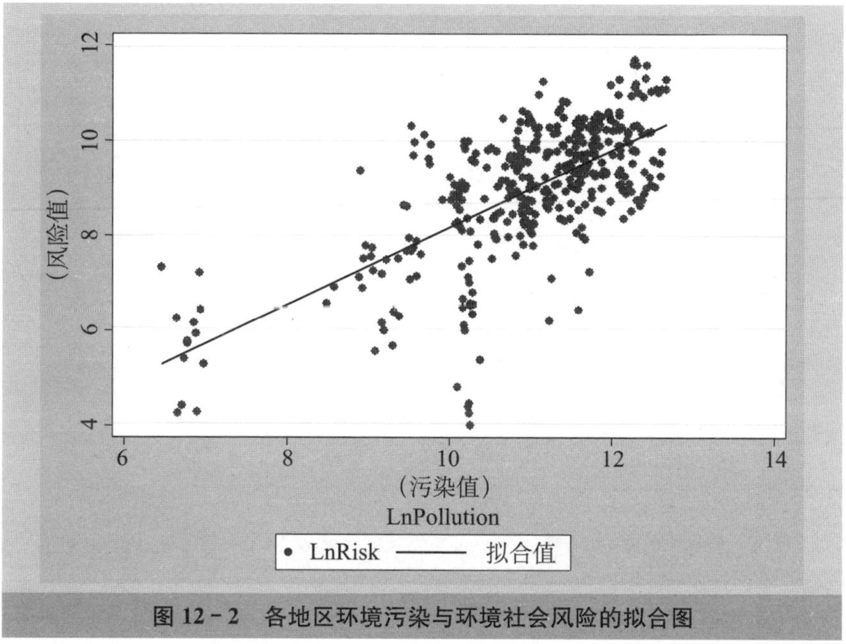

图 12－2 各地区环境污染与环境社会风险的拟合图

东、中、西地区来看，环境污染与环境社会风险也均有线性拟合关系（见图 12－3、12－4、12－5）。在东部地区，环境污染与环境社会风险相关性最显著；在中部地区，环境污染与环境社会风险的正相关性最强，相关系数超过了 1。

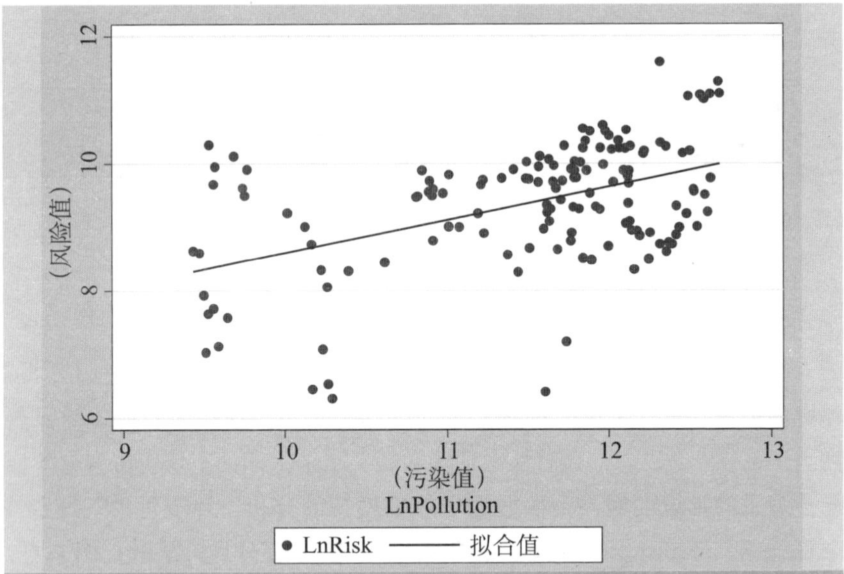

图 12－3　东部地区环境污染与环境社会风险的拟合图

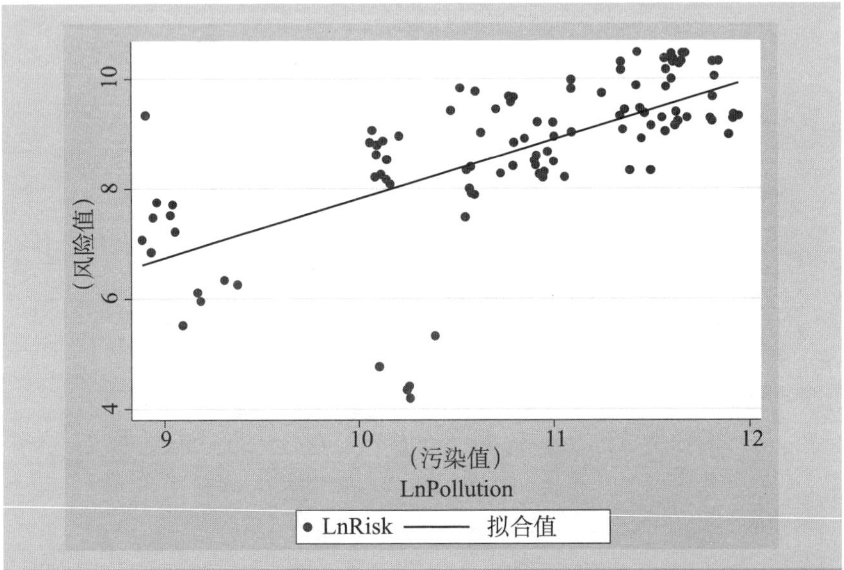

图 12－4　中部地区环境污染与环境社会风险的拟合图

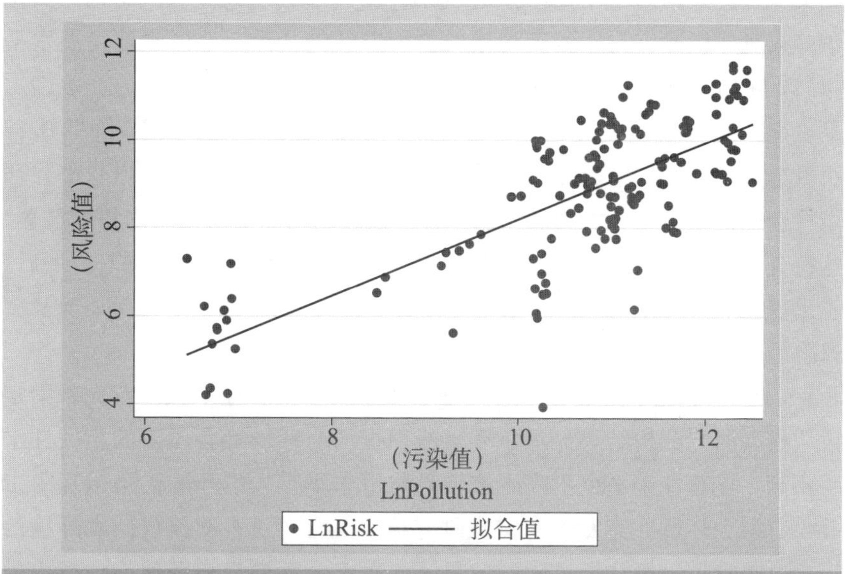

图 12－5　西部地区环境污染与环境社会风险的拟合图

（2）教育因素与环境社会风险具有相对显著的正相关关系，假设 H3 成立。

经过固定效应、混合效应、随机效应等三种模型方程的回归分析，教育因素与环境社会风险有正相关关系。这些回归分析的显著性水平都在 5%以内，显著性水平高。根据固定效应模型的分析，大专以上人数每增加 1 个百分点，环境社会风险就会相应提高 0.16 个百分点。分东、中、西地区来看，中西部地区，教育因素与环境社会风险的相关性和显著性水平相对较高。

（3）收入差距与环境社会风险具有相对显著的正相关关系，假设 H4 成立。

经过固定效应回归分析，收入差距与环境社会风险有较高的正相关关系。两者回归分析的显著性水平在 5%以内，显著性水平也高。收入差距每增加 1 个百分点，环境社会风险就会相应提高 1.47 个百分点。分东、中、西地区来看，西部地区，收入因素与环境社会风险的相关性水平相对较高。

（4）经济发展水平与环境社会风险具有相对显著的负相关关系，假设 H6 不成立。

固定效应回归分析表明，人均 GDP 增长与环境社会风险有显著的负相关关系，人均 GDP 的增长并不必然产生环境社会风险。该结论与田志华等人对环境冲突与地区经济增长的研究结论一致，地区经济发展水平越高，环境冲突越少。两者回归分析的显著性水平在5%以内，显著性水平也高。人均 GDP 每增加 1 个百分点，环境社会风险就会相应降低 0.76 个百分点。分东、中、西地区来看，三个地区内，人均 GDP 增长都与环境社会风险具有负相关关系，这种负相关关系在东部地区表现得最显著。这符合库兹涅茨倒 U 曲线的理论假设，东部地区经济发展到现有程度后，正出现拐点，环境与经济增长相互促进，进而人均 GDP 增长与环境社会风险呈现负相关关系。

（5）环境治理、网络舆论与环境社会风险相关性不强。首先，固定效应模型回归分析结果显示，环境治理投入与环境社会风险的相关性水平不高，显著性水平也不高。该结果与田志华等人的环境污染治理支出并没有减少环境冲突发生的实证研究结论契合。这表明仅仅依靠环境治理投入来降低环境社会风险的效果不显著，今后要提高环保治理投入的效果。其次，固定效应模型分析显示，网络舆论与环境社会风险的相关性水平不高，显著性水平也不高；但在方程的逐项回归分析中，两者体现出了显著的负相关关系。这说明从宏观上看，网络舆论可能并不是助推环境社会风险的重要原因。也有可能是，网络畅通了社会风险的沟通和表达机制，对环境社会风险产生了“分流效应”。祁玲玲等人在环境信访研究中也证明了该观点。

（6）对回归分析结果的稳健性检验。为检验回归分析结果的稳健性，首先仅选取环境污染作为初始解释变量，利用方程进行回归分析，然后按照先后变量排列顺序逐步加入其他解释变量，最后形成完整的方程逐项回归结果。经过对方程计量回归结果的比较，可以看出：第一，环境污染、收入差距、教育因素与环境社会风险具有显著的正相关关系的结论是具有稳健性的，多个方程回归都印证了结论。第二，环境治理投入、网络因素与环境社会风险之间相关性的关系不稳定。第三，人均 GDP 增长与环境社会风险具有相对显著的负相关关系的结论是稳健的。论文通过调换变量位置，将人均 GDP 变量前置到第一个解释变量的位置，进行回归，依然得到同方程回归结果完全相同的结论，说明结论是稳健的（见表 12－4）。

表 12-4　方程固定效应模型回归结果

变量	方程（1）	方程（2）	方程（3）	方程（4）	方程（5）	方程（6）
LnPollution	−0.127 774 8 (0.208 760 6)	0.702 019*** (0.222 914 4)	0.689 223 1*** (0.221 824 1)	0.854 287 9 *** (0.218 812 1)	0.773 894 8 *** (0.222 890 6)	0.778 102*** (0.221 954 6)
LnGovernance		−0.488 989*** (0.064 287 1)	−0.491 882 9 *** (0.063 964 3)	−0.028 589 1 (0.117 673 5)	−0.006 441 9 (0.118 006)	0.058 013 1 (0.121 706 3)
LnEducation			0.139 347 3 *** (0.062 948 5)	0.116 494 2* (0.061 465 2)	0.145 888 9** (0.063 512 2)	0.163 355 8** (0.063 823 5)
LnNetworks				−0.426 325 1*** (0.091 887 9)	−0.351 166 5*** (0.101 038 4)	0.018 565 1 (0.207 819 7)
LnInequity					1.289 712* (0.730 779 1)	1.472 991** (0.733 240 4)
LnGDP per capita						−0.761 637 5** (0.374 590 9)
C	10.400 91 (2.301 675)	3.463 318 (2.329 294)	2.525 886 (2.355 492)	1.624 175 (2.300 814)	0.289 507 5 (2.415 66)	4.860 245 (3.292 337)
Obs	403	403	403	403	403	403
F	0.37 (P=0.540 9)	29.14 (P=0.000 0)	21.27 (P=0.000 0)	22.22 (P=0.000 0)	18.50 (P=0.000 0)	16.24 (0.000 0)

注：表中回归系数下方小括号为回归系数的标准误差，***、**、*表示回归系数在1%、5%和10%的显著性水平下统计显著。

（二）分区域计量结果

我国东部、中部、西部地区①经济发展、环境资源禀赋等方面具有较大的差异性，各解释变量对环境社会风险的影响有可能出现区域性变动甚至出现同整体相反的关系。这里分别对三大区域进行实证分析，了解环境社会风险影响因素的空间变动和差异，见表 12－5。

表 12－5　东部、中部、西部地区省份分区域固定效应的回归结果

解释变量	东部	中部	西部
LnPollution	0.879 297 3** (0.404 749 9)	1.165 506* (0.699 359 5)	0.499 494 8 (0.310 443 8)
LnGovernance	−0.042 708 7 (0.300 640 1)	0.424 992 7 (0.327 214)	0.039 169 (0.156 552 7)
LnEducation	0.044 347 9 (0.094 545 8)	0.242 357 9* (0.132 565 7)	0.207 112 2* (0.107 654 5)
LnNetworks	0.596 717 1* (0.350 205 5)	−0.315 392 (0.432 136 5)	0.132 911 2 (0.334 298 6)
LnInequity	0.604 224 (1.163 099)	−1.976 503 (1.861 434)	3.052 119 (1.204 246)
LnGDP per capita	−1.792 765** (0.737 411 8)	−0.861 544 (0.911 207 9)	−0.792 842 4 (0.559 552)
C	12.576 84** (5.757 853)	5.145 262 (8.996 681)	5.511 625 (5.163 007)
Obs.	143	104	156
F	7.00 (0.000)	3.81 (0.002)	8.88 (0.000)

注：表中回归系数下方小括号为回归系数的标准误差，***、**、* 表示回归系数在1%、5%和 10%的显著性水平下统计显著。

对于东部地区而言，在环境社会风险的影响因素中，具有较高显著性水平（5%以内）的正相关因素是环境污染，具有较高显著性水平（5%以内）的负相关因素是经济发展水平，网络舆论因素在东部地区环境社会风险中表现出相对显著（10%以内）的正相关性。对于中部地区而言，具有相对显著性水平（10%以内）的正相关影响因素是环境污染、教育因素。对于西部地区而言，具有相对显著性水平（10%以内）的正

① 此处所指的东部、中部、西部省级地区划分为：西部地区 12 个，分别是四川、重庆、贵州、云南、西藏、陕西、甘肃、青海、宁夏、新疆、广西、内蒙古；中部地区 8 个，分别是山西、吉林、黑龙江、安徽、江西、河南、湖北、湖南；东部地区 11 个，分别是北京、天津、河北、辽宁、上海、江苏、浙江、福建、山东、广东和海南。

相关影响因素是教育因素。

三、主要结论与政策启示

本章较为系统考察了各种因素对环境社会风险的影响，通过研究发现：教育因素与环境社会风险具有显著的正相关关系。这表明，今后随着我国公众受教育程度的提高，公众的环保意识增强，对良好生态环境的需求日益增长，环境社会风险并不会在短期内消失，防范和化解环境社会风险是我国社会建设和生态文明建设进程中一项长期而重要的任务。基于上述实证研究结论，要实现对环境社会风险有效防范化解和治理，有关的政策建议有：

（一）加强污染防控是实现环境社会风险有效防范化解和治理的根本路径

由于环境污染与环境社会风险具有显著的正相关关系，从源头上防范化解和治理环境社会风险需要着力防控环境污染。首先，健全环境污染防控的责任机制。全面建立河长制、湖长制等制度建设，明确各类环境污染防控的责任主体和责任内容。加大对环境污染的问责机制建设，通过离任审计制度、环境公益诉讼制度等方式，强化领导干部的自然资源资产管理和生态环境保护责任。经济越发达的东中部地区，越需要重视环境污染防控。这是因为，从分区回归分析结果看，经济越发达的地区，环境污染与环境社会风险的相关性显著水平越高。其次，运用“互联网+”、大数据、云计算、人工智能等现代技术手段，加强对环境的检测和预警，将环境污染消除在萌芽之中。对于重大环境类行政决策、重大环境项目，要建立完善的社会风险评估制度，评估和管理可能产生的社会稳定风险，落实重大行政决策的风险评估制度，把风险评估与环保评估、安全评估作为刚性法定评估程序和环节，最大程度消除环境社会风险的隐患。互联网时代，要重视线上环境社会风险的评估。微信、微博等网络新媒体工具容易助推环境社会风险的升级和扩散，要探索建立环境类社会舆情评估与管理机制，积极有效引导网上舆情，保障公众的知情权，防控线上环境社会风险的滋生与蔓延。再次，提高环保执法效力。要推进省以下环保机构监测监察执法垂直管理制度改革，实现环保执法队伍与属地脱钩，避免环保执法机构受到属地的制度性影响和干预。要建立多部门联动的执法机制，与检察院、法院、司法等有关部门形成环保执法合力，消除环保领域的“抗法”现象。最后，在工作上，要坚决打好污染防治攻坚战，强化环境整治，降低环境社会风险。

（二）推进生态环境有关领域体制机制改革，提高环境治理投入的总体绩效

由于环境治理投入与环境社会风险的相关性尚不显著，这在一定程度上说明，环境治理投入对于防范化解和治理环境社会风险的效用尚未发挥出来，环境治理投入的绩效仍需提高。首先，要对环保治理投入进行全面绩效管理，强化结果和绩效导向。按照中央全面实施预算绩效管理的意见，对环保有关预算实施绩效管理，强化资金投入的绩效考核，提升政府环保投入的治理绩效。其次，要转变观念，在加大环保资金投入的同时，要建立健全多渠道的资金投入机制。比如要积极运用BOT模式、PPP模式、建立专项环保基金、绿色金融等方式，吸纳社会投资投入环保治理中，引导社会环保行为。最后，加大环境治理中的社会参与力度，构建多元协同的环境治理格局。有关实证研究表明，公众参与过程会显著影响环境治理满意度，在强化政府监管的同时，要保障公众参与的实现①。单中心的政府环境治理难以实现治理效果最大化。由于重大建设项目的环境影响评价存在着公众参与方面的薄弱环节，环境风险容易衍化为社会风险，进而酿成群体性事件②。新时代，要充分发扬枫桥经验③，吸纳社会公众的有效参与，切断或阻断环境风险转化为社会风险的路径。这是改善环境治理绩效的重要方向。

（三）重视收入差距问题，降低引发环境社会风险其他因素的影响

由于收入差距与环境社会风险具有相对显著的正相关关系，防范化解和治理环境社会风险需要关注社会整体风险的防范化解和治理。首先，要建立广泛覆盖的社会保障体系，构建防范化解社会风险的“安全网”。这是防范和化解社会风险的基础性工作，具有兜底性的风险防治功能。其次，要不断培育扩大中等收入群体，形成抵抗和防范社会风险的“橄榄型”社会收入结构，防止出现“哑铃型”社会收入结构。再次，要实施机会均等、起点公平的社会政策，打破由等级、身份造成的社会垄断，畅通社会流动。最后，要健全有关税收制度，消除税收政策在调节收入差距上的失灵现象，发挥其收入分配“调节器”的作用。

---

① 陈卫东，杨若愚．政府监管、公众参与和环境治理满意度：基于CGSS2015数据的实证研究．软科学，2018（11）．

② 朱德米，平辉艳．环境风险转变社会风险的演化机制及其应对．南京社会科学，2013（7）．

③ 20世纪60年代初，浙江省诸暨市枫桥镇干部群众创造了“发动和依靠群众，坚持矛盾不上交，就地解决。实现捕人少，治安好”的“枫桥经验”，为环境社会风险治理提供了有效的启示。

附录
突发事件协同治理访谈提纲

一、党政机关工作人员访谈提纲

1. 您参与公共突发事件风险防控和应对的主要经历有哪些？

2. 在公共突发事件风险防控和应对中，政府部门之间协同合作的难点有哪些？如何从制度机制上进一步优化？

3. 在公共突发事件风险防控和应对中，上级政府与下级政府协同的难点有哪些？如何从制度机制上进一步优化？

4. 在公共突发事件风险防控和应对中，上级政府部门与下级政府（条块之间）协同的难点有哪些？如何从制度机制上进一步优化？

5. 在公共突发事件风险防控和应对中，区域政府之间协同的难点有哪些？如何从制度机制上进一步优化？

6. 在公共突发事件风险防控和应对中，如何看待政府与社会组织协同合作？如何进一步优化？

7. 在公共突发事件风险防控和应对中，如何看待政府与企业的协同合作？如何进一步优化？

8. 在公共突发事件风险防控和应对中，如何看待政府与公众的协同？如何进一步优化？

9. 您对促进突发事件各方协同治理的意见和建议有哪些？

谢谢您的参与！

二、企事业工作人员访谈提纲

1. 您参与公共突发事件风险防控和应对的主要经历有哪些？

2. 在公共突发事件风险防控和应对中，您对企业与政府协同合作的总体效果评价是什么？

3. 在公共突发事件风险防控和应对中，企业与政府协同合作的难点有哪些？

4. 在公共突发事件风险防控和应对中，影响企业与政府协同合作的因素有哪些？

5. 您对加强企事业单位与政府应急协同合作的意见和建议是什么？

谢谢您的参与！

三、社会组织工作人员访谈提纲

1. 您参与公共突发事件风险防控和应对的主要经历有哪些？

2. 在公共突发事件风险防控和应对中，您对社会组织与政府协同合作的总体效果评价是什么？

3. 在公共突发事件风险防控和应对中，社会组织与政府协同合作的难点有哪些？

4. 在公共突发事件风险防控和应对中，影响社会组织与政府协同合作的因素有哪些？

5. 您对加强社会组织与政府应急协同合作的意见和建议是什么？

谢谢您的参与！

四、新闻媒体工作人员访谈提纲

1. 您参与公共突发事件风险防控和应对的主要经历有哪些？

2. 在公共突发事件风险防控和应对中，您对新闻媒体与政府协同的总体效果评价是什么？

3. 在公共突发事件风险防控和应对中，新闻媒体与政府协同的难点有哪些？

4. 在公共突发事件风险防控和应对中，影响新闻媒体与政府协同的因素有哪些？

5. 您对加强新闻媒体与政府应急协同的意见和建议是什么？

谢谢您的参与！

后　记

本书主要内容写成于2020—2022年新冠疫情防控期间。疫情防控使我更加深刻地感受到，我国国家制度和治理体系在应对重大突发事件上具备无可比拟的显著制度优势。好的制度和治理体系，需要高效的治理能力与之匹配，才能达成治理的善治（good governance）境界。针对层出不穷的公共突发事件，依托国家制度和治理体系的优势，如何提高应急管理能力、把制度优势转化为治理效能，是推进国家治理现代化需要关注的现实问题。不少突发事件风险防控和应对的经验和教训表明，强化各方协同是提高应急管理能力、优化治理效能的一个必不可少的重要维度。本书正是在国家治理现代化场景下，展开对突发事件协同治理的理论思考。

感谢北京大学王浦劬教授在书稿结构、协同治理研究方面所提供的悉心指导，感谢北京大学燕继荣教授在突发事件应急管理相关专题方面提供的教学机会和指导。感谢中共中央党校（国家行政学院）公共管理教研部领导和全体老师，教研部集体备课、开会的观点碰撞与交流对本研究深有助益。感谢各位问卷调查者和访谈受访者的积极参与、配合，众人之智的力量是无穷的，你们的信息和观点既印证了我原来的许多观点，也改变了我的许多观点，对本研究具有重要的帮助。感谢中国人民大学出版社编辑朱海燕、李国庆对图书出版的辛勤付出。

理论与实践结合是教学科研的理想境界。本书试图将突发事件管理实践与协同治理理论结合，探寻公共突发事件应急管理的新路径与新策略。但无论是突发事件研究，还是协同治理研究，都充满挑战性、复杂性。本书将两者结合，是一个初步的尝试。由于本人学术能力有限，书中难免存在可商榷之处，还请读者海涵，文责由本人自负。

赖先进

图书在版编目（CIP）数据

突发事件协同治理：价值、制度、技术与行为的视角/赖先进著. --北京：中国人民大学出版社，2023.6
（国家治理研究书系）
ISBN 978-7-300-31323-8

Ⅰ. ①突… Ⅱ. ①赖… Ⅲ. ①突发事件-公共管理-研究-中国 Ⅳ. ①D63

中国国家版本馆 CIP 数据核字（2023）第 004627 号

国家治理研究书系
突发事件协同治理
价值、制度、技术与行为的视角
赖先进 著
Tufa Shijian Xietong Zhili

出版发行	中国人民大学出版社		
社　址	北京中关村大街 31 号	邮政编码	100080
电　话	010－62511242（总编室）		010－62511770（质管部）
	010－82501766（邮购部）		010－62514148（门市部）
	010－62515195（发行公司）		010－62515275（盗版举报）
网　址	http://www.crup.com.cn		
经　销	新华书店		
印　刷	天津中印联印务有限公司		
开　本	720 mm×1000 mm　1/16	版　次	2023 年 6 月第 1 版
印　张	13.25 插页 1	印　次	2023 年 6 月第 1 次印刷
字　数	212 000	定　价	68.00 元